개·고양이 사료의 진실

FOOD PETS DIE FOR
SHOCKING FACTS ABOUT PET FOOD

책공장더불어

Food Pets Die For: Shocking Facts About Pet Food
by Ann N. Martin
© Ann N. Martin and NewSage Press, PO Box 610, Tillamook, OR 97141, USA.
www.newsagepress.com
All rights reserved.

Korean Translation Copyright © 2011 by Book Factory Dubulu
Korean Translation edition is published by arrangement with NewSage Press
through PubHub Literary Agency.

이 책의 한국어판 저작권은 PubHub 에이전시를 통한 저작권자와의 독점 계약으로
도서출판 책공장더불어에 있습니다. 저작권법에 의해 한국 내에서 보호를 받는 저작물이므로
무단 전재와 무단 복제를 금합니다.

앤 N. 마틴 지음 | 이지묘 옮김

책공장더불어

추천사

　이 책은 수의사는 물론 반려인이라면 반드시 한 권 가지고 있어야 한다. 왜냐하면 좋은 음식을 먹는 것은 건강과 질병 예방을 위한 초석이기 때문이다. 저자는 이 책을 통해 반려동물의 건강이 사료산업계에 의해 어떻게 파괴되어 가고 있는지 한 편의 다큐멘터리처럼 보여 주고 있다.
　그동안 사료회사들은 공장식 축산농장에서 잔인하게 사육당한 동물의 사체에서 식용으로 허가되지 않는 부위를 모으고, 병으로 죽은 동물의 사체는 물론 사람들이 버린 음식물 쓰레기까지 재활용해서 돈을 벌어 왔다. 그 결과 개와 고양이는 물론 사람까지 위험에 처했다.
　이 책은 환경친화적이며 건강에 좋은 사료를 원하는 반려인들의 지지 속에 사료산업계에 새로운 혁명을 일으켰다. 방대한 조사를 통해 거대 사료회사와 맞선 저자의 노고에 감사의 말을 전한다. 반려인이라면 이 책을 읽고 나서 정확한 정보에 바탕을 둔 책임 있는 선택을 통해 사랑하는 반려동물의 건강과 행복을 지키기를 바란다.

마이클 W. 폭스 (수의사, 생명윤리학자)

개, 고양이 사료의 진실에 대해 폭로한 이 책은 우리가 반드시 알아야 하는 유익한 정보로 가득 차 있다. 물론 이 책을 논란의 여지가 많은 한 개인의 주장일 뿐이라고 무효화하고 싶은 사람도 있겠지만 이 책이 꼼꼼하고 정밀한 조사를 통한 확실한 정보만 제공한다는 것은 누구도 부인할 수 없다.

저자는 사료를 먹이기 전에 그 안에 대체 무엇이 들어 있는지를 먼저 배워야 한다고 말한다. 내가 늘 주장하는 '당신의 반려동물이 뭘 먹었는지 제대로 알고 있나요?'에 대한 정확한 대답을 제시한 것이다.

나는 홀리스틱 수의사로서 식단의 중요성을 무시하는 반려인을 볼 때마다 놀란다. 물론 나는 그들이 반려동물에게 나쁜 음식을 먹이려는 마음이 아님을 안다. 다만 그들은 단골 수의사나 마트 점원이 권하는 '추천할 만한 프리미엄 사료'를 맹목적으로 믿는 사람일 뿐이다. 나 역시 '프리미엄 사료'를 권하는 걸로 충분하다고 믿었던 적이 있다. 영양학에 대한 지식이 너무 짧았던 탓이다. 그러나 홀리스틱 수의사가 된 후 사료에 붙은 '프리미엄'이 품질이 좋아서 붙은 것이 아니라 단지 가격이 비싸서 붙은 것임을 알았다.

반려동물 영양학을 배우고 사료산업계에 대해 안 후 나는 더 이상 프리미엄 사료를 권하지 않는다. 반려동물을 위한 최고의 식단은 건강에 좋은 재료를 사용해 집에서 직접 만든 음식이다. 그리고 그다음으로 좋은 것은 화학물질이나 화학방부제 없이 몸에 좋은 '진짜' 단백질, 지방, 탄수화물을 사용해서 만든 사료회사의 제품이다. 어느 쪽이든 대기업의 사료보다는 반려동물의 건강에 더 좋다.

수의대 시절 내가 좋아하던 수업 중 한 과목이 육류를 가공하는 시스템을 배우는 육류과학이었다. 도축장에서 도축한 동물의 사체를 말 그대로 거의 아무것도 버리지 않고 모두 사용한다는 점이 매우 인상적이었다. 당시의 나는 사람이 먹는 식품용으로 적합하지 않은 부분이 모두 사료업계로 팔린다는 말을 듣고 합리적이고 경제적이라고 생각했다.

하지만 반려동물 영양학에 대해 안 지금은 버려지는 부분은 비료로 사용하는 것이 맞다고 생각한다. 반려동물이 먹는 사료에도 사람이 먹는 것과 똑같은 재료가 사용되어야 한다. 많은 사료회사들이 먹지 못하는 것을 원료로 쓰는 이유는 오로지 가격 때문이다.

사랑하는 반려동물의 건강을 위해 더 좋은 원료로 만든 사료가 있다면 어느 정도는 돈을 더 지불할 용의가 있는 반려인은 많다. 왜냐하면 질 나쁜 사료는 당장 얼마의 돈은 절약할 수 있지만 장기적으로 보면 병원 진료비로 들어가는 돈이 더 많기 때문이다. 그래서 홀리스틱 수의학에서는 자연적인 좋은 식단을 건강의 시작이라고 한다.

더 많은 사람들이 개, 고양이 사료의 진실에 대해 알게 되고, 그래서 사료회사에 변화를 요구한다면 결국에는 건강에 좋은 사료가 더 많이 출시될 것이다. 이 책에 나온 정보를 잘 활용해서 소중한 반려동물에게 최고의 식단을 제공해 주기를 바란다. 좋은 음식은 건강의 첫걸음이다.

숀 메소니어 (수의학 박사, 《개의 암 예방, 치료를 위한 자연주의 수의학 가이드》 저자)

저자서문

    1997년 이 책이 처음 출간될 때만 해도 개, 고양이 사료 안에 어떤 원료가 들어가는지 아는 사람은 드물었다. 하지만 이제는 점점 더 많은 소비자들이 사료시장에 대해 의문을 제기하고 있다. 주요 언론은 여전히 이 책의 내용을 무시했지만 2003년 두 번째 개정판 출간과 함께 이 책이 베스트셀러가 되면서 반려동물 건강에 관심이 많은 반려인들은 시판되는 사료에 대해 입을 열기 시작했다. 2008년 출간된 세 번째 개정판인 이번 책은 1990년부터 지속적으로 해온 사료산업조사의 최종 결과물이라고 할 수 있다.
    책이 나오고 많은 시간이 흘렀지만 사료산업, 저급사료 문제는 여전하다. 몇몇 사료를 제외한 사료는 대부분 영양학적으로 균형도 맞지 않고 건강에도 결코 도움이 되지 않는다.
    2007년 6000만 포대의 건사료와 습식사료가 리콜되는 역사상 최악의 사료 리콜 사태는 대중에게 엄청난 충격을 주었다. 그 결과 개와 고양이 수천 마리가 중국에서 수입된 원료로 만든 사료를 먹고 목숨을 잃었다. 이 거대 리콜 사태는 사료에 대해 한 번도 의심해 본 적 없는 소비자들에게 경각심을 불러일으켰고, 미국 상원의원 청문회를 포함, 사료산업계에 산재되어 있는 많은 의문점을 부각시켰다.

리콜 사태 이후 하루도 빠짐없이 추천해 줄 만한 안전한 사료가 있는지 물어보는 반려인들의 연락을 받는다. 그래서 이번 개정판에는 천연 원료로 믿을 수 있는 방법을 통해 사료를 만드는 사료회사 리스트를 넣었다.

추천한 사료회사들은 다음의 항목을 꼼꼼하게 따져본 뒤에 결정한 곳이다. 자사 소유의 사료제조시설이 있는지, 자사 소유의 공장에서 제품을 생산하는지 아니면 하청회사에서 제품을 제조하는지, 육류, 곡물류, 지방, 오일, 비타민, 미네랄, 아미노산 등 사료에 들어가는 원료를 검수하기 위해 어떤 검사과정을 거치는지, 원료의 원산지는 어디인지, 사료 리콜을 한 적이 있는지, 있다면 리콜 이유가 무엇인지, 동물실험을 하는지 등등.

물론 가장 좋은 것은 반려인이 반려동물을 위해 직접 요리를 하는 것이다. 그래서 요리 초보라 하더라도 쉽게 따라할 수 있는 자연식 레시피도 소개했다. 굳이 과정이 복잡한 요리를 할 필요는 없기 때문이다. 물론 반드시 직접 요리를 해서 먹여야 한다고 협박하는 것은 아니다. 하지만 요리는 그 자체로 즐거운 일이고 반려동물에 대한 애정의 표현이 될 수 있으니 도전해 보기를 권한다.

나는 1990년부터 우리 집 개와 고양이에게 음식을 직접 만들어서 먹였다. 사료회사나 어떤 수의사들은 직접 만들어 주는 음식이 영양학적으로 불균형한 식단이라고 주장하며 반대하지만 그것은 틀린 말이다. 오랜 기간 음식을 직접 만들어서 먹여 온 내 경험을 본다면 자연식은 반려동물의 수명을 연장할 뿐만 아니라 동물병원에 내야 하는 돈도 절약해 준다.

우리 집 개와 고양이는 평균 수명보다 훨씬 더 오래 살았다. 대형견 뉴펀들랜드의 평균 수명은 고작 8년 정도이지만 우리 집 뉴펀들랜드 찰리는 14살까지 살았고, 우리 집 고양이들은 대체로 20살을 넘겼으며, 고양이 야키는 27살까지 살았다.

이 책이 나오기까지 친절한 조언과 전폭적인 지지로 내 작업을 지원해 준 수의학 박사 숀 메소니어와 마이클 W. 폭스, 앨프레드 플레너, 마틴 주커에게 감사의 인사를 보낸다. 이 책에서 다룬 다양한 주제에 깊이 있는 시각을 더해 준 수의사와 여러 분야의 전문가에게 감사를 전한다.

그리고 누구보다 네 발 달린 우리 가족에게 고마움을 전한다. 내가 만든 요리를 맛있게 먹어 줘서 고맙고, 계속해서 내 영혼을 자극해 주길 바란다. 2살 코디와 22살 사이먼, 진심으로 사랑한다.

건강한 음식은 사람뿐만 아니라 개나 고양이에게도 건강의 밑거름이다. 이 책을 읽는 독자의 개와 고양이 모두 잘 먹고 잘 살 수 있기를!

앤 N. 마틴

차례

추천사 … 4

저자 서문 … 8

1장 개·고양이 사료에 관한 진실 … 17

2007년 역사상 최악의 사료 리콜 사태 / 길고 긴 자료조사, 수집기간 / 우리는 개와 고양이의 사체를 먹고 있을지도 모른다 / 건강한 먹을거리에 대한 지속적인 관심이 필요하다

2장 사료의 비밀을 파헤치다 … 25

사료성분표를 읽을 수 있는 눈을 갖자 / 육류 부산물에 대한 오해 / 단백질 원료가 되는 개와 고양이 사체 / 사료원료가 되는 육류, 조류, 어류 / 불순물이 들어간 단백질 원료, 사료용으로는 가능하다 / 곡물 원료 / 성분 분할이라는 속임수 / 독성 물질에 오염된 곡물로 만드는 사료 / 기타 부가적인 사료 성분 / 사료에 들어가는 지방 / 아무도 몰랐던 렌더링 공장의 비밀 / 이런 사료를 먹고도 동물이 건강할 수 있을까?

3장 수상한 비타민, 미네랄, 첨가제 … 39

비타민, 미네랄, 첨가제의 비밀 / 비타민도 과하게 섭취하면 안 된다 / 지나치면 독이 되는 미네랄 / 소비자를 현혹하는 방부제와 첨가제 / 공급업자로서의 중국

4장 렌더링 공장에서는 무슨 일이 벌어지는 것일까? … 47

안락사당한 개와 고양이 사체는 어디로 사라지는가 / 현대 사회가 배출한 온갖 쓰레기의 종착역 렌더링 공장 / 렌더링은 싸고 간단하고 실용적인 처리방법이다 / 안락사당한 반려동물과 렌더링 / 사료에 개와 고양이 사체가 들어 있는지 알아보는 검사 / 사료 원료검사가 달갑지 않은 사료회사 / 렌더링은 DNA 증거를 파괴한다 / 캐나다에서 렌더링 되는 반려동물

5장 사료에 들어 있는 펜토바르비탈 나트륨의 영향 … 65

안락사와 펜토바르비탈 나트륨 / 펜토바르비탈 나트륨에 내성이 생긴 개 / 펜토바르비탈을 함유한 사료 / 펜토바르비탈에 의한 간세포 파괴 / 사람에게는 안 되고 동물에게는 된다? / 펜토바르비탈 나트륨을 먹는 야생동물 / 펜토바르비탈 나트륨을 장기적으로 섭취했을 때의 부작용

6장 국가별 사료규정 … 79

사료에 대한 정부규제는 없다 / 사료에 관한 미국 식품의약국(FDA)의 영향력은 미비하다 / 미국사료협회(AAFCO)는 규제력 없는 영리단체이다 / 미국사료협회와 사료급여 실험 / 사료협회(PFI)의 주장 / 사료를 규제하는 곳은 미국 농림부(USDA)? / 캐나다의 사료규정 / 유럽에 수출되는 제품의 규제 / 영국의 사료규제 현황 / 일본의 사료규제 현황 / 사료에 표기된 기관명에 속지 마라

7장 사료제조업체의 비밀 … 95

비스킷으로 시작된 사료의 역사 / 뒤죽박죽으로 매매되는 사료회사 / 사료제조업자를 고소하다 / 사료제조업체와 수의사 / 사료제조업체와 동물단체

8장 역사상 최대 사료 리콜 사태 … 109

사료 때문에 개, 고양이가 죽을 수 있다? / 2007년 역사상 최대 규모의 사료 리콜 사태 / 사료를 오염시킨 물질은 무엇인가? / 사료회사는 무엇을, 언제 알았는가? / 멜라민과 시아누르산의 치명적인 조합 / 중국 생산업체의 문제를 추적하다 / 오염된 음식, 인간의 식탁에 뿌려지다 / 2007년 3월 이전에 있었던 사료 리콜

차례 13

9장 동물실험과 사료회사 … 131

동물실험의 실상 / 동물실험을 하는 기업의 사료를 거부하자 / 아이암스와 동물실험 /
동물실험을 하는 사료회사 목록 / 메뉴푸드의 동물실험
동물실험을 하지 않는 사료회사 목록 … 145

10장 질 좋은 사료를 만드는 회사 … 147

사람에게 좋은 음식은 동물에게도 좋다 / 첨가제와 방부제의 위험성 / 좋은 사료회사를
고르는 기준 / 하청업체의 문제점 / 보증은 없다 / 추천할 만한 천연원료 사료회사 /
중국산 비타민과 보충제 / 권고사항

11장 고양이 식사 준비 전에 알아두어야 할 것 … 169

고양이에게 꼭 필요한 단백질 / 채식주의 고양이? / 고양이도 탄수화물이 필요하다 /
고양이를 위한 지방과 섬유소 / 비타민 과다 섭취를 주의해야 한다 / 영양을 잘 흡수하지
못하면 병이 생긴다 / 연어와 참치 식단의 문제점 / 고양이 갑상선항진증 / 고양이용 건사료의
잠재적인 문제 / 아픈 고양이를 위한 이유식 / 자연식 식단이 고양이의 건강과 장수를
책임진다

12장 고양이를 위한 자연식 레시피 26 … 185

단백질이 풍부한 육류 레시피 / 건강한 고양이를 위한 맛있는 레시피 /
아픈 고양이를 위한 특별식 / 아기 고양이를 위한 특별식

13장 개 식사 준비 전에 알아두어야 할 것 … 203

개의 수명을 늘리는 자연식 식단 / 균형 잡힌 식단이 중요하다 / 개를 위한 기본 식단 /
영양제를 첨가할 것인가? / 사료 알레르기와 소화흡수불량 / 올바른 칼슘 섭취법 / 채식 식단에는
더 깊은 주의가 필요하다 / 개는 뼈를 먹어야 하는가?

14장 **개를 위한 자연식 레시피 28** ⋯ **219**

네 발 달린 가족을 위한 즐거운 식사 준비 / 반드시 피해야 하는 음식 /
건강 식단 / 특별 건강식 / 채식 식단 / 과자와 간식 / 강아지용 식단

15장 **개를 죽이는 병 위확장(고창증)** ⋯ **241**

위확장(고창증)이란? / 위확장 위험이 있는 개 / 위확장의 원인 /
위확장과 관련된 위험요소 / 위확장의 대표적인 증상 / 유전적 관계 /
위확장을 예방하는 몇 가지 방법 / 비상사태가 발생하면? /
수의사의 위확장 치료방법

16장 **반려동물의 삶을 위협하는
또 다른 문제** ⋯ **251**

반려동물의 삶은 계속 위협받고 있다 / 품종개량가들이 만들어 낸
디자이너 도그 / 인터넷과 신문의 입양 사기 / 믿고 맡길 수 있는 반려동물
호텔 / 고양이 발톱제거수술

주석 ⋯ 266   추천 도서 ⋯ 278
찾아 보기 ⋯ 280   역자 후기 ⋯ 286
편집 후기 ⋯ 290

1장

개·고양이 사료에 관한 진실

2007년 역사상 최악의 사료 리콜 사태

    마트에서 별생각 없이 선반 위에 진열되어 있는 사료를 집어 들던 독자라면 지금부터 알게 될 내용이 껄끄러워 중간에 책을 덮을지도 모른다. 인간은 보고 싶지 않은 진실에서 눈을 돌리는 버릇이 있으니까 말이다. 그러나 만약 지금 이 책을 읽는 당신을 바라보고 있는 개나 고양이가 있고, 당신만 바라보는 그 반려동물이 무지개다리 너머 갈 때까지 건강하게 살기를 바라는 마음이 있다면 이 책을 끝까지 읽기를 바란다.

    《개·고양이 사료의 진실》 세 번째 개정판인 이 책은 1997년에 처음 출간되었다. 그때 나는 맛있어 보이고 몸에도 좋아 보이는 캔과 사료가 형편없는 음식이라고 이야기했다. 물론 사료회사들은 예쁘게 포장된 자사의 제품이 '영양학적으로 완벽한 균형'을 갖추고 있다고 광고하지만 이 책을 읽은 독자라면 그 말이 그저 허울 좋은 광고문구일 뿐임을 알게 되었다. 물론 여전히 많은 사람들은 광고를 믿는다. 하지만 2007년 역사상 최악의 사료 리콜 사태가 터지면서 소비자들은 현실을 직면하게 되었다.

내가 사료산업에 의문을 가진 계기는 1990년 우리 집의 세인트버나드종 루이와 뉴펀들랜드종 찰리가 치명적인 병에 걸렸기 때문이다. 나는 우리 집 개들이 왜 아픈지 원인을 찾고 싶어서 사료제조에 관해 조사하기 시작했다. 그리고 오래지 않아 황금알을 낳는 이 시장에 존재하는 유일한 규정이 사료회사가 만들어 놓은 것 뿐임을 알게 되었다. 정부의 규제는 있으나 마나한 상태였다. 문제는 여기에 그치지 않는다.

사료에 사용되는 원료는 더 끔찍했다. 안락사당한 고양이와 개의 사체, 병에 걸린 가축의 사체, 로드킬당한 동물뿐만 아니라 동물원에서 죽은 동물과 도저히 먹을 수 없는 고기가 단백질 원료가 되어 사료에 들어간다. 사탕무 찌꺼기, 땅콩 껍데기, 렌더링 공장(가축을 도축하고 남은 부산물에서 필요한 것을 회수하는 가축재처리공장) 바닥에서 쓸어 담은 톱밥 찌꺼기는 섬유소라는 이름으로 재탄생하고 있었다.

도대체 이 문제 있는 재료가 어떤 경로를 통해 반려동물이 먹는 사료에 사용되는 것일까? 나는 이 의문을 풀기 위해 현장에 뛰어들었고 놀라운 현실을 알게 되었다.

2007년 3월, 사상 유래 없는 대규모 사료 리콜 사태를 통해 소비자들은 우리가 먹는 식품과 동물 사료에 사용되는 주원료가 대부분 중국에서 수입됨을 알게 되었다. 오염된 중국산 쌀 단백질과 밀 글루텐은 수천 마리의 고양이와 개를 죽게 만들었고, 덕분에 사람들은 중국 등 식품안전에 관한 제재가 거의 없는 나라에서 수입된 식품이라면 그것이 반려동물용이든 사람용이든 의심의 눈초리를 보내게 되었다.

하지만 불행하게도 그런 나라에서 수입되는 식품의 양은 급증하고 있는 데 반해 그에 대한 검역은 꾸준히 감소하는 추세이다. 《로스앤젤리스 타임스》의 돈 리 기자는 "2006년 중국은 미국을 포함한 전 세계에 25억 달러어치의 식품을 수출했는데, 이는 2년 전에 비해 150% 증가한 양이다."라고 보도했다.[1]

미국으로 수입되는 중국산 시재료 중 고작 1% 정도만 검역을 하는 현실에서, 모든 식재료에 대한 전수검사를 하지 않는 한 동물용 사료든, 인간이 먹는 식품이든 더 큰 규모의 리콜 사태가 벌어지는 것은 시간문제일 뿐이다.

길고 긴 자료조사, 수집기간

《개·고양이 사료의 진실》 3번째 개정판인 이 책에서는 수년 간에 걸쳐 진행된 사료산업에 대한 조사결과를 한눈에 볼 수 있다. 이 결과를 얻기 위해 여러 정부기관, 사료산업과 렌더링 산업 대표, 수많은 개별 단체, 사료회사와 수의사에게 묻고 또 물었다. 지난 18년 동안 사료산업에 대해 조사하면서 현실의 끔찍함에 경악

했던 순간도 있었고, 답변을 회피하는 각종 단체와의 지루한 줄다리기에 좌절한 적도 많았다. 그런데도 포기하지 않은 이유는 다른 사람들도 진실을 알기를 바라는 마음 때문이었다. 반려동물의 건강이 먹는 음식에 달려 있다고 믿는 사람이 점점 많아지는 것, 그것이면 충분했다.

정부기관에 정보공개를 요청했을 때 정부기관이 성실한 답변을 해 주리라는 기대는 시작부터 무너졌다. 미국과 캐나다 정부 관료들은 이 부서, 저 부서로 떠넘기다 못해 결국에는 "기다려 달라, 지금은 답하기 곤란하다."라는 대답만 몇 년 동안 되풀이하고 있다. 물론 기다리다 못해 지칠 즈음에 가끔 내용 없는 답변을 보내오기도 한다.

현재는 〈정보자유법〉에 따라 정부를 상대로 소송을 진행 중이다. 정부는 언제나 요청한 자료와 거의 유사한 문서를 보내 주지만 정확히 바라는 정보는 절대로 주지 않는다. 정부의 동문서답을 들은 후에는 보다 꼼꼼한 정보요청문서를 다시 보내야 했다. 미국 식품의약국(FDA, Food and Drug Administration)에 '건사료 안에 들어 있는 펜토바르비탈(pentobarbital) 추출 테스트 결과'를 요청했을 때도 마찬가지였다(5장 참고). 이 정보 하나를 얻는 데 3년이나 걸렸고 변호사의 도움을 받아 가까스로 얻었는데, 이 과정에서 알아낸 사실은 사료산업 관계자나 정부 어느 누구도 사료 안의 수상한 성분을 개선할 생각이 없으며 앞으로도 똑같은 원료를 변함없이 사용하길 원한다는 것이었다. 막대한 이익을 창출해 내는 사료시장을 바꾸고 싶은 회사는 어디에도 없었다.

소비자들이 변화를 요구하지 않고 정부가 규제를 미적거리는데 사료회사가 변화의 선봉에 나설 리 없다. 몇 가지 답변을 듣는데에도 이렇게 많은 시간이 걸렸는데 정책이 변하려면 — 특히 대기업의 규제와 관련된 정책을 바꾸고자 한다면 — 도대체 얼마나 엄청난 시간이 걸릴지 상상조차 할 수 없다. 그러므로 소비자가 사료에 대해 명확히 알고 변화를 촉구해야 한다.

만약 우리 집 개가 병에 걸리지 않았다면 나는 그들에게 좋은 음식을 먹이고 있다고 믿으면서 지금도 사료를 구입하고 있을 것이다. 그리고 그 대가로 매달 동물병원을 들락거리면서 비싼 병원비를 지불하고 있을 것이다.

내가 아무것도 몰랐다면 내 곁을 지키던 우리 집 개들이 죽은 후 렌더링 공장의 거대한 탱크 속에서 생의 마지막을 맞이했을지도 모를 일이다. 그래서 아는 것이 중요하다.

우리는 개와 고양이의 사체를 먹고 있을지도 모른다

2007년 사료 리콜 사태에 관한 정보를 수집하던 중 개와 고양이의 사체가 식재료 유통망에 유입되어 우리 밥상에까지 오르고 있다는 꺼림칙한 정보를 얻었다.

중국을 비롯한 아시아 국가의 새우, 장어 양식장은 캘리포니아 렌더링 공장에서 수입한 사료를 사용하는데 문제는 캘리포니아에서 이 사료가 만들어지는 방식에 있다. 자투리 고기나 내장을 거대한 탱크에 넣고 열을 가해서 수분과 지방을 제거한 후 이것을 압착해서 만드는데, 캘리포니아는 개와 고양이의 사체를 렌더링 공장의 탱크에 집어넣는 것이 합법이다.

캘리포니아는 합법적으로 '육골분(meat and bone meal)'을 만들어 다른 지역에 보급하고, 개와 고양이의 사체가 섞인 잔여물은 양식장용 사료원료로 가공되어 중국, 일본, 싱가포르, 타이완, 한국에 수출된다. 나는 이 사실을 확인하기 위해 미국 농림부(USDA, United States Department of Agriculture)에 몇 번이나 질의서를 보냈지만 답변은 아직도 요원하다.

캘리포니아 웨스트코스트렌더링 대표인 빌 고먼은 2004년 3월 《로스앤젤리스 비즈니스 저널》과의 인터뷰에서 "우리 공장에는 안락사당한 개와 고양이의 사체가 산더미처럼 쌓여 있다. 버넌 공장에서 수용 가능한 개와 고양이의 고형 부산물 양은 600톤 정도."라고 언급한 바 있다.[2] 안락사당한 동물이 사료원료가 된 가장 큰 이유는 2003년 12월 미국에서 발생한 광우병 사태로 대다수의 아시아 국가가 미국산 쇠고기가 함유된 원료수입을 금지했기 때문이다. 2004년 여름 수입금지가 해제되면서 양식사료는 다시 아시아로 수출되고 있다.

세계에서 가장 큰 동물구조단체인 D.E.L.T.A의 창립자인 레오 그릴로는 오랫동안 안락사를 시키지 않는 보호소를 운영해 왔다. 그는 탐정을 고용해 반려동물의 사체를 갈아서 만든 이른바 '단백질 원료가 실린 트럭이 웨스트코스트렌더링 공장에서 출발할 때 미행했는데, 이 트럭의 내용물이 태평양 연안으로 향하는 배에 실리는 것을 포착했다.

이런 과정을 거쳐 반려동물의 사체를 사용한 단백질 원료가

'미국 슈퍼마켓에서 팔리는 수입 양식 생선'의 사료가 된다.[3] 즉, 캘리포니아 렌더링 공장은 개, 고양이 사체로 만든 양식사료를 아시아로 수출하고 아시아는 그 사료를 먹여 키운 물고기를 다시 미국으로 수출하는 것이다.

게다가 중국은 미국에 해산물을 가장 많이 수출하는 국가이다. 《월드 데일리 뉴스》는 "중국 생선 양식장에서는 미국 FDA가 금지한 독성 화학물질은 물론 정화가 안 된 하수가 사용된다. 수입하는 해산물의 양이 느는 데 반해 이에 대한 FDA의 검수는 2003년 0.88%에서 2006년에는 0.59%로 악화되고 있다."라고 기사에서 밝혔다.[4]

글로벌 시대에는 식품 수출입 과정에 온갖 비밀이 난무해서 식탁에 오르는 식재료든 동물 사료든 원산지를 파악하는 것조차 불가능한 일이 되어 버렸다. 그러므로 정체불명의 수입 양식 생선을 먹지 않는 것이 건강을 지키는 지름길이다.

건강한 먹을거리에 대한 지속적인 관심이 필요하다

사료업계의 문제점을 제대로 파악하기 위한 가장 좋은 방법은 어떤 원료가 사료에 첨가되는지, 제품이 어떻게 만들어지는지, 사료업계의 돈이 어떻게 쓰이는지 등을 아는 것이다. 이 책은 그 모든 질문에 대한 답이 들어 있다. 진실을 알게 되면 우리 자신은 물론 반려동물의 건강을 위해 택할 수 있는 최선의 방법이 무엇인지 스스로 결정을 내릴 수 있을 것이다.

책의 후반부에는 손쉽게 시작할 수 있는 개와 고양이용 자연식 식단 레시피와 재료 선택에 관한 정보가 나와 있다.

　우리 집 개와 고양이에게 무엇을 먹여야 할 것인가를 고민할 때 이 책이 도움이 되기를 바란다. 건강한 먹을거리에 대한 지속적인 관심과 고민은 개나 고양이에게만 해당되는 것이 아니라 인간에게도 도움이 된다. 기왕이면 인간이나 동물이나 오래오래 건강하고 행복하게 사는 것이 좋지 않은가.

2장

사료의 비밀을 파헤치다

사료성분표를 읽을 수 있는 눈을 갖자

반갑게도 최근 몇몇 사료회사가 사람이 먹어도 될 만한 원료를 사용해서 반려동물용 사료를 만들기 시작했다. 닭고기, 호박, 샐러리, 칠면조고기 등 자연재료를 사용한 이 제품들은 믿을 만하다. 하지만 여전히 대부분의 사료는 읽어도 무슨 소리인지 모를 성분표로 도배되어 있다. 사료회사는 자신들의 제품이 영양학적으로 완벽하다고 주장하지만 성분표만 주의 깊게 살펴도 그 말이 거짓임을 알 수 있다. 성분표에 있는 성분은 대부분 도살장이나 렌더링 공장에서 나온 해로운 원료의 다른 이름이기 때문이다.

사료회사가 자랑스럽게 선보이는 프리미엄 사료 역시 가격이 더 비싸다는 것 외에는 일반사료와 성분면에서 전혀 다르지 않은 경우도 있다. 〈8장 역사상 최대 사료 리콜 사태〉에서 다시 한 번 설명할 테지만 많은 사료회사가 만드는 수백 가지 다양한 제품은 브랜드 라벨만 다를 뿐 모두 한두 공장에서 일괄적으로 제조되고 있다. 값싼 마트 사료든 비싼 프리미엄 사료든 다 같은 공장의 같은 생산 라인에서 만들어진다는 것이다. 그러므로 사료포장지의 '영양학적으로 완벽'하다는 문구는 허위광고에 지나지 않는다.

가장 좋은 사료는 인간이 먹을 수 있는 식재료로 만든 것이다. 집에서 만들든 기성 제품을 사든 최선은 사람이 먹을 수 있는 음식을 동물에게 먹이는 것이기 때문이다.(책의 후반부에 집에서 만들 수 있는 자연식 레시피와 질 좋은 사료를 생산하는 회사 리스트가 있다.) 그러므로 부득이하게 일반 사료를 먹여야 한다면 성분표를 꼼꼼하게 따져보기 바란다. 반려인은 나쁜 사료를 골라낼 수 있는 매서운 눈을 가져야 한다.

육류 부산물에 대한 오해

소비자들은 사료포장에 쉽게 속는다. 포장에 크게 인쇄된 문구는 진실이 아니다. 진실은 눈에 잘 띄지 않는 깨알만 한 성분표에 숨겨져 있거나 아예 표시조차 되어 있지 않다. 암호문 같은 성분표를 이해할 수 있는 유일한 방법은 모든 정보를 하나하나 꼼꼼히 파고 들어가 보는 것이다. 1992년부터 사료성분표를 분석하고 있는데, 어떤 단어는 의미를 알아내는 데만도 오랜 시간이 걸렸다. 그 중 하나가 바로 '육류 부산물(meat by-product)'이다.

육류라는 단어가 주는 느낌, 즉 단백질이 풍부한 맛있는 음식일 것 같다는 생각은 착각이다. 미국사료협회(AAFCO, Association of American Feed Control Official)에서는 육류 부산물을 '도축된 동물의 고기 부분을 제외한 정제되지 않은 다양한 부위'라고 정의하고 있다. 미국사료협회의 가이드라인에 따르면 육류 부산물에 해당되는 부위란 폐, 비장, 신장, 뇌, 간, 피, 뼈, 저온 지방 조직(캔을 만들 때 질감이나 맛을 좋게 하기 위해 넣는 지방덩어리/옮긴이), 위, 장 등이다. 도축된 동물이 간디스토마에 감염되었든 폐렴균이 가득하든 상관없이 식용으로 적합하지 않다는 판정을 받은 동물의 사체가 사료용으로 공급될 수 있다는 뜻이다. 또한 스틱 마크(항생제, 호르몬제 혹은 다른 약물을 지속적으로 주입받은 신체 부위)와 같이 식용으로 부적합한 부위도 동물 사료용으로 사용된다.

단백질 원료가 되는 개와 고양이 사체

안락사당한 개와 고양이도 단백질 원료로 사료에 들어간다(4장 참조). 매일 안락사된 개와 고양이 수천 마리가 렌더링 공장으로 이송되어 '육분(meat meal)'이라 불리는 사료원료가 된다. 사료봉지의 성분표에 육분이 포함되어 있다면 그 사료에는 개, 고양이의 사체가 들어 있을 수 있다.

그렇다면 성분표에서 흔히 볼 수 있는 육분과 육류 부산물의 차이점은 무엇일까? 관련기관의 설명에 따르면 육분은 도축장에서 렌더링 공장을 거쳐 사료공장으로 이송되고, 육류 부산물은 렌더링 과정을 거치지 않고 도축장에서 사료공장으로 바로 이송된다는 점이 다르다고 한다. 미국사료협회는 '깨끗한 고기'를 강조하는데 그들이 정의하는 깨끗한 고기란 '털이나 가죽, 내장과 같은 이질적인 부분이 없다.'는 뜻이라고 한다. 과연 깨끗한 고기가 가능하기는 한 것일까?

데이비드 쿡은 〈동물 사체 처리에 관한 진실과 허구〉라는 기사에서 이렇게 이야기했다. "60만 톤이나 되는 개와 고양이의 사체를 사료로 만들기 전에 껍질을 벗기고 내장을 꺼내는 일이 과연 가능한 일일까? 미국사료협회는 육분이나 육골분 등의 단어에 대한 정의를 다시 내리든지, 아니면 가공과정에 대한 더 자세한 설명을 추가해야 한다."[1]

사료원료가 되는 육류, 조류, 어류

미국 내에서 제조되는 사료에 들어가는 모든 육류는 미국산이며, 육분이나 육골분의 형태로 공장에 도착한다. 수입육은 호주와 뉴질랜드에서 수입되는 양고기가 유일하다.

다음은 미국사료협회에서 정의한 성분표 설명이다.

고기(meat) : 미국사료협회에서 정의하는 고기는 도축된 포유류에서 분류된 살코기를 의미하며, '살코기'는 '일반적으로 고기 부분이 붙어 있는 피부, 힘줄, 신경, 혈관 부분과 지방이 붙어 있거나 그 위에 덮여 있는 부분'으로 규정된다. 그러므로 성분표의 고기란 혈관, 힘줄 등이 포함된 것이며, 이런 고기는 도축장에서 곧바로 사료회사로 배달되고 있다. 즉, 사료 라벨의 고기란 육류 부산물의 다른 이름이며 수많은 불순물과 병든 동물의 신체 부위가 포함되어 있다.

육분(meat meal) : 혈액, 털, 발굽, 가죽, 잡육, 배설물, 위장과 반추 내용물을 제외한 포유류의 조직을 렌더링해서 만든 제품(반추 내용물은 되새김질을 하는 동물의 첫 번째 위에 있는 내용물로 '새김질감'이라고도 불린다).

가금류 부산물 가루(poultry-by-product meal) : 깃털을 제외한 목, 다리, 미성숙란과 창자 등을 포함한 도축된 가금류의 깨끗한 부분을 갈아서 렌더링한 것.

부화장의 가금류 부산물(poultry-hatchery by-product) : 달걀 껍데기, 무정란이나 미부화된 달걀, 도태된 병아리 등을 섞어서 지방을 제거한 후 열을 가해 말린 후 간 것.

가금류 부산물(poultry by-product) : 도살된 가금류의 이물질, 배설물이 제거된 내장, 머리, 다리 등.

수화된 가금류 깃털(hydrolyzed poultry feather) : 단백질은 아니지만 소화가 가능한 단백질로 분류되는 부분으로 도축된 가금류에서 나온 깃털에 촉진제를 넣어서 삭힌 후 압축 가공해서 만든 것(촉진제는 깃털을 더욱 빠르게 부식시킨다).

생선(fish) : 고양이들이 굉장히 좋아하는 습식 캔에 들어가는 생선 부위는 생선머리, 꼬리, 지느러미, 뼈와 내장 등이다. 생선살은 거의 포함되지 않는다. 성분표에 생선이라고 기재된 이유는 생선의 일부분이 렌더링 과정을 거치지 않고 바로 사료공장으로 갔다는 말일 뿐이다. 생선이 통째로 들어간 캔은 거의 없기 때문에 캔 사료에는 고양이에게 꼭 필요한 지용성 비타민, 미네랄과 오메가-3 지방산 등은 들어 있지 않다. 수은 수치가 높거나 다른 독성 물질이 검출되어 식용 적합 판정을 받지 못한 경우에만 생선 한 마리가 통째로 사료에 들어간다. 〈11장 고양이 식사 준비 전에 알아두어야 할 것〉에서 다시 언급하겠지만 이런 성분을 단백질 공급원으로 꾸준히 사용하면 고양이 건강에 문제가 생길 수 있다.

어분(fish meal) : 생선가공공장에서 나온 렌더링 잔여물로 만든 원료. 어분 안에는 머리, 꼬리, 내장과 혈액이 들어 있으며 보통 육분이나 골분보다 단백질 수치가 더 높다. 미국사료협회는 어분을 '기름기 부분을 추출하든 추출하지 않든 아직 썩지 않은 생선을 말려서 간 조직'이라고 규정하고 있다. 어분은 대부분 미국 내의 생선공장에서 나오는 것으로 추정된다.

불순물이 들어간 단백질 원료, 사료용으로는 가능하다

미국사료협회에 따르면 앞의 재료 외에 다양한 재료가 사료 단백질로 사용된다. **주의** ❶ 비위가 약한 사람은 여기서부터는 읽기에 주의해야 한다.

수화된 털(hydrolyzed hair) : 사료용으로 다듬어 열을 가해 만든 제품. 도축장에서 도축된 동물이라면 어떤 동물의 털이든 상관없이 사용할 수 있다.

건조된 동물 혈액(spray-dried animal blood) : 털, 위 잔여물, 오줌 등의

물질을 제외한 깨끗하고 신선한 동물의 혈액으로 만든 것. 동물에서 나온 혈액은 렌더링 과정에서 다른 재료와 섞이거나 캔 안에 들어가는 고깃덩어리 등에 첨가된다.

수분을 뺀 음식물 부산물(dehydrated food-waste) : 병원, 식당, 식료품 가게 등에서 나온 음식물 쓰레기로 매일 상하기 전에 수집된다.

수분을 뺀 부산물(dehydrated garbage) : 분해과정 중 유해물질이 나오지 않도록 인공적으로 수분을 제거해서 말린 음식물 쓰레기 등이 포함된다. 여기에는 정육점이나 과일, 야채 등을 가공하는 공장에서 나온 쓰레기도 포함된다. 미국사료협회의 가이드라인에서는 도자기, 유리, 광물, 끈이나 기타 비슷한 다른 물질과는 따로 분류되어 수집된다고 한다.

수분을 뺀 반추 제품(dried paunch products) : 도축된 가축의 위 안에 남아 있는 잔여물을 섭씨 100도 이상으로 가열해서 수분함량을 12% 이하로 낮춘 것. 탈수과정을 통해 병원성 박테리아를 제거한다.

말린 가금류 부산물(dried poultry waste) : 수분 함량이 15%를 초과하지 않도록 인공적으로 수분을 빼서 가공한 분비물 쓰레기(닭장 바닥에서 나온 쓰레기를 말린 것). 미국사료협회에 따르면 이 부산물에는 생단백질은 12% 미만, 짚이나 대팻밥 등과 같은 생섬유소는 40% 미만, 재는 30% 미만 함유되어야 한다. 주로 공장형 가금류 농장에서 나온다.

말린 돼지 부산물(dried swine waste) : 수분이 15% 이하가 되도록 인공적으로 수분을 제거한 돼지 노폐물(돼지 배설물을 포함한다. 돼지우리 바닥에 깔려 있던 쓰레기에서 수분을 뺀 것). 이 부산물에는 생단백질은 20% 미만, 짚이나 대팻밥 등 생섬유소는 35% 미만, 재는 20% 미만 함유되어야 한다. 보통 거대 공장형 돼지 농장에서 채취한다.

말리지 않은, 가공된 동물 부산물 제품(undried, processed animal waste product) : 인간을 제외한 다른 반추동물이나 가금류 등의 배설물이 들어간 원료. 미국사료협회는 "이 부산물에는 혼합 목재, 톱밥, 찌꺼기, 먼지, 모래, 자갈, 그외 동물이 사는 우리에서 파생되는 다른 성분이 30% 미만 함유되어야 한다."고 규정하고 있다.

곡물 원료

다음은 미국사료협회의 반려동물, 말과 가축 등의 사료에 사용하는 곡물 목록이다.

옥수수(corn) : 개와 고양이용 건사료의 주성분. 사료에 들어가는 옥수수 제품은 다양하다. 리스트에 올라 있는 다음 성분 외에도 다양한 옥수수 성분을 사용할 수 있다.

옥수수 가루(corn flour):겨나 배아가 거의 들어 있지 않은 딱딱한 옥수수 가루.

옥수수 겨(corn bran) : 옥수수 씨를 싸고 있는 바깥 껍질 부분.

옥수수 글루텐 가루(corn gluten meal):배유 효소처리나 옥수수 녹말, 시럽 등 수분을 제거하는 제분과정을 통해 녹말과 배아를 대부분 제거한 후에 남은 찌꺼기를 말린 것.

주의 ❗ 고양이용 건사료에는 옥수수가 여러 가지 형태로 들어 있다. 고양이용 건사료 제품 하나에서 서로 다른 4가지 형태의 옥수수 성분이 발견되기도 하는데 생존하려면 영양소의 상당 부분을 단백질에 의존해야 하는 고양이에게 옥수수가 주성분인 사료가 괜찮을까? 곡물류는 아라키돈산(가장 중요한 지방산), 비타민 A, 비타민 B_{12} 등 고양이에게 필요한 영양분을 충분히 제공하지 못한다.

밀(wheat) : 밀은 많은 사료의 주성분이며 미국사료협회의 가이드라인에서는 여러 가지 용어로 정의하고 있다.

밀가루(wheat flour) : 슈퍼마켓에서 살 수 있는 하얀 밀가루가 아니라 밀을 가지고 만들 수 있는 제품을 모두 만들어 낸 후에 남은 잔여물을 말한다.

밀기울(wheat middlings and shorts) : 방앗간 공정이 끝난 후에 남는 왕겨, 밀기울, 밀가루 등의 찌꺼기 미세입자로 방앗간 바닥을 쓸어담은 성분이라고 할 수 있다.

맥아분(wheat germ meal) : 밀기울과 겨, 밀싹을 총칭하는 성분.

성분 분할이라는 속임수

옥수수와 밀은 개, 고양이용 건사료의 대부분을 차지하는 성분인데도 불구하고 일부 사료회사는 곡류를 단백질 성분 다음에 올려놓는다. 한 유명 고양이 건사료의 성분표 순서를 보자.

가금류 부산물, 노란 옥수수 가루, 밀, 옥수수 글루텐 가루,

대두분, 양조쌀 등등

일반적으로 성분표는 함유량이 많은 순서대로 작성된다. 때문에 이 성분표를 읽으면 가금류 부산물이 맨 앞에 나오기 때문에 단백질 성분이 이 사료의 주성분이라고 생각하기 쉽다. 하지만 이 고양이 사료의 대부분을 차지하는 성분은 가금류 부산물이 아니라 뒤쪽에 나온 옥수수이다. 노란 옥수수 가루, 옥수수 글루텐 가루 두 카테고리로 나뉜 옥수수의 총량은 단백질 성분의 양을 훨씬 넘어선다.

이렇게 하나의 원료를 여러 카테고리로 나누는 것을 사료업계에서는 '분할'이라고 한다. 옥수수를 하나의 카테고리로 하면 총량이 가장 많기 때문에 사료성분을 표기할 때 가장 먼저 나와야 한다. 하지만 사료회사는 소비자들이 사료에 단백질이 더 많이 들어 있다고 착각하도록 옥수수를 다양한 이름으로 분할해 뒤쪽에 기재하는 것이다.

원료의 순서가 뒤바뀐 것이 무슨 문제냐고 반문할 독자도 있을 것이다. 하지만 옥수수가 주성분인 사료를 계속 먹은 고양이는 건강하게 살기 어렵다. 육식동물인 고양이에게 곡류를 지속적으로 공급하는 것은 고양이에게 치명적이기 때문이다.

독성 물질에 오염된 곡물로 만드는 사료

독성 물질, 특히 미코톡신(mycotoxin)에 오염된 곡물류가 포함된 사료는 반려동물을 죽일 수도 있다. 미코톡신은 곰팡이가 핀

곡물의 균류에서 나오는 독성 물질인데 호밀, 옥수수, 보리, 귀리, 밀, 땅콩, 브라질땅콩, 피칸, 월넛 등에서 흔히 발견되며, 전 세계적으로 300종 이상의 곡물에 존재한다고 알려져 있다.

가장 흔한 미코톡신은 아플라톡신 B_1으로 발암물질로 판명되었다. 옥수수에 자연적으로 발생하는 곰팡이독인 푸모니신 B_1 역시 발암물질로 분류된다. 그외에 옥수수, 보리, 밀, 귀리 등의 곡물류에 생기는 오크라톡신 A도 발암물질이다. 오크라톡신 A는 익혀도 파괴되지 않는 것으로 유명하다. 구토를 유발하는 독성 물질로 유명한 DON(데옥시니발레놀)은 흔히 밀, 보리, 호밀, 옥수수에 생기는 오염물질이다.

오염된 곡물류를 먹은 동물은 구토, 설사, 식욕부진 등의 증상을 보인다. 시판사료에는 발암물질인 제초제, 살충제, 살균제 등이 너무 많이 사용되어 사람용으로 적합판정을 받지 못한 곡물이 사용된다. 발암물질과 독성 물질이 많이 포함되어 있어도 사료원료로 사용하는 데에는 아무런 제재도 없기 때문이다. 개, 고양이 사료는 사람이 먹는 식품과 달리 사료원료를 대상으로 하는 독성 물질 검사가 거의 없다.

기타 부가적인 사료 성분

미국사료협회가 정의한 나머지 사료원료를 살펴보자. 대체로 영양학적으로 의미가 없는 성분으로 단순히 부피를 늘리기 위해 첨가된다.

사탕무 펄프(beet pulp) : 사탕무 찌꺼기를 말린 것. 섬유소를 늘리기 위해 들어가지만 기본적으로 설탕이다.

대두분(soybean meal) : 대두를 압축해서 기름을 짜고 난 다음에 남은 부분을 간 것.

셀룰로오스 파우더(powdered cellulose) : 정제된 셀룰로오스. 흰색의 무향, 무미 제품으로 섬유질이 많은 식물 펄프에서 나오는 알파 셀룰로오스를 가공해 만든다. 셀룰로오스 파우더는 사료의 양을 늘리기 위해 사용한다.

슈거 푸드 부산물(sugar foods by-products) : 캔디, 음료수 가루, 말린 젤라틴 믹스나 식음료 제품처럼 설탕을 기본으로 하는 제품의 제조과정에서 얻어진 부산물로 식용으로 적합하지 않다. 칼로리를 높이고 단맛을 낸다.

간 아몬드와 땅콩 껍데기(ground almond and peanut shells) : 아몬드와 땅콩 껍데기를 미세하게 간 섬유소.

사료에 들어가는 지방

지방은 반려동물의 후각을 자극하는 주요 성분으로 기호성을 높인다. 사료에 직접 뿌리거나 다른 성분과 섞는다. 사람이 먹지 못하는 폐유, 식당에서 나오는 유지가 주공급원이다. 또 하나의 주공급원은 렌더링 공정에서 나오는 가축의 기름이다.

아무도 몰랐던 렌더링 공장의 비밀

사료원료에 대한 조사를 시작하기 전에 내가 렌더링 공장이나 사료 제조과정에 대해 아는 바가 없었듯이 렌더링 시설은 수백 년 간 있었지만 이 산업에 대해 아는 사람은 거의 전무하다. 장담컨대 사람들은 대부분 렌더링 공장에서 제조된 부산물이 사료에 들어간 다는 사실도 모를 것이다.

렌더링 공장은 사체 처리를 하는 회사에서 나온 동물 사체, 동물원에서 죽은 동물, 로드킬을 당했지만 땅에 묻기에는 사이즈가 너무 큰 동물, 식당이나 식료품점에서 나오는 음식물 쓰레기는 물론 스티로폼 접시나 랩 등 현대사회에서 발생되는 모든 쓰레기와 남은 음식을 거두어 간다(자세한 정보는 4장 참고).

도축장에서는 도축하고 남은 식용 부적합 판정을 받은 부위를 수거해 온다. 도축장 직원들은 렌더링 공장에 보내기 전에 사료가 될 동물 부산물 더미에 천연 조석탄산, 크레실 소독제(락스, 크레졸), 시트로넬라를 뿌리는데 하하저 변성제는 모두 독성 물질이다. 타르 오일 유도체인 크레실산은 변성 대체물질로 미국산업안전보건청(OSHA)은 조석탄산과 크레실 모두 독약으로 분류하고 있다. 캐나다에서는 비르콜렌 B가 사용되는데, 그 정체에 대해 농림부 대변인은 비르콜렌 B가 무역기밀에 해당되는 성분이기 때문에 말해 줄 수 없다고 했다. 2007년 9월 비르콜렌 B는 여전히 캐나다에서 사용되고 있지만 그 정체는 아직도 밝혀지지 않고 있다.

렌더링 공장에서는 이렇게 모은 온갖 쓰레기를 거대한 통에 넣고 찧는다. 그런 후 104.4~132.2도에서 한 시간가량 익히고, 원심분리기로 분리해 표면에 뜬 기름기를 거둬 낸다. 습식 캔을 땄을 때 내용물 위에 살짝 얇게 덮여서 배고픈 개와 고양이를 유혹하는 지방은 바로 이렇게 만들어진 것이다. 기름기를 제거한 후 남은 원료를 건조시키면 육분과 육골분이 만들어지는데 보통 건사료에 사용된다.

이런 사료를 먹고도 동물이 건강할 수 있을까?

미국사료협회에 규정된 성분 리스트를 읽고 이런 성분이 반려동물의 밥에 들어간다는 사실을 도저히 믿을 수가 없어서 협회 의장에게 팩스를 보냈다. "'사료 성분 정의에 나와 있는 성분이 가축은 물론 반려동물 사료에도 들어가는 것이 맞나요?" 대답은 다음과 같았다. "미국사료협회가 승인한 사료성분 정의는 제한적인 식단을 요하는 몇몇 특수한 동물을 제외한 모든 동물사료에 적용됩니다."[2]

이 답변은 사실이 아니기를 간절히 바랐던 현실을 확인시켜 주었고 아직도 상황은 변하지 않았다. 독성 물질이 사용된 원료는 여전히 모든 가축과 반려동물의 사료에 들어가고 있고, 쓰레기와 다를 바 없는 사료를 먹는 가축의 고기도 여전히 인간의 식탁을 점령하고 있다. 사료에 들어가는 부산물(by-product)이 대부분 렌더링 공장에서 제조된다는 것 역시 믿고 싶지 않은 사실 중 하나이다.

사료산업계는 자신들의 제품이 반려동물의 건강과 복지를 고려한다고 주장하지만 영양학적으로 가치 없는 원료로 만든 사료가 어떻게 몸에 좋다는 것인지 도무지 알 수 없다. 그들은 이런 사료를 먹은 반려동물이 정말 건강하게 오래 살 수 있다고 믿는 걸까?

3장
수상한 비타민, 미네랄, 첨가제

비타민, 미네랄, 첨가제의 비밀

사료성분표에는 온갖 종류의 비타민, 미네랄, 첨가제 등이 기재되어 있다. 그런데 이름조차 생소한 이런 성분들이 어떤 방식으로 사료에 첨가되는지 확인이 필요하다. 이 장에서는 비타민과 미네랄이 사료에 올바르게 사용되고 있는지와 함께 유통기한을 비약적으로 늘려 주는 첨가제에 관해 알아본다.

주의 ❶ 사료원료가 가득 찬 커다란 탱크에 비타민, 미네랄, 첨가제를 섞을 때 사료회사는 그 양을 어떻게 결정할까? 진열대에 오랫동안 있어도 영양소가 남아 있게 하려고 또는 제조공정에서 파괴되는 비타민을 보충하려고 많은 사료회사는 비타민과 미네랄 등의 영양 보충제를 지나치게 많이 첨가한다. 이것은 사실상 목숨을 건 도박이다. 우리 집 개는 아연이 지나치게 많이 들어간 사료를 먹고 병에 걸렸다(42쪽 참조).

2007년 3월 캐나다 온타리오 휘트비에 사는 재닛 그릭스티는 로얄캐닌을 상대로 5000만 달러의 집단소송을 제기했다. 재닛의 반려동물인 래브라도종 모카는 로얄캐닌의 제품을 먹고 영구적 신장 손상을 입었는데, 그 이유가 사료에 비타민 D가 과다하게 들어 갔기 때문이다.[1]

비타민도 과하게 섭취하면 안 된다

다음은 시판되는 사료에 일반적으로 첨가되는 비타민 목록이다.

콜린 클로라이드(choline chloride) : 비타민 B군. 달걀 노른자, 대두, 익힌 쇠고기, 닭고기, 칠면조의 간 등에 많이 들어 있다.

칼슘 판테네이트(calcium panthenate) : 비타민 B_5. 내장, 달걀, 생선, 조개, 바닷가재, 대두, 렌즈콩 등에 들어 있다.

티아민 모노니트레이트(thiamin mononitrate) : 비타민 B_1. 고기, 가금류, 통견과류, 꼬투리콩류, 맥주효모 등에 들어 있다.

리보플라빈 보충제(riboflavin supplement) : 비타민 B_2. 우유, 굴, 살코기, 잎채소, 버섯, 아스파라거스 등에 들어 있다.

피리독신 염산염(pyridoxine hydrochloride) : 비타민 B_6. 곡물류, 밤, 시금치, 그린빈(껍질콩)과 시리얼에 들어 있다.

엽산(folic acid) : 비타민 B_9. 간, 맥주효모, 사탕무, 순무, 아스파라거스, 시금치, 초록잎 채소에 들어 있다.

아스코르브산(ascorbic acid) : 비타민 C, 딸기, 감귤류, 사탕무 이파리, 양배추, 고구마, 브로콜리, 당근, 콩, 호박, 파슬리에 들어 있다.

비타민 D : 햇빛, 우유(비타민 강화우유), 치즈, 달걀, 간, 연어 등에 들어 있다.

메나디온(menadione) : 케일, 브로콜리, 시금치, 콜라드 등 이파리가 달린 초록색 채소에 가장 많이 들어 있다.

주의 ❗ 메나디온 디메틸프리미디놀 중아황산염은 건사료나 캔 사료는 물론 영양제, 간식에까지 비타민 K의 공급원으로 사용되는 값싼 성분으로 이 성분의 효능과 영향에 대해서는 오랫동안 논란이 되어 왔다. 반려동물 영양학 컨설턴트인 사바인 콘트라스가 참여하는 온라인 포럼인 도그푸드프로젝트에서는 "흔히 비타민 K_3라고 알고 있는 메나디온은 비타민 K를 인공적으로 합성한 것으로 간세포에 세포 독성을 일으키고, 자연산 비타민 K를 파괴하며, 알레르기는 물론 피부와 점막에 염증을 일으킨다."고 밝히고 있다.[2] 이론적으로 메나디온은 비타민이 아니라 먹으면 몸 안에서 변환되는 전구체(precursor, 어떤 물질의 선행하는 물질/옮긴이)로 비타민 K는 지용성이지만 메나디온 유도체는 수용성이라 몸에서 제대로 활용되지 않는다. 때문에 비타민 K 합성물질이 들어간 사료는 피하는 것이 좋다.

지나치면 독이 되는 미네랄

사료에 첨가되는 대표적인 미네랄은 인, 철, 구리이다. 때로 미네랄은 반려동물의 건강에 심각한 문제를 일으키기도 하는데, 특히 건사료를 주의해야 한다. 우리 집 개들이 1990년에 병에 걸린 것도 미네랄이 과도하게 첨가된 건사료 때문이었다. 개들은 먹고 토하고, 먹고 토하기를 반복하면서 괴로워했다. 당시 나는 실험실에 사료를 조사해 줄 것을 의뢰했고 그 결과 인이 일일 권장량 50ppm보다 무려 20배나 더 많음을 알게 되었다. 수의사들은 사료의 인 수치가 1,000ppm 이상인 경우 개에게 치명적인 독이 될 수 있다고 한다. 개의 인 일일권장량(RDA)은 대략 50mg이다.

이밖에 사료 라벨에 흔히 포함되는 미네랄 목록은 다음과 같다.

철단백질 화합물, 철을 함유한 탄산염, 철을 함유한 황산염(iron proteinate, ferrous carbonate, ferrous sulfate) : 이 미네랄은 헤모글로빈을 만드는 데 유용하게 쓰인다. 결핍 시 빈혈과 피로 현상이 나타난다.

주의 ❗ 철을 함유한 황산염은 믿을 만한 좋은 사료가 방부제로 사용하는 비타민 E를 감소시킨다.[3] 철분은 간, 신장, 살코기, 조개, 과일, 견과류, 통곡물, 이파리 채소와 당밀에 많이 들어 있다.

구리 산화물과 구리 단백질 화합물(copper oxide and copper proteinate) : 철을 헤모글로빈으로 변화시키는 데에 필요하다. 하지만 초과 공급되면 간에 질병을 일으킬 수 있다. 예를 들어 베들링턴 테리어는 유전적으로 용혈성 빈혈을 물려받는데 이는 간에 비정상적으로 축적된 구리 때문이다.

구리황산염(copper sulfate) : 싼 가격 때문에 사료산업계가 구리 영양 보충제로 흔히 쓰는 성분이다. 많은 사료에 사용되고 있으며 반려동물의 건강에 치명적인 위협을 가져올 수 있다. 4개 대학이 공동 진행한 독성학 연구에서 구리황산염은 강철, 철, 아연 도금된 파이프도 쉽게 부식시킬 수 있는 물질로 설명되었다.[4] 때문에 다룰 때 안전장갑과 고글이 필수일 정도이지만 가축과 반려동물의 사료에는 별문제 없이 사용되고 있다.

구리황산염을 섭취하게 되면 간, 뇌, 심장, 신장, 근육에 축적된다. 구리는 섭씨 200도 이상의 온도에서 아주 약간 분해되기도 하지만 렌더링 과정의 온도는 보통 132도를 넘지 않기 때문에 도축된 가축이 보유한 구리황산염은 사료 안에 원형 그대로 들어갈 가능성이 있다. 즉, 사료의 원료가 되는 렌더링된 육류 부산물에 구리 보충제가 그대로 남아 있는 상태인데도 사료회사는 또다시 구리 보충제를 첨가하고 있다.

소비자를 현혹하는 방부제와 첨가제

사료에 들어가는 각각의 원료에는 이미 방부제가 첨가되어 있는 경우가 많다. 사료회사는 보통 비타민, 미네랄 등이 혼합된 제품을 대량으로 구매하는데 이런 제품은 이미 방부처리가 되었을 확률이 높기 때문이다. 또한 고기와 지방에도 첨가제가 이미 들어가 있다. 그런데도 사료회사는 제조공정의 마무리 단계에서 또다시 방부제를 사용한다.

사료공장에서는 사료의 맛을 내기 위해 마늘, 치즈, 베이컨 등의 다양한 인공향료를 첨가하는데, 향료에 방부제를 섞어서 사료 위에 뿌리면 칙칙한 갈색이던 제품이 신선해 보이는 붉은색으로 둔갑한다. 소비자는 이 신선한 붉은색 덕분에 개나 고양이용 사료에 신선한 고기가 들어가 있다고 착각하게 된다.

사료 라벨을 살필 때 주의해서 봐야 하는 방부제, 첨가제 목록은 다음과 같다.

BHA(butylated hydroxyanisole), BHT(butylated hydroxytoluene) : 이 두 종류의 방부제는 지방이 부패하는 것을 막아 주는 화학적인 항산화제로 이 방부제가 들어간 사료는 유통기한이 필요 없을 정도이다. 발암물질로 의심된다.

수의학자 웬델 벨필드 박사는 수년 동안 사료 안에 들어가는 수상쩍은 성분에 의문을 제기해 왔다. 벨필드 박사는 2002년 사료에 방부제가 불필요하게 과다 사용되고 있다는 점을 지적한 편지를 FDA 수의학센터(CVM, Center for Veterinary Medicine)에 보냈는데, 그는 이 편지에서 "선천적 결손증을 야기할 수 있고 간과 신장에 손상을 줄 수 있는 BHA나 BHT와 같은 화학약품이 흔히 보존제(방부제)로 사용되고 있다."고 지적했다.[5]

BHA와 BHT는 우리가 먹는 식품에서도 쉽게 발견된다. BHA는 지방의 산화를 방지하는 데 사용되므로 버터, 시리얼, 껌, 과자류, 빵류, 고기류 등에 들어가 있다. BHT는 지방이 산화될 때 생기는 악취를 방지하고 음식의 색과 향, 감미를 보존하는 데에 사용된다. 하지만 사람은 방부제가 들어간 음식을 가끔 먹는 데 비해 개, 고양이는 매 끼니 방부제 덩어리인 사료를 먹는다는 것이 문제이다.

에톡시퀸(ethoxyquin) : 동물 테스트에서 독성이 증명된 또 다른 항산화 보존제. 나는 1990년대 초반에 이 위험한 방부제에 관한 글을 썼고, 반려인의 거센 반발 덕분에 에톡시퀸은 예전처럼 널리 사용되고 있지는 않지만 FDA 수의학센터는 이 위험한 물질을 여전히 동물용 사료에 쓸 수 있는 방부제로 허가하고 있다. 에톡시퀸은 다국적 바이오테크놀로지 회사인 몬샌토가 개발한 제품이다. 몬샌토는 1950년대에 고무 성분을 안정시키기 위해 개발한 에톡시퀸을 이후 구충제와 살충제로도 사용했고, 1980년대에 이르러서는 사료용으로 사용할 새로운 버전의 에톡시퀸을 내놓았다. 비영리 동물보호단체인 동물보호협회(API, Animal Protection Institute)는 1996년 보고서에서 "에톡시퀸은 반려동물에게 면역결핍증, 백혈병, 실명, 피부암, 위암, 비장암, 간암 등을 유발한다."라고 주장했다.[6]

이후 대다수 사료회사가 자사 제품에는 에톡시퀸을 쓰지 않는다고 발표했지만 사료의 원료인 고기와 지방이 사료공장에 입고되기 전에 이미 에톡시퀸이 첨가되었을 확률에 대해서는 그 누구도 언급하지 않고 있다. 왜냐하면 에톡시퀸이 첨가되었다는 사실을 사료회사가 모르고 있는 경우 해당 물질에 관한 사항을 제품에 적을 필요가 없기 때문이다. 사료회사들은 자기들이 직접 첨가하는 제품만 표기하면 되고, 원료를 공급하는 업자가 원재료에 무엇을 첨가하든 책임을 질 필요도 신경을 쓸 필요도 없다.

주의 ❗ 캔이나 건사료의 성분표에서 에톡시퀸을 보면 절대로 해당 제품을 구입해서는 안 된다. 물론 에톡시퀸이 성분표에 올라 있지 않은 경우에도 사료에 에톡시퀸이 첨가되었을 가능성을 배제할 수는 없다.

공급업자로서의 중국

중국은 사료에 들어가는 다양한 비타민, 미네랄, 아미노산 등의 최대 수출국이다. 양질의 동물사료를 제조하는 곳으로 유명한 솔리드골드의 상임 운영위원장인 스티븐 워릭은 자사 제품에 들어가는 원료는 까다롭게 선별하지만 타우린만큼은 중국에서 제공받고 있다고 말한다. 그는 "미국 내 공장 중에서 타우린을 공급할 수 있는 곳은 불행히도 단 한 곳도 없다. 사람이 먹는 식품이든 동물용 사료든 타우린은 모두 중국에서 제조하고 있는 것으로 알고 있다."고 말했다.[7]

2007년에 이루어진 역사상 최대 사료 리콜은 중국 제조업체에서 생산한 제품이 원인이었다. 그래서 여전히 사료회사에 납품되는 중국산 원료에서 의심의 눈을 거두기는 쉽지 않다. 이런 독성 물질 소동이 다시 일어나지 않을 것이라고 그 누구도 장담할 수 없기 때문이다.

4장
렌더링 공장에서는 무슨 일이 벌어지는 것일까?

안락사당한 개와 고양이 사체는 어디로 사라지는가

지금도 미국과 캐나다에서는 동물보호소와 동물병원에서 나온 개와 고양이의 사체가 육분이라고 불리는 단백질 원료가 되기 위해 믹서에 갈리고 있으며, 렌더링 공장은 이 육분을 사료 제조공장에 팔아넘긴다. 반려동물 사체는 물론 도축 잔여물도 사료의 중요한 단백질 원료이다.

미국과 캐나다 사료공장은 대부분 자신들이 사료에 원료로 쓰고 있는 육분은 개와 고양이의 사체를 렌더링한 것이 아니라고 강하게 부인한다. 렌더링에 관한 잡지 《렌더러(Renderer : The National Magazine of Rendering)》 역시 도축장에서 흘러나온 동물 부산물과 반려동물의 사체를 같이 섞어서 간 다음 말린다는 사실을 부인하고 있다. 하지만 만약 이런 사료회사와 렌더링 공장의 주장이 사실이라면 수백만에 이르는 안락사당한 개와 고양이의 사체는 대체 어디로 사라지는가.

이 의문을 계속해서 파고들어가자 마침내 반려동물의 사체가 사료 안에 육분으로 렌더링되어서 들어간다는 것과 어쩌면 사람들이 먹는 양식 생선, 새우, 장어 등의 사료로 사용되고 있을지도 모른다는 사실을 알게 되었다(1장 참고).

개와 고양이의 사체가 단백질 원료로 사용되는지에 대한 질문에 제조사들은 대부분 자사에서는 반려동물의 사체를 결코 제품에 넣지 않는다고 부인한다. 사실 법적으로 따지면 이 회사는 아무런 책임도 없을 수 있다. 왜냐하면 사료회사는 렌더링 공장에서 구입해 오는 원료 안에 반려동물의 사체가 들어 있음을 모를 수 있기 때문이다. 사료회사는 원료 공급업자에게 개나 고양이 사체를 원료에 포함시키지 말 것을 요청했다고 주장한다. 그러나 아직까지 반려동물 사료를 위해 개와 고양이의 사체를 따로 렌더링하는 공장을 본 적이 없다.

실제로 단백질 원료 성분을 명확히 밝히기 위해 렌더링 공장에서 쓰는 원재료 성분을 조사한 사료회사는 한 군데도 없다. 렌더링 과정이 어떤지 알면 왜 사료회사가 대부분 개와 고양이의 사체가 원료로 들어갔을 가능성에 대해 전혀 아는 바가 없다고 당당하게 이야기하는지 이해할 수 있다.

현대 사회가 배출한 온갖 쓰레기의 종착역 렌더링 공장

렌더링 공장은 한 사회가 남긴 음식물 쓰레기와 온갖 쓰레기의 마지막 종착역이다. 렌더링은 그다지 환영받지는 못하지만 사실 사회에 꼭 필요한 일이다. 인간이 소비하기를 거부한 그 모든 것이 마지막으로 도달하는 곳이기 때문이다.

렌더링 공장은 다양한 통로로 동물의 부산물을 채취한다. 제조 공장, 슈퍼마켓, 식육점, 식당, 그밖에 동물 부산물을 버리는 곳이라면 어디에서든. 렌더링 업자들은 농장에서는 4-D 동물(죽었거나(dead), 병에 걸렸거나(diseased), 죽어 가고 있거나(dying), 불구가 된 동물(disabled)), 도살장에서는 병이 들었거나 불량품으로 판정된 동물, 동물병원과 동물보호소에서는 안락사당한 개와 고양이의 사체, 그밖에 로드킬당한 동물의 사체와 동물원에서 죽은 동물까지 수거한다.

여기에 원래는 사람용 식품으로 제조되었지만 오염되었거나 상해서 사람이 먹을 수 없는 고깃덩어리도 수거한다. 2008년에 미국에서는 역사상 최대 규모의 쇠고기 리콜 사태가 있었다. 이때 리콜된 약 6만 5000톤의 쇠고기는 동물용 사료에 사용되지 않았다고 미 농림부가 밝혔지만 리콜된 쇠고기가 어디로 사라졌는지에 대해서는 현재까지 확실히 밝혀진 바가 없다.

렌더링 공장은 이 모든 사체와 동물 부산물과 상한 음식물 쓰레기를 잘게 썰어 거대한 탱크에 넣고 한데 섞어 분쇄한 후 열을 가해서 가장 먼저 지방을 분리시킨다. 탱크의 맨 위에 떠오른 지방은 따로 흡착되어 캔 사료가 맛있어 보이도록 하는 지방으로 사용한다. 이 지방은 우리가 사용하는 화장품에도 사용된다.

바닥에 가라앉은 무거운 부분은 바짝 건조시켜 여분의 지방을 제거한 후 갈아서 가루로 만든다. 이것이 바로 사료의 성분표에 나오는 육분이다.

국립렌더러협회는 렌더링 과정을 다음과 같이 설명하는 책을 펴낸 적이 있다.

> 열을 가하는 렌더링 과정이 쉽게 진행될 수 있도록 원재료를 분쇄기에 넣는다. 그런 다음 시스템 타입이나 원재료 종류에 따라 40~90분 동안 115~145도 정도의 온도로 열처리한다. 대부분의 북아메리카 렌더링 시스템 공정은 하나로 연결된 유닛으로 되어 있다.[1]
> 일단 단백질과 뼈에서 지방을 분리하고 수분을 기화시키는 조리기를 통해 원재료를 수평으로 길게 이동시킨다. 원료가 원통 모양의 용기를 지나가면 기계가 그 위로 뜨거운 스팀을 분사한다. 지방과 고체에서 수분을 제거한 현탁액은 일정 등급에 따라 배출된다. 다음 단계는 고체에서 액체 지방을 분리하는 단계이다. 고체는 압착해서 케이크 모양으로 고정시키는 '스크루 프레스'틀로 이동해 육분이 되고 지방은 펌프로 빨아들여 탱크로 이송된다.

렌더링은 싸고 간단하고 실용적인 처리방법이다

1990년대 초반 사료에 사용되는 원료를 조사하기 시작했을 때 한 수의사는 사료 안에 반려동물의 사체가 들어가는 것이 관례라고 했다. 렌더링은 안락사된 반려동물을 싸고 간단하고 실용적으로 처리하는 좋은 방법이라는 것이다. 상당수의 안락사된 반려동물은 결국 음식물 쓰레기와 다른 동물 사체와 함께 렌더링 공장의 거대한 탱크에서 마지막을 보내는 것이다.

북아메리카에는 수천 개의 동물보호소가 있으며 그 동물보호소에서는 매년 가족을 찾지 못한 개와 고양이 수백만 마리를 안락사시키는데, 이 사체는 어떻게든 누군가의 손으로 처리되어야 한다. 유명한 동물병원에서는 일주일에도 십여 구의 사체가 생기고, 동물보호소에서는 일주일에 100마리 이상씩 안락사된다. 이렇게 죽은 동물은 전문회사가 수거해 렌더링 공장으로 이송한다. 목걸이와 이름표, 벼룩 방지 목걸이, 옷 등 죽은 개와 고양이가 차고 있던 물건 역시 다른 동물 부산물과 함께 거대한 렌더링 통에 넣어진다.

LA에서만 매년 200톤이 넘는 개와 고양이가 렌더링 공장에서 가루가 된다. 2002년 국립동물관리협회(NACA)가 발표한 통계에 따르면 매년 1300만 마리의 반려동물이 안락사되는데 그중 30%는 매장되고, 30%는 화장되지만 약 520만에 이르는 나머지 반려동물의 사체는 렌더링 시설로 옮겨진다. 최근 정보를 얻기 위해 국립동물관리협회에 연락하자 "최근에는 죽은 반려동물의 처분에 관한 통계를 제공하지 않는다."는 답변이 돌아왔다.[2] 물론 이러한 수치를 공개하지 않기로 한 명확한 이유는 밝히지 않았다.

1990년대 초반부터 나는 개와 고양이의 사체를 사료원료로 사용하는 문제와 관련해 결백하다는 사료회사의 주장에 의문을 제기해 왔다. 렌더링 공장은 대부분 사료회사 근처에 위치해 있는데 내가 쓴 책《반려동물을 보호하라 : 충격적인 진실》에서 렌더링 공장이 동물병원과 동물보호소에서 죽은 동물을 수거해 단백질 원료로 탈바꿈하는 과정에 관해 자세히 설명한 바 있다.

민간조직이면서 사료회사의 대변자를 자처하는 사료협회(PFI, Pet Food Institute)에 이 문제에 관해 수십 차례 질문했지만 돌아온 것은 사료협회가 원료를 철저히 잘 감시하고 있다는 대답뿐이었다. 사료협회에 감시기능을 요구하는 것은 고양이에게 생선가게를 맡긴 것과 별다를 바 없다. 2004년 봄에는 사료회사가 렌더링 공장에서 오는 원재료를 테스트한 적이 있느냐고 질문에 "없다."라는 답변이 도착했다. 3번째 개정판 출간을 앞두고 다시 한 번 사료협회에 답변을 요청했지만 답변은 없었다.

안락사당한 반려동물과 렌더링

렌더링 공장은 기본적으로 두 유형으로 나뉜다. 동물 도축장이나 가금류 처리공장과 연결되어 있는 '통합 렌더링 공장'과 '독립 렌더링 공장'이 있다. 독립공장은 식육점, 슈퍼마켓, 레스토랑, 패스트푸드 체인, 가금류 처리공장, 도축장, 농장, 대목축장, 가축 사육장과 동물보호소 등의 다양한 장소에서 지방, 피, 깃털, 내장 부스러기나 동물 사체 등을 포함한 부산물 원료를 거둬 온다.[3] 달링인터내셔널, 새크라맨토렌더링, 웨스트코스트렌더링, 베이커코모디티스 주식회사, 모데스토탈로, 캐롤라이나바이프로덕츠, 그리핀산업주식회사, 로세이, 벨리프로틴 등 거대 렌더링 공장은 대부분 독립 렌더링 공장이다.

댈러스의 거대 렌더링 회사인 달링인터내셔널의 앤더슨 사장은 사료회사는 개와 고양이 사체를 분쇄해서 가루로 만든 육골분은 구입하지 않는다고 주장한다. "우리 회사는 개와 고양이의 사체를 받고 있지 않지만 그런 일을 하는 작은 공장이 몇 곳 있다는 것은 알고 있다."라고 했다.[4]

1990년만 해도 렌더링에 대해서 전혀 들어본 적이 없던 나는 수의사들에게 죽은 강아지 사체 처리를 부탁하곤 했다. 나는 늘 그들이 죽은 반려동물을 매장하거나 화장시킬 것이라고 생각했다. 수의사에게 사체를 어떻게 처리하느냐고 질문할 때마다 수의사들은 "걱정 마세요, 우리가 알아서 잘 처리할게요."라고 대답했기 때문이다.

하지만 이제는 "알아서 잘 처리한다."는 의미를 안다. 알아서 처리한다는 말에는 반려동물의 사체를 렌더링 공장으로 보낸다는 의미가 포함되어 있는 것이다. 1990년 시판사료를 조사하기 시작했을 때 미국과 캐나다에 있는 십여 명의 수의사에게 안락사당한 동물이 어떻게 되는지를 질문해 보았다. 오직 3명의 수의사만이 그 사체가 렌더링 공장으로 갈 가능성에 대해 알고 있었고, 나머지는 그 사체가 화장될 것이라고 생각하고 있었다.

최근 많은 수의사들이 안락사당한 동물이 처리되는 방식에 의문을 제기하고 있다. 물론 어떤 수의사들은 안락사된 개와 고양이 사체를 렌더링 공장으로 보내는 것이 동물보호소 입장에서는 가장 싸고 간단한 방법이라는 데 동의한다. 특히 캘리포니아처럼 유기동물이 많은 큰 주에서는 특히 그렇다. 죽은 반려동물을 화장하거나 매장할 돈이 없는 가난한 주인들은 사체를 어떻게 처리하느냐에 관심을 쏟을 여력이 없으므로 보호소에 반려동물의 사체를 두고 오기도 한다.

LA의 동물병원에서 근무하는 앨런 슐먼은 안락사당한 동물의 사체에 대해 "우리 병원의 경우, LA 동물묘지에 매장하거나 칼펫 화장터에서 화장한 후 그 유골을 돌려받는다. 칼펫에서는 개와 고양이뿐 아니라 새와 다른 작은 동물도 화장할 수 있다."라고 대답했다.[5] 캘리포니아 산타 모니카의 린 넬슨은 자신이 진료한 동물 중 50%는 화장을 시키지만 주인이 원치 않는 나머지는 렌더링 공장으로 보낸다고 대답했다.

내가 취재했던 캘리포니아 동물보호소의 고용인들은 죽은 동물의 사체를 싣고 가는 트럭의 최종 목적지가 렌더링 공장임을 잘 알고 있다. 그들은 아주 소수의 동물병원이나 동물보호소만이 화장시설을 갖추고 있다고 말한다.

반려동물의 사체를 처리하는 회사의 연락처는 캘리포니아의 동물보호소와 동물병원 어디에서든 쉽게 얻을 수 있다. 가축을 처리하는 회사와 반려동물 사체 처리회사는 기본적으로 같은 회사이다. 거의 모든 병원과 보호소에서는 D&D디스포절(웨스트코스트렌더링에 속한 회사)과 코프란(르노렌더링에 속한 회사) 동물 사체 처리회사를 알려 주었다.

2004년에 발행된 국립렌더러협회의 보고서에 따르면 안락사당한 동물의 사체는 "캘리포니아 버넌에 있는 웨스트코스트렌더링의 D&D사에서 픽업한다. D&D사가 수백 톤의 동물 사체와 생물조직, 부산물을 처리하지 않았다면 이것은 모두 매립지에 묻혔을 것이다."⁶ 같은 보고서에는 "렌더링된 동물 잔해는 대부분 돼지, 가축, 가금류와 양이지만 정육점 폐기물, 레스토랑에서 나온 기름, 생선, 동물원의 동물, 해양생물, 보호소에서 나온 동물의 잔해 역시 렌더링된다."라고 명시되어 있다.

D&D사는 동물 잔해는 렌더링 과정을 거쳐 새우, 장어, 생선 양식장의 사료로 수출되며 아주 가끔 돼지나 닭의 먹이로도 제공된다고 밝혔다. 이 말은 개와 동물의 사체가 돼지, 닭, 새우, 생선에게 먹이로 제공되고 돌고 돌아 결국 우리 식탁에 오르게 된다는 이야기이다.

미국 내 렌더링 공장을 30개 가지고 있는 거대 렌더링 회사인 베이커코모디티는 정기적으로 보호소와 동물병원에서 죽은 동물을 수거한다. 오리건 주《유진 위클리》의 카밀라 모턴슨 기자는 베이커코모디티가 래인 카운티 동물관리국에서 일주일에 한두 번 쓰레기통에 가득 담긴 개와 고양이 사체를 수거하고, 지역 동물병원에서 나온 반려동물 사체를 수거해 워싱턴에 있는 베이커 공장으로 이송한다고 보도했다. 모턴슨 기자가 이송된 개와 고양이 사체가 어떻게 처리되는지를 묻자 베이커코모디티는 "처리공정에 관해 이야기하는 것은 회사기밀 유지정책에 어긋난다."라고 답했다.⁷

캘리포니아 산호세에 있는 렌더링 공장인 산호세탤로는 홈페이지에 '개별적인 화장 서비스'를 제공하고 있다고 광고하면서 유골함 사진도 보여 준다. 해당 사이트에는 "우리도 반려동물을 키우고 있습니다. 그래서 사랑하는 반려동물을 잃은 고객님의 마음이 얼마나 아픈지 이해하고도 남습니다. 우리는 화장 서비스를 제공하고 있으며 사랑스러운 반려동물에 대한 기억을 영원히 간직할 수 있도록 나무로 만든 유골함에 유골을 담아서 돌려 드립니다."라는 문구가 올려져 있다.

　동물의 사체를 삶아 분쇄하는 렌더링 공장에서 반려동물을 위한 화장 서비스를 제공하고 있다니 수상하기 짝이 없는 소리가 아닌가. 산호세탤로의 매니저에게 전화를 걸어 보호소에서 그곳으로 운송되어 오는 개와 고양이 사체가 화장되는지 아니면 렌더링되는지를 질문해 보았다. 회사는 답변을 거부했다.

　산호세 환경감시단체의 수석 엔지니어인 존 뮈카는 산호세탤로가 화장터 운영허가를 받았는지를 알아보았다. 정말 화장을 해 준다면 회사 안에 화장 시설이 있어야 하지 않겠는가. 돌아온 답변은 "산호세탤로는 산업적인 처리업자로서의 허가만 가지고 있을 뿐 웹사이트에 나와 있는 화장터 허가는 가지고 있지 않다."였다.[8] 산호세탤로는 렌더링을 목적으로 죽은 동물의 사체를 수거하고 있다고 존 뮈카는 밝혔다. 결국 산호세탤로는 홈페이지에 나와 있는 것과 달리 그곳에 들어오는 동물 사체를 다른 동물 부산물과 함께 렌더링하고 있으며 여전히 답변을 거부하고 있다.

사료에 개와 고양이 사체가 들어 있는지 알아보는 검사

　사료회사는 반려동물을 갈아서 만든 가루를 사료에 쓰고 있다는 것을 부인하고 있으며, 이런 추문과 연루되지 않기 위해 노력한다. 1957년 이후로 사료협회는 협회에 가입한 30여 사료회사는 안락사당한 반려동물을 원료로 사용하지 않는다고 주장해 왔다. 사료협회 소속 사료회사에 원료를 제공하는 회사인 그리핀산업, 달링인 터내셔널, 밸리프로틴, 베이커코모디티 중 베이커코모디티가 안락사 당한 반려동물을 수거한다는 사실은 이미 알려져 있는데도 말이다.

사료회사가 사료에 개와 고양이 잔해를 넣고 있다는 의혹은 점점 커지고 있다. 이런 의심을 풀려면 자신들이 구매하는 단백질 원료를 검사하면 된다. 물론 렌더링 회사에서 들여온 육분을 검사한다고 해도 렌더링 과정에서 DNA가 파괴되었기 때문에 그 안에 어떤 동물이 들어가 있는지를 밝히는 것은 쉽지 않다.

일체의 검사를 거부하면서 반려동물의 사체가 들어가지 않는다는 증거로 그들이 제시한 것은 FDA 수의학센터가 실시했던 검사결과이다. 1998년과 2000년에 이루어졌지만 그 결과는 2002년까지 비밀에 부쳐졌다. 1998년 이후 4년 동안 〈정보자유법〉에 의거 최소 2번 이상 제소를 하면서 그 결과를 알아내려 애를 썼고 2003년에 마침내 그 결과를 받아볼 수 있었다.

FDA 수의학센터는 사료에 잔류하는 펜토바르비탈 나트륨(안락사에 사용되는 약물/옮긴이)에 관한 연구의 일부로 안락사된 개와 고양이 잔해를 테스트했다. 사료 단백질 안에 들어 있는 개와 고양이의 DNA/PCR(데옥시리보핵산, 폴리머라아제 연쇄반응)를 식별할 수 있는 새로운 테스트 방식에 따라 사료 샘플에서 개와 고양이로 추정되는 잔해를 검사한 것이다. 수의학센터는 검사결과 안락사된 개와 고양이의 DNA는 전혀 찾을 수 없었다고 결론내렸다.[9] 개와 고양이의 DNA는 없고 대신에 개와 고양이를 안락사시킬 때 쓰는 펜토바르비탈 나트륨만 찾았다는 것이다. 이 펜토바르비탈 나트륨이 대체 어떤 원료에서 나온 흔적인지를 묻는 질문에 대해 FDA 수의학센터는 홈페이지를 통해 렌더링된 가축이나 말이라는 답변을 게재했다.

하지만 2004년 《전미수의학 연구 저널》에서는 전혀 다른 견해를 발표했다. "검사한 31개의 개 사료 샘플 어느 것에서도 말의 육질에서 파생된 단백질은 검출되지 않았다. 게다가(주로 반려동물을 안락사시킬 때 쓰는) 펜토바르비탈로 말을 안락사시키는 경우는 거의 없기 때문에 사료에서 추출된 펜토바르비탈의 원인이 안락사된 말 등의 가축일 확률은 매우 희박하다."라고 전제한 후 "본 연구결과가 펜토바르비탈 잔류의 원인이 되는 대상을 좁히기는 했지만 여전히(어느 종에서 파생되었는가 하는 등의) 오염물질을 정확히 정의할 수는 없다."는 결론을 내렸다.[10] 한마디로 사료에서는 그 어떤 동물의 DNA도 발견되지 않았고, 다만 반려동물을 안락사시킬 때 주로 사용하는 펜토바르비탈이 발견되었지만 이 약품이 어디서 나왔는지는 전혀 알 수 없다는 이야기이다. 이런 앞뒤가 맞지 않는 모순적 결론을 어떻게 해석해야 하는가.

사료 원료검사가 달갑지 않은 사료회사

식품 내에 들어 있는 원료가 무슨 종인지 검출하는 FDA 수의학센터 실험 노트에 따르면 연구원들은 사료의 각 샘플을 대략 0.5g씩 나누어서 분류했다.[11] 말하자면 사료 한 알갱이씩을 샘플로 사용했다는 것인데, 사료 1/8컵보다 더 적은 양으로 검사를 실시한 셈이다.

로크 진단소의 조 도넨호퍼는 "모든 제품의 PCR 테스트는 불가능하다. 그래서 샘플을 채취해 테스트하는데 샘플에서 발견되지 않으면 그 식품은 오염되지 않은 것이다."라고 말한다.[12] 이 말은 1/8컵 안에 반려동물 사체가 없다면 전체에도 없다는 말이다. 하지만 개와 고양이 사체가 도축장, 식당, 로드킬당한 동물의 사체, 동물원 동물과 다른 여러 곳에서 긁어 모은 다른 쓰레기와 같이 뒤섞여 분쇄되었다는 점을 고려한다면 1/8컵 분량의 결과를 전체 결과로 받아들이기는 어렵다.

미국 굴지의 렌더링 기업에서 근무하다 은퇴한 화학자인 진 웨딩턴은 렌더링 과정과 조리 시스템에 관해 내부자로서의 의견을 제시해 주었다. 그의 설명에 따르면 이 문제를 가장 쉽게 이해하는 방법은 들어간 것이 섞여서 다시 그대로 나온다는 간단한 원리를 받아들이는 것이다. 즉, 공장에서 반려동물의 사체를 많이 공급받은 날이라면 그날 그 공장에서 제조된 제품의 주성분은 반려동물의 분쇄물이라는 것이다. 웨딩턴은 미국 내의 그 어떤 렌더링 공장도 반려동물의 사체만 따로 분리해 내는 귀찮은 짓은 하지 않는다고 단정했다.[13]

만약 사료회사와 렌더링 업자가 사료 안에 반려동물의 사체가 절대 포함될 리 없다고 주장하고 싶다면 결론도 없는 단 한 번의 실험을 근거로 내놓을 것이 아니라 보다 광범위한 검사를 실시하면 된다. 또한 이 검사는 가열 조리되어 사료로 만들어지기 전의 상태, 즉 렌더링 공장에서 갈아 낸 원료를 대상으로 시행되어야만 한다. 왜냐하면 DNA는 대부분 조리과정에서 파괴되어 단백질 출처를 확실히 분류하는 것이 불가능하기 때문이다.

렌더링은 DNA 증거를 파괴한다

미생물 분해, 냉동, 열처리는 DNA를 파괴한다. 그래서 곰팡이 독인 미코톡신에 쉽게 감염되는 옥수수와 같은 곡물의 DNA는 유지되기가 힘들다. 때문에 옥수수류는 사료의 원료로 쓸 때 대부분 바짝 건조시켜서 사용한다.

열은 DNA를 파괴하는 가장 큰 요인이다. DNA 연구 전문가인 피터 팔레트라 박사는 열이 DNA를 파괴하는 메커니즘을 이렇게 설명한다. 유기체의 세포는 열에 의해 분해되어 DNA를 잡아먹는 DNAse(DNA 분해효소)를 해방시키는데, 이 세포가 소멸되면서 자기 자신의 DNA를 파괴하는 것이다.[14]

툴레인대학 약학부의 존 칼슨 박사에 따르면 DNA는 냉기보다 열기에 민감하다. 섭씨 0도 이하에서는 DNA에 추가적인 손상이 일어나지 않지만, 열은 그 상한선이 없다고 볼 수 있다. 열이 높을수록 DNA 파괴력은 더 높아진다는 이야기이다. 그는 수술실 장비를 소독하는 오토클레이브 장치를 통상 섭씨 121도에서 15분 동안 가동시키는데 이 정도면 DNA가 완전히 손상된다고 한다.[15]

앞서 지적했듯 이 정도의 온도는 렌더링 과정에서 사용된다. 섭씨 130도 정도에서 한 시간가량 익히면 사료원료가 어떤 것이든 그 DNA는 다 파괴된다. 그러므로 일단 높은 온도의 열처리 이후에 DNA를 채취하는 것은 불가능하다.

렌더링된 상태의 원료를 가지고 그 원래 성분을 추출하는 것은 몹시 어렵다. 헨리 리 법의학연구소의 앨버트 하퍼 박사는 "높은 열 속에서 살아남을 DNA는 거의 없다. 어떤 종의 항원도 그 안에 존재할 수 없다. 유의미한 결과를 도출하려면 육류에 열을 가하기 전에 DNA 테스트를 해야 한다."고 말한다.[16]

그럼에도 FDA 수의학센터는 사료 1/8컵, 즉 이미 조리가 끝난 상태의 제품 극소량을 대상으로 원료의 DNA를 찾고자 한 것이다. 그러므로 사료에 포함된 개와 고양이 DNA를 도출하고자 한다면 고열로 조리가 되기 전인 렌더링 탱크에서 분쇄된 직후 채취한 원재료를 가지고 실험을 진행해야 한다.

캐나다에서 렌더링되는 반려동물

안락사된 개와 고양이 사체를 렌더링한 원료를 사료에 사용하는 것은 캐나다에서도 합법이다. 하지만 캐나다에서 렌더링된 반려동물의 양은 미국에 비하면 소량이다. 온타리오 지방에서는 도살되었든 자연사했든 전문업자가 죽은 동물을 현장에서 수거한다. 지방자치단체는 병원이나 보호소에서 안락사된 반려동물의 사체는 물론 로드킬당한 대형동물의 사체까지 이 업자가 수거하도록 계약을 맺고 있다. 이 업자가 동물 사체를 렌더링 공장으로 운반한다.

캐나다 정부는 이 시스템을 관리하기는 하지만 처리과정 중에 수집된 반려동물의 수나 로드킬당한 동물의 수를 기록하지는 않는다. 미국도 같은 법을 갖고 있다. 미국 농림부는 렌더링된 개와 고양이가 몇 마리인지에 관한 기록을 업체에 요구하지 않는다.

안락사된 반려동물의 사체가 동물병원에서 사체 수거공장으로, 다시 렌더링 업체로, 렌더링 과정을 거친 후 사료를 제조하는 공장이나 사료회사로 팔리는 경로는 이미 1990년대에 확인되었다. 당시 퀘벡 주 농림부에 렌더링 공장에 대해 질문한 적이 있다. 당시 퀘벡 주 농림부 장관은 "죽은 동물의 내장, 뼈, 지방은 섭씨 115도의 고열에서 20분 동안 가열하는 과정을 거친다."라고 답했다. 또한 "개와 고양이의 털은 제거되지 않는다."라고 말했다.[17]

2001년 토론토 《글로브 앤 메일》은 온타리오에서 안락사된 동물이 퀘벡에 있는 새니멀렌더링 공장으로 이송된다는 내용의 기사는 내 의심을 확신으로 바꾸어 주었다. 콜린 프리츠 기자는 "퀘벡 지역의 거대 렌더링 공장인 새니멀은 소비자들의 의견을 존중해 앞으로 어떤 반려동물의 사체도 더 이상 수급하지 않겠다고 발표했다."라고 했다.[18]

토론토 《선》의 필립 리세녹 기자는 단백질 육골분이 사료공장으로 팔리는 현장을 취재하면서 당시 새니멀렌더링 공장 조달부의 책임자에게 사료에 안락사된 반려동물의 사체가 들어가는 것이 사실인지 질문을 던진 적이 있다. 이 책임자는 "우리는 건강에도 좋고 맛도 좋은 사료를 만들고 있으며, 소비자들은 육골분 안에 그 어떤 반려동물의 고기도 들어가지 않기를 바란다."라는 대답을 했다.[19] 하지만 2장에서 사료원료에 대해 읽은 독자라면 사료가 정말 건강에도 좋고 맛도 좋은지에 대해 의심하게 된다.

2005년 새니멀은 새니맥스그룹에 합병되었다. 2007년 새니맥스에 여전히 반려동물 사체를 렌더링하는지의 여부를 질문하자 렌더링 조달부는 "새니멀은 이미 오래 전부터 반려동물은 렌더링하지 않는다."라고 대답했다.[20] 그렇다면 그 많은 사체는 어디로 가는 것일까?

새니멀주식회사가 반려동물의 사체를 더 이상 렌더링하지 않는다는 것을 알게 된 후 퀘벡 주 농림부에 죽은 개와 고양이의 사체를 수거하는 다른 렌더링 공장이 있는지 문의했고 메이플리프가 바로 개와 고양이의 사체를 수거하는 시설이라는 답장을 받았다.[21] 하지만 2007년 가을까지 수년 간 메이플리프에 최소한 다섯 번 이상 접촉을 시도했지만 그들은 아무런 응답을 하고 있지 않다.

메이플리프는 렌더링 공장인 로드세이 자회사와 더불어 사람이 먹는 식품에 들어가는 육류 제품을 가공하고 있다. 로드세이는 식품으로 적합하지 않다는 판정을 받은 고기뿐 아니라 폐기된 지방과 잘린 뼈, 고기 부스러기, 동물의 사체와 식당에서 나온 쓰다 남은 튀긴 기름 등도 같이 렌더링히고 있디.[22] 로드세이는 정육점, 식당, 슈퍼마켓, 농장, 목장, 가금류 처리공장과 그외의 다른 지역 등에서 원료를 수집한다고 밝히고 있는데, '그외의 다른 지역'이 구체적으로 어떤 곳인지는 밝히지 않는다. 렌더링되어서 나온 원료는 메이플리프의 또 다른 자회사인 슈게인펫푸드로 들어간다.

이처럼 모든 렌더링 공장은 더 이상 안락사된 개와 고양이 사체는 받지 않는다고 이야기하고 있는데 그렇다면 그 엄청난 수의 사체는 다 어디로 사라지는 것일까?

2007년 캐나다의 몇몇 동물병원에 반려동물의 사체 처리에 대해 확인했다. 동물병원은 죽은 동물의 사체를 렌더링 공장으로 보낸다는 사실이 언론에 알려진 후 거센 비난을 받은 바 있다. 때문에 그들은 반려인이 원하는 경우는 매장하고 대부분은 화장터로 보낸다고 답변했다.

　매장보다는 화장이 좋다. 렌더링 공장이 더 이상 반려동물 사체를 받지 않게 되면 또 다른 문제가 생기기 때문이다. 안락사된 개와 고양이 사체는 어떻게든 처리해야 하기 때문에 불법매립이 이루어지면 사체에 남아 있는 안락사 약품인 펜토바르비탈 나트륨이 야생동물을 죽음으로 몰고 가기 때문이다. 그러므로 모든 반려동물 사체가 온전히 화장터로 가기를 바랄 뿐이다.

5장
사료에 들어 있는 펜토바르비탈 나트륨의 영향

안락사와 펜토바르비탈 나트륨

펜토바르비탈 나트륨은 동물병원과 동물보호소에서 동물을 안락사시킬 때 사용하는 마취제이다. 이 펜토바르비탈 나트륨의 브랜드명은 슬립어웨이(Sleepaway), 뷰사나시아-D(Beuthanasia-D), 유타솔(Euthasol), 유타나시아-6(Euthanasia-6), FP-3, 리포즈(Repose), 페이탈 플러스(Fatal Plus) 등이다.[1] 주 법률은 이 약품의 사용을 엄격하게 제한하고 있으며, 수의사의 처방에 따라서만 사용할 수 있도록 규정짓고 있다.

안락사의 경우 죽어 가는 동물의 고통을 최소한으로 줄이면서 동시에 빠르게 죽음에 이르게 할 수 있도록 정맥주사를 통해 펜토바르비탈 나트륨을 투여한다. 수의사는 이 방법이 작은 동물에게 가장 인도적인 방법이라고 생각하며 다른 가축이나 말에게도 쓴다.

4장에서 이미 설명한 바와 같이 안락사된 개와 고양이의 사체는 다른 수상쩍은 원료와 함께 섞여 렌더링 탱크 안으로 들어가 육분과 육골분이 된다. 개와 고양이를 안락사시키려고 사용하는 펜토바르비탈 나트륨은 렌더링 과정의 고열을 거쳐도 계속 남아 있는데 이것은 매우 심각한 문제이다.

수년 동안 많은 수의사와 동물 변호인들은 펜토바르비탈 나트륨 잔여물이 반려동물의 사료에 들어가는 것에 대해 충분히 인지하고 있었는데도 그 위험성에 대해서는 눈을 감아 왔다. 〈2000년 미국수의학협회 안락사 패널 보고서〉에는 "인간이나 동물이 먹기 위해 동물을 안락사시킬 경우 조직에 잔여물이 남는 화학물질은 사용할 수 없다."라고 쓰고 있다.[2] 또한 "최근 안락사에 사용되는 이산화물은 조직 잔여물을 남기지 않으므로 식품으로 사용할 목적으로 동물을 안락사시킬 때 사용 가능한 유일한 화학물질이다."라고 했다.[3]

펜토바르비탈 나트륨은 미국수의학협회가 선정한 비흡입 화학약품 물질 중 하나이다. 이 말은 펜토바르비탈을 사용해 안락사시키면 그 사체에 잔여물이 남는다는 의미이고, 펜토바르비탈 나트륨은 식품으로 가공될 동물에게는 금지된 약물이라는 의미이다.

펜토바르비탈 나트륨에 내성이 생긴 개

1995년 이후 수많은 수의학 저널을 조사했지만 펜토바르비탈 나트륨에 관해서는 심도 있는 연구가 시행된 적이 거의 없었다.

그중 1995년 미네소타대학에서 실시한 펜토바르비탈 나트륨의 열에 대한 안정성 실험결과에 따르면 펜토바르비탈 나트륨은 렌더링 과정에서도 파괴되지 않고 여전히 남아 있다.[4] 이 연구내용 중에는 펜토바르비탈 나트륨이 주입된 송아지 고기의 가슴 부위를 먹고 펜토바르비탈 중독 증상을 보인 개에 관한 사례가 나오는데 20분 간 간에 열을 가해도 펜토바르비탈 나트륨 수치는 전혀 낮아지지 않았다.

미국동물건강협회(USAHA)는 1998년 다음과 같은 보고서를 제출했다. "지난 수년 동안 수의학센터는 펜토바르비탈에 내성이 있는 반려견이 발견된다는 보고를 수차례 받았다. 수의학센터는 건사료에 들어 있는 펜토바르비탈을 추출할 수 있는 방법을 개발하고 인증했으며, 10종의 샘플로 예비조사를 한 결과 2개의 샘플에서 낮은 수치의 펜토바르비탈을 추출해 냈다. 현재 수의학센터에서는 75종의 건사료 샘플 대표군을 모아서 펜토바르비탈 수치를 분석하는 실험을 진행 중이다."[5]

이 테스트 결과를 알기 위해 FDA 수의학센터의 협력 수의사인 새런 벤즈에게 연락을 취했고 벤즈 박사는 공공정보 전문가인 린다 그래시를 소개해 주었다. 린다는 이 연구결과가 2000년 봄에 홈페이지에 게재될 예정이라고 알려 주었지만 해당 사이트를 수십 번 확인하고 FDA 수의학센터에 연락을 취해도 여전히 결과에 대한 내용은 감감무소식이었다. 몇 차례 문의 끝에 겨우 답장을 받았지만 "해당 연구는 여전히 실험 중이며 현 시점에서 해당 실험결과가 나오는 시기는 언급하기 힘들다."라고만 쓰여 있었다.[6]

펜토바르비탈 내성 때문인지 안락사시킬 때 펜토바르비탈 효과가 떨어지고 있다는 수의사들의 문제제기로 수의학센터는 반려동물이 사료를 통해 펜토바르비탈에 내성이 생겼을 수 있다는 가설을 세우고 이를 조사하기로 결정했다. 이 과정에서 연구원들은 펜토바르비탈로 안락사된 동물의 사체가 렌더링되어서 육분의 형태로 사료에 들어간다면 반려동물의 사료에서 펜토바르비탈이 검출될 것이라고 추정했다. 동시에 FDA 수의학센터는 개와 고양이 사체가 렌더링된 후 사료에 들어갈 가능성에 대해서도 조사를 진행했다.[7] 이 연구는 기본적으로 현재 시판되는 사료를 두 가지 측면에서 검수하는 연구였다.

1998년과 2000년 FDA 수의학센터의 과학자들은 메릴랜드 로렐에 있는 연구소 근처 소매점에서 개용 건사료를 구입해 연구를 진행했다. 그러나 수의학센터는 이 연구결과를 대중에게 공개하지 않았고, 2001년 5월 법적으로 정보공개를 요청했다. 2002년 3월 마침내 최초 10개 샘플 결과와 추후 진행된 75개 샘플 결과를 확인할 수 있었다.

수의학센터는 두 차례의 연구에서 안락사당한 동물에게서 추출한 육분과 골분, 동물의 소화기관, 동물의 지방, 쇠고기와 골분 등 동물에서 추출한 원료가 사용된 사료만 샘플링했다. 1차 조사에서는 같은 방법으로 제조된 제품에서 각각 37건의 샘플을 채취해 총 74개를 샘플링했는데 37건 중 오직 31건에서만 같은 결과가 나왔다.[8] 이런 결과가 나온 이유는 같은 브랜드의 방식으로 제조된 사료라 해도 원료의 종류가 다양하게 혼합되어 있기 때문이다.

펜토바르비탈 나트륨을 함유한 사료

1998년에 시행된 첫 번째 조사에서 밝혀진 펜토바르비탈 함유 사료 목록은 다음과 같다. 함유량 수치는 밝히지 않았다.

1. 슈퍼 G(Super G) − 청크 스타일
2. 펫에센셜(Pet Essentials) − 청크 스타일
3. 아메리카스초이스(America's Choice) − 알갱이 사료
4. 와이즈밸류(Weis Value) − 알갱이 사료
5. 와이즈밸류(Weis Value) − 그레이비 스타일
6. 와이즈밸류(Weis Value) − 고단백 개사료
7. 올로이(Ol'Roy) − 고기 청크와 그레이비
8. 켄엘레이션(Ken-L Ration) − 그레이비 트레인 비프, 간과 베이컨맛
9. 켄엘레이션(Ken-L Ration) − 그레이비 트레인
10. 하인츠(Heinz) − 알갱이가 든 저키(Jerky)
11. 와이즈밸류(Weis Value) − 다양한 알갱이 믹스
12. 키블셀렉트(Kibble Select) − 프리미엄 사료
13. 뉴트로(Nutro) − 프리미엄
14. 올로이(Ol'Roy) − 크런치 바이트와 본즈
15. 올로이(Ol'Roy) − 닭고기와 쌀이 들어간 프리미엄 사료
16. 올로이(Ol'Roy) − 닭고기와 쌀이 들어간 사료
17. 트레일블레이저(Trailblazer) − 청크 프리미엄급
18. 트레일블레이저(Trailblazer) − 한 입 크기 레이션
19. 대즈(Dad's) − 한 입 크기 밀

20. 와이즈밸류(Weis Value) – 청키와 모이스트

21. 와이즈밸류(Weis Value) – 강아지용 사료

22. 슈퍼 G(Super G) – 청크 스타일

23. 리치푸드(Richfood) – 청크 스타일

24. 리치푸드(Richfood) – 그레이비 스타일 개사료

25. 하인츠(Heinz) – 강아지용 알갱이 사료

26. 챔프 청스(Champ chunx) – 한 입 크기 개사료

27. 하인츠(Heinz) – 알갱이 사료

28. 프로플랜(ProPlan) – 쇠고기와 쌀이 들어간 개사료

29. 프로플랜(ProPlan) – 쇠고기와 쌀이 들어간 강아지용 사료

30. 리워드(Reward) – 개용 디너

2000년 12월에 실시된 두 번째 조사에서 한 가지 방법으로 제조된 제품에서 각각 하나의 제조번호만 샘플링했다. 이번에는 펜토바르비탈 나트륨을 함유된 사료명과 함유량도 함께 발표했다 (ppb는 parts per billion의 약어로, 극소량을 고려한 단위).

1. 올드로이(Old Roy) – 강아지용 사료, 쇠고기 맛 10.0ppb

2. 올드로이(Old Roy) – 강아지용 사료, 치킨과 라이스 32.0ppb

3. 리치푸드(Richfood) – 고단백 애견 사료 3.9ppb

4. 웨이즈(Weis) – 토털 하이 에너지 치킨과 라이스, 15.0ppb

5. 올드로이(Old Roy) – 린 포뮬러, 3.9ppb

6. 슈퍼 G(Super G) – 그레이비 스타일 개사료, 4.5ppb

7. 슈퍼 G(Super G) – 청크 스타일 개사료, 16.4ppb
8. 하인츠(Heinz) – 키블스 앤 바이트 비피 바이츠, 25.1ppb
9. 대즈(Dad's) – 바이트 사이즈 밀 치킨과 라이스, 8.4ppb
10. 펫골드(Pet Gold) – 마스터 다이어트 강아지용 사료, 11.6ppb

    FDA 수의학센터는 실험을 실시했던 당시에는 몇몇 사료에서 펜토바르비탈 수치가 측정되었지만 지금쯤은 이미 제품이 시정되어 '아마도' 펜토바르비탈은 더 이상 검출되지 않을 것이라고 발표했다.

    각각의 제조번호는 서로 다른 다양한 동물조직을 렌더링한 것이다. 그러므로 지금 이 순간 렌더링 탱크에 들어가는 것이 자연사한 가축이나 로드킬당한 동물이라면 해당 제조번호가 붙은 제품에서는 펜토바르비탈이 추출될 일이 없다. 그러나 렌더링 탱크 안에 들어가는 것이 펜토바르비탈루 안락사된 개, 고양이라면, 오늘 제조된 사료에서는 펜토바르비탈이 검출될 수 있다.

    더 큰 문제는 실험용으로 샘플을 채취하지 않은 다른 사료 브랜드의 경우 펜토바르비탈이 검출되는지에 대해 FDA가 알 방법이 전혀 없다는 것이다. FDA 수의학센터는 렌더링되는 원료가 지역별로 다르다는 것을 인정한다. "개개의 사료공장은 각 공장이 있는 지역 내에 공급업자와 제조시설을 따로 가지고 있다. 특정 지역에서 수집한 샘플에서 해당 물질이 추출되었다 해도, 다른 지역에서 만들어진 같은 제품에서는 결과가 다를 수 있다."[9]

    원료 수급지에 따라 똑같은 상품의 조사결과가 다양하게 나올 수 있다면 왜 보다 다양하게 샘플링해서 테스트하지 않았는지 이

해할 수 없다. 어떤 사료에 펜토바르비탈이 함유되어 있는지 알아내려면 더 많은 제품군으로 폭을 넓혀서 조사해야 하는 것이 당연하지 않은가. 당시 수의학센터는 개인 사업자가 제조한 사료나 상표조차 없는 영세업자의 사료를 위주로 조사했다. 정작 소비자들이 원하는 것은 마트에서 쉽게 살 수 있는 대기업의 사료인데도 말이다.

펜토바르비탈에 의한 간세포 파괴

FDA 수의학센터는 3개월령 비글 42마리를 대상으로 사료 안에 들어 있는 펜토바르비탈 나트륨을 섭취했을 경우 발생할 수 있는 위험성도 조사했다. 수의학센터는 개를 그룹별로 분류한 후 8주간에 걸쳐 다음과 같은 섭식 테스트를 실시했다.[10]

1. 낮은 용량의 펜토바르비탈 투여(50mg) : 수컷 4마리, 암컷 4마리
2. 중간 용량의 펜토바르비탈 투여(150mg) : 수컷 4마리, 암컷 4마리
3. 높은 용량의 펜토바르비탈 투여(500mg) : 수컷 4마리, 암컷 4마리
4. 양성 펜토바르비탈 컨트롤 그룹(1kg당 10mg) : 수컷 2마리, 암컷 2마리
5. 양성 페노바르비탈(Phenobarbital, 진정제/옮긴이) 컨트롤 그룹 (1kg당 10mg) : 수컷 2마리, 암컷 2마리
6. 음성 컨트롤 그룹(식염수) : 수컷 5마리, 암컷 5마리

8주간의 테스트 끝에 개 42마리의 간, 신장, 소장, 대장, 고환,

난소 등의 조직 단면도와 조직 평가도를 만들었다. 그에 따르면 8주간 매일 150~500mg의 펜토바르비탈을 투여받은 개의 간은 컨트롤 그룹들에 비해(몸무게 대비) 통계적으로 훨씬 무거웠다. 증가된 간의 무게는 간에서 생산되는 시토크롬(산화반응 역할을 하는 단백질/옮긴이) P450 효소를 증가시킨 것과 관련이 있다. 분석통계 결과를 보면 매일 약 200mg 이상의 펜토바르비탈을 투여받은 그룹은 컨트롤 그룹들에 비해 3가지 간효소가 증가했다.[11]

간효소가 증가된다는 것은 간세포 파괴를 의미한다. 간수치가 높다는 건 바로 이 효소의 수치가 높다는 이야기이다. 간은 독과 약물을 걸러내고 단백질, 지방, 당을 소화하고 형성하고, 쓸개즙을 생성하고, 혈전이 생기지 않게 도와주는 등 다양한 기능을 수행한다.

간의 질병을 나타내는 주요 증상은 피부나 코, 입 인의 점막과 눈의 흰자위 부분이 노랗게 변하는 증상인 황달, 식욕부진, 체중 감소, 우울증, 구토, 설사, 갈증, 소변과 복부팽만 등이고, 간의 질병 유무를 판단할 수 있는 유일한 방법은 간기능 테스트를 포함한 정밀진단 검사뿐이다.

연구원들은 매일 50mg의 펜토바르비탈을 투여받은 그룹과 전혀 투여받지 않은 컨트롤 그룹 사이에는 간 무게나 간효소 활동과 관련하여 통계학적 차이를 발견하지 못했다. 그러므로 실험에 참여한 대부분의 개들이 앞의 사료조사에서 검출된 수치인 체중 1kg당 4mg보다 더 많은 펜토바르비탈에 노출되었을 것이라고 추정했다.

사람에게는 안 되고 동물에게는 된다?

　연구진들은 사료에서 발견되는 정도의 펜토바르비탈 나트륨은 개에게 악영향을 끼치지 않으므로 '아마도 안전할 것'이라는 결론을 내렸다. 이 연구의 문제는 반려동물은 이러한 사료를 수년 동안 매끼 섭취하는 데 비해 연구는 오직 8주 동안의 결과만으로 괜찮다고 결정했다는 것이다. 펜토바르비탈에 내성이 있는 개들이 속속 보고되고 있는 상황에서도 독극물이 섞인 사료가 '아마도' 안전할 것이라고 이야기하는 것을 이해하기 어렵다.

　미네소타의 동물보호소인 동물의 방주(Animal Ark)는 이 결과와 관련해 수의학센터에 몇 가지 질문을 던져 그들의 조사가 얼마나 허술한지를 폭로했다. 즉, FDA가 시행한 조사는 다른 약물과의 상호작용 가능성에 대해 전혀 고려하지 않았을 뿐만 아니라 사료에 들어가는 다른 화학성분과의 잠재적인 상호작용도 검사하지 않았다는 점을 지적했다. FDA가 간효소 측정수치로 안전을 보장할 수 있는 적은 용량을 발견했다고 말하는 것이 얼마나 단순한 생각인지를 입증한 것이다.

　물론 조사결과가 사실일 수도 있다. 하지만 과연 이 효소의 수치가 해당 약물이 신체에 미치는 위험성에 대한 유일한 잠재적 지표라고 누가 확신할 수 있을까. 확실한 점은 효소만으로는 측정되지 않는 다른 부작용도 발생할 수 있다는 것이다.[12]

　이런 지적에 FDA는 만약 사람이 먹는 식품군에서 펜토바르비탈 나트륨이 건사료 수준으로 검출된다면 즉각적인 리콜 명령을 내리는 것은 물론 해당 제품의 생산을 당장 중단시킬 것이라는 점을 인정했다.

펜토바르비탈은 적은 용량이라도 사람이 먹는 식품뿐만 아니라 개, 고양이가 먹는 사료에서도 절대 발견되어서는 안 되는 약물이다. 2001년 1월 수의학센터의 선들로프 박사에게 FDA 수의학센터가 시판되는 반려동물의 사료에서 해당 약물을 제거하기 위해 어떤 행동을 취했는지 질문했다.

거의 1년이 지난 뒤 도착한 답장은 "해당 약물은 반려동물이 먹는 사료에 사용되도록 허가되지 않은 약물이기 때문에 사료에서 발견될 수 없습니다. 그러므로 본 수의학센터에서는 사료 내의 펜토바르비탈을 검출하기 위해 특정한 법적 행동을 실행할 계획이 없습니다."였다.[13]

수의학센터가 사료에 펜토바르비탈 나트륨이 들어가는 것을 막기 위해 아무것도 하지 않는다면 사료회사라도 펜토바르비탈 검사를 시행해야 한다. 자신들이 구입한 원료에서 혹 펜토바르비탈이 검출된다면 무슨 조취를 취하든가, 최소한 성분표에 펜토바르비탈을 기재라도 해야 한다. 개와 고양이의 끼니를 구입하는 소비자에게 그 정도의 알권리는 줘야 하지 않겠는가.

펜토바르비탈 나트륨을 먹는 야생동물

안락사된 동물의 사체가 신중하게 처리되어야 하는 또 다른 이유는 펜토바르비탈 나트륨으로 안락사된 농장의 동물 사체를 야생동물이 먹을 가능성이 있기 때문이다. 일리노이 주 농림부의 로리 마이저는 "대머리독수리와 검독수리가 안락사된 동물 사체의 일부를 먹은 후 펜토바르비탈 나트륨 중독으로 사망했다."고 밝힌 바 있다.[14] 캘리포니아 주 농식품부가 펴낸 정보지《말의 안락사》에는 안락사된 동물 사체 처리방법에 대해 "바르비투르산염을 투약받아 죽은 말의 사체는 인간이나 동물이 섭취하기에 적합하지 않다. 반려동물이나 야생동물이 바르비투르산염이 주입된 동물 사체의 한 부분이라도 섭취하게 되면 중독사할 가능성이 있다."고 단호히 밝히고 있다.[15]

펜토바르비탈 나트륨의 위험성을 가장 잘 보여 주는 내용은 육식동물교육협회 프로그램의 일환인 국립안락사등기소의 발표문 속에 담겨 있다. 국립안락사등기소는 수의사를 상대로 대형동물의 안락사와 관련된 위험성에 관해 교육시키는 비영리단체이다. 이들의 조사에 따르면 목장주들이 가축을 안락사시킨 후 방치해 두거나 얕게 파묻기 때문에 많은 육식 조류가 그 동물의 사체를 먹고 중독사했다.

쓰레기 매립장에 버려진 안락사된 개와 고양이 사체 역시 맹금류가 손쉽게 얻을 수 있는 먹이이다. 펜토바르비탈 나트륨은 동물이 죽은 후에도 오랫동안 강력한 효력을 발휘하며 사체에 남아 있기 때문에 2차 중독의 위험성은 심각하다. 2차 중독으로 고통받는 야생동물은 맹금류만이 아니다. 미국 어류와 야생동물 관리청의 직원이었던 테리 그로스는 다음과 같이 증언했다.

"배고픈 아기 곰 두 마리에게 먹일 것을 찾아 나선 엄마 곰은 부패해 가는 동물의 사체 냄새를 맡았다. 엄마 곰이 냄새가 나는

곳의 땅을 3m 정도 파내려가자 거기에 동물의 사체가 묻혀 있었
다. 엄마 곰은 배고픈 아기 곰들에게 이 고기를 먹였고, 얼마 지
나지 않아 엄마 곰도, 아기 곰 두 마리도 모두 죽었다."[16]

안락사된 동물의 사체를 먹은 후에 죽어 간 이 동물의 사체를 앞에 두고 우리는 누구를 비난해야 할까? 약물을 허가해 준 수의사인가, 아니면 안락사한 동물의 사체를 제대로 처리하지 않은 농장주나 동물병원인가, 그도 아니면 적절한 경고를 하지 않은 제약회사인가. 어느 누구도 자신의 책임이라고 나서지 않을 것이다.

가령 슬립어웨이라는 안락사용 약품은 일곱 마리의 독수리를 죽인 것으로 판명이 났지만, 그 약을 제조한 도지애니멀헬스는 회사가 결코 이 죽음에 책임을 질 필요가 없으며, 해당 약품으로 얻은 이익도 거의 없다는 공식 답변을 내놓았다.[17]

펜토바르비탈이 죽음을 앞둔 동물의 고통을 인도적으로 끝낼 수 있다고 하지만 그 사체를 먹고 죽어 갈 동물을 구하기 위해 이젠 다른 조처가 실행되어야 한다. 살아 있는 다른 동물에게 독극물이 이동하는 경로를 막는 유일한 방법은 펜토바르비탈 나트륨으로 안락사된 모든 동물의 사체를 소각하는 것뿐이다. 그러려면 안락사된 동물의 사체가 렌더링 과정을 통해 사료원료로 이용되어서는 안 된다. 또한 안락사된 동물을 다른 동물이 먹기 전에 즉각 처리해야 하고, FDA는 펜토바르비탈 나트륨과 관련된 규정을 강화해야 할 것이다.

펜토바르비탈 나트륨을 장기적으로 섭취했을 때의 부작용

펜토바르비탈 나트륨을 수년 동안 매일 조금씩 지속적으로 섭취했을 때 나타나는 장기적인 부작용에 대해서는 아무도 알지 못한다. FDA가 자체적으로 실시한 조사에서 확인했듯이 대부분의 사료에는 소량의 펜토바르비탈이 들어가 있고 반려동물은 이 사료를 주기적으로 먹고 있는데도 말이다.

펜토바르비탈을 장기적으로 섭취했을 때 반려동물에게 어떤 영향을 미치는지에 대한 연구는 아직 시행된 적이 없고, 펜토바르비탈이 다른 약품과 어떻게 상호작용을 하는가에 대한 연구도 없는 실정이다. 그러므로 현재로서는 반려인이 최대한 주의를 기울여 펜토바르비탈 나트륨이 제외된 식단을 짜주는 방법 밖에는 없다.

6장

국가별 사료규정

사료에 대한 정부규제는 없다

한때 정부가 사료와 그 원료를 잘 규제하고 있다고 믿던 시절이 있었다. 그러나 의문을 품기 시작하자 현실이 보이기 시작했다. 매년 엄청난 이익을 올리는 사료회사는 정부가 아닌 자기들이 만든 규정을 지킨다. 왜냐하면 정부규제가 아예 없는 것이나 다름없기 때문이다. 매년 수조 달러에 달하는 이익을 올리는 사료회사에 대해 정부는 손을 놓고 있고 사료회사 스스로 자기가 만든 제품을 규제한다니!

사람들은 사료의 위험성에 관해 이야기하면 대체로 냉담한 반응을 보인다. 사료가 정부규제를 전혀 받지 않는 산업이라는 것을 믿지 않았고 정부는 사료회사가 사료에 들어가는 고기 한 조각, 곡물 한 톨까지 알아서 잘 검사하고 있다고 믿었다.

사료는 대부분 미국에서 생산되어 캐나다, 한국, 일본 및 다른 여러 국가로 수출된다. 사람들은 일반적으로 미국 농림부(USDA)의 동식물보건관리처(APHIS)가 사료규제와 관계가 있을 것이라고 생각하지만 사실 동식물보건관리처는 반려동물로 팔리는 동물의 관리, 상업적인 동물의 수송, 공공전시와 연구를 목적으로 동물을 취급하는 인도주의적 책임에 최소한의 기준을 제시할 뿐이다. 즉, 동물 복지 활동을 집행하는 관리 부서라는 말이다. 이 정부부처는 사료회사에 일체의 규제력도 없고 사료성분에 대한 정보도 가지고 있지 않다.

또한 미국 농림부의 식품안전검사부(FSIS)는 사람들이 먹는 음식에 관한 안전만 취급할 뿐 사료와는 아무런 관련도 없다. 다만, 해외로 수출되는 사료는 검사한다.

그렇다면 미국 내에서 유통되는 사료를 검사하는 기관은 어디일까? 끈질긴 노력 끝에 미국 내에서 판매되는 사료와 연관된 정부부처 3곳을 찾을 수 있었다.

- 미국 식품의약국 수의학센터(FDA/CVM)
- 미국사료협회(AAFCO)
- 사료협회(PFI)

하지만 이 세 곳은 미국 내의 사료에 관한 규제가 얼마나 허술하고 배배 꼬여 있는지를 보여 줄 뿐이다.

사료에 관한 미국 식품의약국(FDA)의 영향력은 미비하다

'미국 내에서 대체 어떤 정부부처가 사료제품의 실질적인 규제와 검역을 담당하고 있는가?'에 대한 답은 워싱턴 DC에 있는 FDA 수의학센터이다. 수의학센터는 FDA의 한 부처로 개와 고양이에게 적용되는 규정을 담당하고 있다. 원칙적으로 반려동물용 식품 첨가제와 약물의 제조 및 유통은 물론, 사료의 라벨과 이상에 대한 클레임까지 두루 살피는 곳이다. 하지만 단백질이든 탄수화물이든 지방이든 사료에 들어가는 성분이 어떤 것인지에 대한 정보는 가지고 있지 않다.

만약 키우고 있는 개나 고양이가 미국 내에서 제조된 사료를 먹고 병에 걸렸다면 FDA 수의학센터에 가서 문제의 사료를 조사해 달라고 요청하는 것이 가능할까? 천만의 말씀이다. 반려인이 사료 때문에 병이 들었다는 것을 입증할 수 있는 과학적 데이터를 같이 제출할 수 있으면 모를까.

일단 FDA 수의학센터는 해당 사료의 화학적인 분석자료와 함께 수의사의 보고서, 반려동물의 혈액검사 결과, 소변검사 결과는 물론 다른 모든 의학 검사에 관한 데이터를 요구할 것이다. 그 후에 말 그대로 이 모든 자료를 제대로 받은 이후에야 조사를 시작할 것이다. 문제는 소비자 입장에서 이 모든 자료를 갖춰서 제출하기에는 너무 많은 비용과 수고가 든다는 점이다.

FDA 홈페이지의 소비자정보란에는 사료의 안전성과 영양학적 가치를 감독하는 FDA 수의학센터의 역할에 대한 간략한 설명이 나와 있다. FDA 수의학센터는 식품, 약물, 화장품에 관한 주정부 법률 하에서 "반려동물용 사료를 포함한 모든 사료성분, 식품첨가물, 처방사료, 동물약품에 관한 규제의 책임을 진다. 해당 법률에 의거 인간의 식품과 마찬가지로 반려동물용 식품 역시 위생적이고 깨끗한지, 위해첨가물이나 유해한 물질을 함유하고 있는지, 성분이 정확하게 기재되어 있는지 등을 감독한다."라고.[1]

하지만 현실적으로 명시된 문구처럼 사료회사들이 '위생적이고 깨끗한' 사료를 제조하도록 하는 데 FDA는 과연 얼마만큼의 영향력을 행사할 수 있을까? 사료에 관한 FDA의 영향력은 극히 미미하다. FDA의 규제와 관리 감독의 한계는 2007년의 역사상 최대 사료 리콜 사태에서 이미 극명하게 드러났다.

사실 2007년·리콜 사태가 발생하기 전부터 FDA의 무능력함은 이미 드러나 있었다. 이전의 다른 리콜의 경우에도 FDA는 문제를 알고 있음에도 불구하고 사료회사에 리콜을 명령할 수 있는 권한이 없기 때문에 제조사의 자발적 리콜을 기다렸다. 이런 상황에서 소비자들은 정부와 사료회사에 막연하게 기대를 건 채 그들의 개와 고양이가 죽어 가는 것을 지켜봐야 했다.

아마도 FDA 수의학센터의 주업무는 소비자 불만조사라기보다는 사료회사의 주장대로 라벨에 기재된 원료가 몸에 좋은 것인지를 입증하는 데 있는 것 같다. 한 가지 예를 든다면 사료회사는 자신들이 만드는 특정 제품이 동물의 질병을 예방하거나 치료한다고 주장해서는 안 됨에도 불구하고 1990년 몇몇 사료제조업자들은 자사에서 나오는 고양이 사료가 비뇨기과 증후군을 예방할 수 있다고 허위광고를 했다. 그러자 FDA 수의학센터는 제조사에게 허황된 광고를 삭제하라고 권고했고 몇몇 제조사가 끝끝내 버티자 FDA는 수백 톤의 고양이 사료를 압류하기로 결정했으며 제조사는 앞으로 더 이상 '미국 내'에서는 광고를 하지 않겠다고 FDA에 통보했다. 그러나 해외에 수출하는 제품은 FDA의 권한 밖의 문제이다. 여전히 이 제품은 아무런 규제 없이 다른 나라에서 허위광고를 단 채 팔리고 있다.

미국사료협회(AAFCO)는 규제력 없는 영리단체이다

FDA는 민간단체인 미국사료협회와 업무 제휴를 하고 있는데 FDA수의학센터의 대표는 미국사료협회 이사직을 겸임한다.

미국사료협회는 사료의 질과 안전성을 관리하고자 설립되었지만 그에 관한 규제력은 없는 영리단체이다. 협회의 전 의장인 로드니 노엘은 이 단체에 대해 "미국사료협회는 티의 모범이 되는 법과 규제 사항을 만들어, 주정부에 법제정을 촉구한다. 하지만 법과 규제를 강제할 수 있는 권한은 없으며 자체 조사원이나 실험실도 없다. 사료공장을 대상으로 하는 검사는 주정부기관이나 FDA에서 시행한다."고 설명했다.[2]

여러 다양한 주의 미국사료협회의 대표자들에게 그들이 주정부 차원에서 어떤 일을 하고 있는지 질문하자 유타 주에서 온 로버트 호가드는 다음과 같은 답변을 보내 왔다. "우리는 반려동물용 사료나 다른 여러 동물용 사료의 상품 등록을 결정하고 분석 데이터를 검사할 뿐이다."[3] 뉴저지에서 온 데이비드 샹은 "우리는 제품의 영양학적 가치를 체크할 뿐, 성분까지 조사하지는 않는다."라고 답했고.[4] 조지아의 아티 스크런스의 답변은 "원료와 제품에서 무작위로 샘플을 골라 살충제와 진균류에 오염되었는지 확인한다. 약물검사의 경우 가축용 사료만 하고, 반려동물용 사료는 검사하지 않는다."였다.[5]

미국사료협회와 사료급여 실험

샘플 사료분석은 미국사료협회의 주업무 중 하나이다. 이 분석은 기본적으로 가축에게 제공되는 사료에 한해 이루어지지만 반려동물용 사료도 포함될 수 있다. 그러나 예산문제 때문에 주정부에서는 대부분 가축사료만 검사하고 오직 8개 주에서만 반려동물 사료를 검사한다.

미국사료협회의 조사가 이루어지는 방식에 대해 콜로라도 주 농림부는 매달 단백질, 지방, 섬유소, 수분, 재, 칼슘, 인, 염분 등을 테스트하고 월별로 비교 분석한다고 답했다.[6] 단백질 22%, 지방 8%, 섬유소 2.5%라고 명시되어 있는 제품의 영양성분은 당연히 기재된 그대로여야 하지만, 문제는 단백질, 지방, 섬유소의 정체가 무엇인가 하는 것이다. 단백질의 원료로 로드킬당한 동물, 동물원에서 죽은 동물 혹은 도살장의 부산물이 들어가 있어도 전혀 고려대상이 아니다. 지방원이라는 명목 하에 렌더링을 거쳐서 나온 기름덩어리가 들어갈 수도 있고, 섬유소로는 땅콩 껍데기나 사탕무 펄프(사탕수수를 수확하고 남은 찌꺼기)가 사용될 수도 있다.

미국사료협회는 급여 테스트도 감독한다. 새로운 사료의 안전성을 조사하기 위해 협회는 한 살 이상의 개 8마리에게 일정 기간 동안 같은 사료를 급여한다. 모든 개는 반드시 정상 체중의 건강한 상태여야 한다. 테스트를 시작하기에 앞서 개들은 신체와 모질 등 일반적인 검사를 받고, 테스트의 마지막 단계에서는 네 가지 혈액 수치, 즉 헤모글로빈, PCV(packed cell volume, 원심 침전한 혈액 100mL에 대한 적혈구수를 mL로 표시한 것), 알칼리인산 혈청, 알부민 혈청이 측정되어 기록된다. 실험에 참가한 개들은 6개월 동안 테스트 사료만 먹는데 테스트가 끝날 때까지 몸무게가 15% 이상만 줄어들지 않으면 그 사료는 안정성을 인정받고, 8마리 중 6마리의 테스트가 종료되면 해당 테스트가 유효성이 있다고 판단, 모든 테스트를 끝낸다. 이것이 미국사료협회의 '엄격한' 급여 테스트 규정이다(사료회사에 따라 자체 급여 테스트를 하거나 외부 연구소에 맡기기도 한다).

미국사료협회의 급여 테스트는 8마리로 한정되어 있을 뿐 아니라 테스트 결과를 지나치게 간소화하기 때문에 테스트 자체가 부적절하다. 거기에 더해 겨우 몇 개월 동안만 시행된 테스트가 평생 시판사료를 먹어야 하는 반려동물에게 끼치는 영향을 과연 정확하게 예측할 수 있을까?

이렇듯 미국 내의 사료규제는 그저 보기에만 복잡할 뿐, 실효성은 거의 없다. 동물사료는 FDA 수의학센터의 권한 하에 있지만 실제로 사료 라벨에 부착되는 가이드라인을 정하는 것은 미국사료협회이며 주정부가 이 가이드라인을 채택하느냐 안 하느냐도 선택에 달려 있을 뿐이다. 이해 당사자들끼리 만든 가이드라인이라는 게 무슨 의미가 있겠는가.

사료협회(PFI)의 주장

미국과 캐나다에서 사료제조업자들의 공식적인 대변인 역할을 하는 사료협회는 사료제조업자라면 누구나 가입할 수 있다. 사료협회 문서에 따르면 '사료협회는 대중과 언론을 상대로 보도자료를 배포하고, 의회와 정부에 사료업계의 입장을 전하며, 각종 세미나, 교육, 연구의 중심 역할을 할 목적으로 설립'되었다. 지난 수년 동안 사료협회의 두에인 에케달 회장과 기술 및 규제를 책임지는 낸시 쿡 부회장에게 끈질기게 했던 질문은 오직 하나, 반려동물의 사체가 렌더링된 원료 안에 들어 있는지 검사해 본 회사가 단 한 곳이라도 있는지 여부였다.

사료협회는 협회의 회원사가 만드는 제품에는 절대로 반려동물의 사체가 들어가지 않는다고 반복적으로 강조해 왔다. 하지만 실제로 확인하는 과정을 거쳤는가에 대한 질문에 쿡 부회장은 이렇게 답했다. "미국 내 사료제조업체를 대변하고 있는 본 사료협회는 당 협회의 회원사 중 그 누구도 제품에 그러한 성분을 사용하고 있지 않음을 확신할 수 있도록 절차를 밟는 중이다."[7] 하지만 그들이 말한 절차가 무엇인지, 어떻게 할 것인지에 대해서는 단 한 번도, 대충이라도 대답을 주지 않았다.

대신 사료협회는 수의사 짐 험프리가 출연하는 〈사료는 어떻게 만들어지나?〉라는 제목의 동영상을 홈페이지에 올려놓고 있다. 이 동영상은 사료 리콜 사태가 터진 직후인 2007년 5월에 제작되었다. 사료협회는 '사료에 관해 알고 싶은 핵심 질문에 대한 모든 해답이 이 동영상에 다 들어 있다고 주장한다(www.petfood

institute.org 참고).

사료협회 동영상에는 신선한 고기와 통곡물이 나오는데 사료의 현실에 대해 잘 알지 못하는 사람이라면 신선한 고기와 곡물이 사료에 들어간다고 믿기 딱 좋은 화면이다. 수의사 짐 험프리가 사료원료가 어디에서 오는지부터 실제 완성된 제품에 이르기까지의 전 과정을 좀 더 솔직하게 보여 주었다면 좋았을 텐데 말이다.

동영상에서 짐 험프리는 일부 유기농 사료와 집에서 만드는 식단이 반려동물에게 필요한 영양소를 제대로 공급하지 못할 수도 있다고 주장하면서 오히려 시판사료가 안전하다고 이야기한다. 이런 정보는 모든 사료가 다 안전하다고 믿고 싶어하는 사람들에게 잘못된 믿음을 줄 것이다. 사료협회 측은 반려동물용 사료가 미국 식품의약국(FDA), 미국사료협회(AAFCO), 미국 농림부(USDA)에 의해 엄격하게 규제되고 있다고 하는데 과연 그럴까.[8]

사료를 규제하는 곳은 미국 농림부(USDA)?

2002년 반려동물용 사료규제와 관련해서 미국 농림부가 어떤 업무를 하고 있는지를 물었다. 농림부의 답장은 다음과 같았다. "미국 농림부는 미국 내에서의 반려동물 사료제조와 관련해서는 어떠한 규제 업무도 담당하고 있지 않다. 해당 사항에 대한 규제권은 FDA에 있다."[9]

농림부의 직원인 수의사 스펜서 박사는 사료의 경우 일반적으로 국내 시장용과 수출용이 같은 제품이라고 설명한 뒤 자신이 근무하는 국립수출입센터에서는 수출용 사료가 특정 질병에 감염되어 있는지 여부만 확인한다고 말했다. 각 나라마다 사료에 들어가는 원료에 대한 규정이 다르기 때문이다.

세 번째 개정판을 내기 전에 다시 한 번 사료협회에서 주장하는 대로 농림부가 사료규제와 관련이 있는지에 대해 묻는 질의서를 농림부에 보냈고, 농림부의 빅 파웰로부터 "미국 농림부는 반려동물 사료와 관련해서는 어떠한 역할도 담당하지 않는다."라는 답변을 받았다.[10]

캐나다의 사료규정

1991년 캐나다 내에서의 사료규정에 관해 알아보려고 캐나다 농림부에 연락을 취한 결과 사료와 관련된 정부부처가 3곳이 있음을 알았다.

캐나다 식품검사부(Canadian Food Inspection agency) : 동물성 원료가 들어 있는 특정 사료의 수입허가를 요청하는 법률제정 관리와 식용으로 사용이 금지된 육류 제품의 유통을 규제한다.

캐나다 보건부(Health Canada Administers) : 건강과 관련하여 입증되지 않은 과대광고를 하는 사료의 광고와 라벨을 규제한다.

캐나다 산업경쟁국(Competition Bureau of Industry Canada) : 2개 국어로 표기된 브랜드명, 신고된 계량품질과 딜러의 이름과 주소 등, 사료포장에 기재된 라벨에 반드시 들어가야 하는 사항을 규제한다.

이 세 정부부처 이외에도 캐나다 내에는 사료와 관련된 두 개의 임의 단체가 있는데 그중 산업 그룹인 캐나다사료협회는 영양학 보증 프로그램을 운영하고 있으며, 캐나다수의학협회 또한 캐나다에서 제조되는 사료의 2% 정도를 인증하는 스탠더드 프로그램을 운영하고 있다. 하지만 어떤 단체도 실제로 사료에 사용되는 원료를 검사하고 있지는 않다. 캐나다에서 하는 모든 규제는 사료의 라벨과 광고에 국한되어 있다.

캐나다는 광우병(BSE) 유발물질, 구제역을 발생시킬 수 있는 원료수입을 금한다. 돼지를 원료로 사용한 사료의 경우 다리와 입의 질병 이외에도 돼지 수포병(swine vesicular, 돼지와 사람에게 영향을 미치는 바이러스성 질병)이나 아프리카돼지콜레라 등의 전형적인 돼지콜레라의 위험성이 없어야 한다.

사료에 가금류가 들어 있다면 해당 제품에 들어간 가금류는 위징염형 뉴게슬병 바이러스에 감염되어 있지 않아야 한다. 닭에만 발병하는 이 병은 치사율이 90%에 달할 정도이다. 또 조류독감이 의심되는 것도 금지이다.

안전하다고 인정되는 식품은 조리된 것, 캔에 담긴 것, 부산물 (골분, 육분, 혈분, 렌더링된 동물 지방, 접착제로 쓰이는 글루 스톡, 육류, 인간이 섭취 불가능한 육류) 등이 들어 있는 상업적으로 제조된 시판사료를 포함한다.[11] 미국에서 수입되는 개껌이나 간식류에 대해 캐나다 식품검사부가 요구하는 것은 원산지 표기(국가명)뿐이다.

유럽에 수출되는 제품의 규제

대부분의 거대 미국 사료제조회사는 미국뿐만 아니라 다른 나라에도 사료제조시설을 따로 갖추고 있는 경우가 많은데, 유럽의 규제사항은 엄격하기로 유명하다. 유럽에서 사료에 넣기에 안전하지 않다고 고려되는 원료는 다음과 같다.

(a) 사산되었거나 출생 단계 이전 상태의 동물을 포함, 인간이 섭취할 용도로 도축되지 않고 농장에서 죽은 모든 소과에 속하는 동물, 돼지, 염소, 양, 단제동물(발굽이 하나인 동물), 가금류 및 농업제품용으로 보관된 모든 다른 동물.

(b) 위의 (a)에 언급되지 않은 것 중, 주관 관청에서 지정하는 죽은 동물.

(c) 소관 관청에 의해 농장이나 다른 장소에서 질병의 확산을 막기 위한 목적으로 살처분된 동물.

(d) 도살 전 수의사의 검수대를 지나는 동안 사람이나 다른 동물에게 감염될 수 있는 의학적인 질병 증상을 보인 동물에게서 나온 혈액을 포함한 동물의 찌꺼기.

(e) 가죽, 피부, 발굽, 깃털, 양이나 염소의 털, 뿔, 피와 그외의 유사한 제품을 제외한, 사후 검사과정에서 제시되지 않은 동물의 모든 부분.

(f) 사람이나 다른 동물의 건강에 위해를 끼칠 위험성이 보이는 오염증상을 보이는 모든 육류, 가금류 고기, 생선, 투계류, 식품류.

(g) 재수출되었거나 수의사가 요구하는 규정에 적합하다는 증거를 명시하는 데에 실패한 제3국에서 수입되는 동물, 식육류, 가금류의 고기, 생선, 투계류와 모든 육류 제품과 유제품.

(h) 수송 중에 죽은 농장동물과 동물복지 등의 이유로 갑자기 도살된 경우에 대한 권리는 침해하지 않는다.

(i) 인간이나 동물의 건강에 위험을 초래할 가능성이 있는 약물의 잔여물이 들어 있는 동물의 찌꺼기. 약물 사용으로 인간이 섭취하기에 부적절한 동물에게서 나온 우유, 고기 혹은 기타 제품.

(j) 인간이나 다른 어류에게 전염될 가능성이 있는 질병의 의학적인 증상을 보이는 어류.[12]

영국의 사료규제 현황

영국에서 사료산업을 감독하고 있는 단체는 미국사료협회와 매우 유사한 면이 있다. 사료업자협회(PFMA, Pet food Manufacturers' Association)는 영국 내의 사료제조산업을 대표하고 있으며 56개 회원사로 구성되어 있다. 이 사료협회는 사료제품 감독과 반려동물 주인의 의식 향상, 회원사의 관점을 영국과 유럽연합 부서에 대변하는 것 이외에도 사료산업의 수준을 높이는 활동을 한다.

만약 영국사료협회의 말을 문자 그대로 믿을 수 있다면 영국 내의 사료정책은 다른 어떤 국가보다 훨씬 엄격하다. 협회 대변인 앨리슨 워커는 "우리 회원사들은 통상 인간이 먹을 수 있는 등급으로 분류되는 원료만 사용해야 한다. 말이나 망아지, 고래와 다른 바다 포유류, 캥거루 등에서 나온 원료를 사용해서는 안 되며, 오직 쇠고기, 양고기, 가금류와 돼지고기, 생선, 토끼, 조개류, 투계류만 사용해서 제조하여야 한다."고 천명한다.[13]

더 나아가 영국사료협회 회원사는 인간이 먹는 식품용으로 허가된 휴먼 그레이드급의 동물로부터 나온 원료만 사용해야 하며 이런 동물에서 나온 원료는 육류 부산물(meat by-product)로 표기된다. 그들은 수입허가는 어떤 원료로 사료를 만들고 있는지와 관련이 있다고 답했다. 예를 들어 위험확률이 낮은 원료나 인간이 먹어도 괜찮은 정도의 원료여야 한다는 것이다.[14]

또한 영국사료협회는 영국을 비롯한 유럽 국가에서 죽은 반려동물의 사체를 사료에 넣는 것은 불법이라고 했다. 반면 아직도 미국과 캐나다는 반려동물 사체를 제조과정에서 사용하는 것을 법률적으로 제한하는 장치가 마련되어 있지 않다.

영국에서도 사료의 유효성 테스트는 각 회원사에 맡겨 놓고 있다. 영국 내의 사료제조업자들은 자신들이 제조하는 제품에 들어가는 원료를 검사해야 하는 의무가 있다. 영국에서 가장 많이 발병한 광우병 때문에 소에서 나온 특정 부위는 사료에 이용하는 것을 법적으로 금지하고 있다. 여기에는 소뿐만 아니라 양과 염소의 머리, 비장, 흉선, 편도선, 뇌, 척추, 소장과 대장 등이 포함된다. 돼지의 경우 해당 부위를 사료에 사용하는 것이 합법인데 광우병처럼 뇌에 구멍이 뚫리는 병이 돼지에게서는 아직 발견되지 않았기 때문이다.

일본의 사료규제 현황

대부분의 다른 국가와 마찬가지로 일본의 반려동물산업 역시 자체적인 규정을 정해 놓고 있다. 이러한 자체 규정은 라벨에도 똑같이 적용된다. 이 라벨에는 해당 제품이 개용인지 고양이용인지,

제조국명, 제조사, 배급업자, 수입업자, 제품에 들어간 성분이 반드시 모두 표기되어야 한다.

어분(fishmeal)은 유일하게 일본에서만 언급되는 규정으로, 어분을 제조하는 공장에서는 오직 어분만 제조해야 한다는 규정이 있다. 즉, 소, 돼지, 닭 등등의 다른 동물은 어분 공장에서 가공되어서는 안 된다.

일본의 사료시장은 지난 15~20년 동안 급격한 성장률을 보였다. 일본 내의 여러 산업에 대한 통계수치를 제공하는 잡지인《일본 마켓 뉴스》에 따르면 일본에는 대략적으로 천만 마리의 개와 7백만 마리의 고양이가 반려동물로 살고 있다. 일본은 사료를 대부분 수입하고 있는데 그중 90% 이상의 사료가 미국, 호주, 태국 3개국에서 수입되고 있다. 《일본 마켓 뉴스》는 그 나라들이 가축과 해산물 등 원재료의 공급량이 풍부한 국가라고 밝히고 있다.[15]

사료의 인기가 해당 국가의 문화적인 풍습과 연관 있다는 점은 무척 흥미롭다. 예를 들어 일본에서는 생선맛 고양이 사료가 인기 있고, 유럽과 북아메리카 국가에서는 닭고기맛 고양이 사료가 가장 잘 팔린다.

일본의 고양이들은 전통적으로 사람들이 남긴 음식, 그러니까 생선머리라든가 사람이 먹다 남긴 생선에 남은 밥을 비벼서 만든 음식을 먹고 살았다. 그래서 일본인들은 자연스럽게 생선이 고양이에게 가장 좋은 음식이라고 생각하는데 사실 생선은 고양이에게 그다지 좋은 식품이 아니다(11장 참조).

사료에 표기된 기관명에 속지 마라

　미국, 캐나다, 영국, 일본을 비롯한 어떤 국가에서도 정부기관이 나서서 사료에 사용되는 원재료 성분을 실질적으로 규제하지 않는다. 미국사료협회와 캐나다수의학협회처럼 임의적으로 만들어진 조직이 표준기준을 제시하고 있을 뿐 현실적으로 업체에 정해진 기준을 지키라고 강제할 수 없다. 그러니 사료에 표기된 권위 있어 보이는 해당 기관 승인 등의 문구는 해당 제품이 영양학적으로 최소한의 기준을 충족시킨다는 표시일 뿐 그 이상은 아니다.

7장
사료제조업체의 비밀

비스킷으로 시작된 사료의 역사

최초의 사료는 1860년 무렵 오하이오의 전기공이었던 제임스 스프랫이 만들었다. 그는 영국을 여행하던 중에 영국의 동물 주인들이 먹다 남은 비스킷을 개에게 먹이는 것을 보고 밀, 야채, 사탕수수와 고기를 혼합해서 개를 위한 간식을 만들기로 결심했다. 스프랫은 영국을 거점으로 해서 개 케이크를 만들어서 판매하기 시작했고, 마침내 런던 사료공장을 세계에서 가장 큰 사료 제조공장으로 만들었다. 1890년 미국의 한 공기업이 스프랫의 개 케이크 제조공식을 사들이면서 미국 내 사료시장이 형성되기 시작했다.

1920년대에 이르자 몇몇 회사들이 비스킷이나 알갱이 형태의 사료 등 다양한 제조공식을 가지고 사료시장에 진출했고, 제1차 세계대전 이후 미국의 사료제조사는 개를 위한 말고기 캔을 시장에 내놓았다.

1930년 사료회사들이 캔 사료와 건사료를 출시했지만 집에서 먹다 남은 음식을 개에게 먹이던 사람들은 개의 주식을 쉽게 사료로 바꾸지 않았다. 그러다가 말이 해오던 농장노동이 기계로 대체되면서 말고기 생산이 자연스럽게 줄어들자 육류와 곡물 부산물이 말고기를 대체하는 주요 사료성분이 된다.

1960년대에는 사료제조에 특기할 만한 변화가 나타났다. 제조업자들이 고양이용 건사료를 생산하기 시작했을 뿐만 아니라 보다 다양한 캔 사료와 반건조제품을 시장에 출시했다. 또한 전통적인 사료는 물론 다이어트용 사료 등 온갖 다양한 종류의 사료가 슈퍼마켓의 선반을 채우기 시작했다.

이 시기에 도살장, 렌더링 공장, 곡물 가공제조사들은 사료시장을 자신들의 산업군에서 발생하는 부산물, 즉 식품용으로 허가받지 못한 나머지 부산물을 처리할 수 있는 이상적인 시장으로 인식하기 시작했다.

오늘날 미국 사료시장은 규모가 100억 달러에 달하며, 여전히 성장하는 추세이다. 마켓 프로파일러인 《유로모니터》는 "2005년, 미국의 개와 고양이용 사료를 합한 시장규모가 143억 달러에 이른다."라고 발표했다.[1] 사료가 개와 고양이의 건강에 어떤 영향을 끼치는지와 상관없이 해당 산업은 지속적으로 발전하고 있다.

뒤죽박죽으로 매매되는 사료회사

2007년 역사상 최대 사료 리콜 사태 파문 이후 소비자들은 그동안 몰랐던 사료업계의 실태를 알게 되었다. 수천 종에 달하는 다양한 브랜드 사료가 대부분 2~3개의 제조공장에서 만들어지고 있다는 사실과 작은 공장에서 자신만의 사료를 제조하던 몇몇 사료 브랜드가 다국적 기업에 흡수되어 다른 사료와 마구 뒤섞여 제조되고 있다는 사실 말이다.

캐나다 온타리오 스트리트빌에 있는 사료회사인 메뉴푸드(Menu Foods)는 슈퍼마켓 브랜드의 저급사료에서 비싼 프리미엄급까지 수백 개 브랜드의 사료를 생산하는데, 이곳에서 올로이(Ol' Roy), 뉴트로(Nutro), 유카누바(Eukanuba), 아이암스(Iams) 등의 다양한 브랜드가 만들어진다. 유타 주 오그던에 있는 아메리칸뉴트리션(American Nutrition)은 건조, 베이킹, 습식사료 및 간식을 제조할 수 있는 생산 라인을 갖추고 있으며 자신들의 브랜드 제품과 다른 브랜드 제품을 함께 제조한다. 여기에서는 아타보이(Atta boy), 아타캣(Atta cat), 블루버펄로(blue buffalo), 내추럴밸런스(Natural Balance)가 만들어진다.

1950~1960년대 많은 중소 사료회사가 다국적 사료기업에 강제 흡수되었다. 유명한 과자 기업인 마르스(Mars)는 수년 동안 세계에서 가장 큰 사료회사를 소유해 왔다. 마르스는 페디그리(Pedigree) 개사료, 셰바(Sheba), 위스커스(Whiskas) 고양이사료는 물론 동물병원에서만 특별히 팔리는 처방식인 월섬(Waltham)도 만든다. 1968년, 마르스는 칼칸(Kal Kan)을 사들였다.[2] 칼칸은 클레멘트 허

시가 1936년 도그타운포장회사라는 이름으로 설립한 회사로, 영국의 월섬센터와 함께 세계적으로도 유명한 사료회사이다. 마르스는 프랑스의 로얄캐닌(Royal Canin)도 사들였는데 로얄캐닌은 내추럴블랜드(Natural Blend), 센서블초이스(Sensible Choice), 엑셀(Excel), 캐스코(Kasco) 등의 개, 고양이 건사료를 제조해 왔다.[3] 마르스는 이 기업을 통합함으로써 유럽의 동물사료 시장은 물론 국제적으로도 입지를 공고히 했다.

케첩 제조사인 하인츠(Heinz)도 사료제조업체로 유명하다. 하인츠는 그레이비트레인(Gravy Train), 9라이브스(9 Lives), 사이클(Cycle), 키블스앤비츠(Kibbles'n Bits), 리워드(Reward), 스키피(Skippy) 등을 만든다. 1996년 하인츠는 캐나다와 미국의 사료회사를 흡수했는데, 그중 하나인 마틴피드밀스(Martin Feed Mills)는 개와 고양이 및 가축사료를 제조하던 캐나다 회사이다. 특히 동물병원에서만 판매되는 테크니-칼(Techni-Cal), 메디-칼(Medi-Cal) 제품도 이곳에서 만든 것이다. 비슷한 시기에 하인츠는 개와 고양이용 특수사료를 제조하는 캘리포니아의 네이처스레시피(Nature's Recipe)를 사들인다. 네이처는 고양이용 헤어볼 포뮬러와 고양이용 비뇨기계 질병 처방 사료, 알레르기 개사료 등을 제조한다.

2002년 12월 과일 통조림과 야채 통조림으로 유명한 델몬트(Del Monte)는 하인츠의 사료부문 사업을 사들여 기존의 제품에 더해 우유껌, 저키, 뮤믹스, 파운스 등을 제조한다. 델몬트는 올로이 습식사료와 월마트 브랜드인 스페셜키티포뮬러(Special kitty formula)를 만든다. 2004년 로얄캐닌이 하인츠로부터 테크니-칼과

메디-칼을 사들이면서 하인츠는 동물사료사업을 완전히 접었다.

1999년 세제인 타이드, 아이보리 비누, 비달사순 샴푸 등 소비제품을 만들던 프록터앤갬블(P&G, 이하 피앤지)사가 23억 달러에 아이암스(Iams)를 사들이면서 업계 사상 가장 큰 합병이 이루어진다. 폴 아이암스가 1946년에 설립한 이 회사는 유카누바와 아이암스 건사료와 습식사료 등을 제조해 왔다.

2001년 후반기에는 가장 큰 사료제조업체인 랄스턴 퓨리나(Ralston Purina)의 사료사업이 다국적 기업인 스위스의 네슬레(Nestlé S.A.)에 매각되었다. 알려진 매각대금은 103억 달러이다. 이 회사는 현재 네슬레퓨리나펫케어센터로 알려져 있다. 네슬레는 1985년 프리스키(Friskies)를 소유한 카네이션을, 1994년에는 개사료 브랜드인 알포(Alpo)를 사들인 바 있다. 퓨리나 매수조건으로 네슬레는 반려동물 공급회사인 하츠마운틴을 소유한 보스턴의 투자회사인 J. W. 차일드 이퀴티 파트너스 II에게 뮤믹스(Meow Mix)와 앨리캣(Alley Cat, 퓨리나의 건사료 브랜드)을 넘기기로 FTC(주정부 무역위원회)와 합의를 맺었다.[4]

FTC에 따르면 "고양이 사료시장에서 랄스턴이 34%, 네슬레가 11% 정도를 차지하고 있다. 네슬레는 개사료 시장에서 자신의 점유 10%에 더해 28%에 이르는 랄스턴의 시장점유율도 계승하게 된다."[5] 이 거래결과 네슬레는 북아메리카 사료시장에서 독보적인 위치에 올랐다.

사료회사들이 사고팔리는 과정을 이렇게 길게 설명한 이유는 하나이다. 퀄리티나 제조원료, 브랜드와 상관없이 회사를 사고파는 과정에서 각 브랜드의 사료가 혼합되는 일이 앞으로도 계속될 것이기 때문이다. 이런 과정은 해당 기업에 막대한 이익을 가져다 주고 있다.

사료제조업자를 고소하다

　사료 때문에 반려동물이 병에 걸렸다 해도 주인들은 대부분 소송을 제기하지 않는다. 거대한 다국적 사료회사를 고소하는 것이 쉽지 않기 때문이다. 소송에 드는 제반 비용이 만만치 않을 뿐더러 대기업들은 대부분 법률적 문제를 처리하는 법률회사를 따로 고용하기 때문에 아무것도 모르는 일반인이 무작정 덤비는 것은 그야말로 달걀로 바위치기이다.

　우리 집 개 두 마리가 랄스턴퓨리나의 사료를 먹고 병에 걸린 후 1992년 퓨리나를 상대로 변호사가 필요 없는 소액청구소송을 제기한 적이 있다. 개 치료비 120캐나다달러를 청구하는 작은 소송이었고 회사 측은 언론에 알리지 않겠다는 조건으로 합의를 제안했지만 나는 그 제안을 거절했다. 우리 개들이 병에 걸린 이유가 사료에 과다하게 포함된 미네랄(아연) 때문이라는 수의사들의 서면 진술을 받았고, 연구소에 성분분석을 의뢰한 결과 해당 사료에 아연이 위험한 수준으로 들어가 있다는 결과도 받았기 때문이다.

　랄스턴퓨리나는 내가 제기한 소액청구소송에 유명 변호사와 두 로펌을 고용해 대응해 왔고 나는 결국 패소했다. 아니, 패소할 수밖에 없었다. 회사는 일곱 번의 공판을 거치면서 새로운 증인을 끊임없이 들이댔지만, 내가 제출할 수 있는 것은 고작 수의사들의 서면진술과 연구소의 실험결과뿐이었다. 그 재판을 지켜본 변호사는 120캐나다달러를 요청하는 이 소액청구소송을 방어하기 위해 퓨리나 측이 쓴 비용이 5만 달러가 넘을 것이라고 말했다.

사료 때문에 병에 걸려 목숨을 잃은 반려동물의 수는 훨씬 더 많을 것이다. 하지만 주인들이 연구소에 직접 실험을 의뢰하거나 다른 여러 방법으로 반려동물의 병이 사료 때문임을 증명하지 못한다면 아무런 결과도 내지 못할 뿐만 아니라 소송비용도 버리게 된다. 평범한 보통사람에게 법정 수수료는 절대로 만만한 금액이 아니다. 반면 힘없는 개인을 상대로 한 법정 싸움으로 거대 다국적 기업의 호주머니가 마르는 일은 절대로 없을 것이다.

2007년 3월 반려동물 주인들이 힘을 합쳐 캐나다 로얄캐닌을 상대로 집단소송을 제기했다. 그중 한 명은 로얄캐닌 사료에 과다 포함된 비타민 D 때문에 자신의 래브라도 리트리버종 모카가 만성 신부전에 걸렸다고 주장했다. 모카는 남은 일생 동안 치료를 받아야 살 수 있고, 이 소송은 아직도 진행 중이다.

2007년 메뉴푸드의 사료 리콜 사태를 겪은 미국과 캐나다의 소비자들은 수백 건의 집단소송을 제기했다. 이들은 법정에서 의뢰인의 반려동물이 걸린 병과 리콜된 사료 브랜드 사이의 인과관계를 증명했지만 실질적인 보상여부는 또 다른 문제이다. 법률신문인《변호사 & 합의》(LawyersandSettlements.com)의 보도에 따르면 "미국 법률상 반려동물은 재산으로 분류되기 때문에 동물학대와 관련된 형사법이 아닌 경우 민사법상 반려동물 소유주는 그들의 반려동물이 다치거나 죽었을 때 경제적 손실에 대해서만 소송

을 할 권리가 허용된다."고 한다.[6]

　일리노이 주와 테네시 주에서는 반려동물의 발병과 죽음으로 인한 경제적 손실 이외에도 동물가족을 잃은 가족이 겪게 되는 정신적인 상실감을 보상해 주는 위자료소송이 가능하도록 법이 개정되었다. 뉴저지에서도 곧 비슷한 내용으로 법을 개정할 예정이며, 다른 주에서도 비슷한 움직임을 보이고 있다. 현재 일리노이 주와 테네시 주에서는 최대 15,000달러의 손해배상청구가 가능하다.

　2007년 4월 메뉴푸드 경영자는 자사에서 만든 사료가 많은 반려동물의 건강을 해쳤다는 것을 인정하고 대중 앞에 사과하는 모습을 보였다. 하지만 얼마 지나지 않아 메뉴푸드의 변호사들은 손바닥 뒤집듯 태도를 바꿨다. 집단소송이 시작되자 메뉴푸드의 손해사정인들은 소송인들에게 위협으로 느껴지는 전화를 걸어 괴롭히기 시작했다.

　그들이 원하는 것은 재판이 아니라 합의였고 그 목적을 달성하기 위해 휴일마다 전화공세를 퍼부었다. 《USA 투데이》의 엘리자베스 웨이즈 기자는 "뉴저지 캠던의 지방 검사는 메뉴푸드가 법적 대리인을 따로 두고 있지 않는 피해자에게 직접 연락해서는 안 된다고 명령했다."고 보도했다.[7]

　싸움은 이제 막 시작되었지만 결과는 뻔하다. 아마 사료회사와 생산업체에 일정 정도 제한을 두는 정도의 제재일 것이다. 반려동물을 재산으로 취급하는 한 원하는 수준의 결과를 얻을 수 없다. 반려동물을 생명이자 가족구성원으로 존중하는 법 개정이 필요하다.

사료제조업체와 수의사

사람들은 이런저런 이유로 동물병원에 간다. 내가 가본 동물병원에는 대부분 여러 종류의 사료, 처방식, 비처방식 등이 진열되어 있다. 동물영양학을 공부하지 않은 수의사가 이런 식으로 제품을 판매하는 것이 과연 괜찮을까. 사람이 가는 병원에서는 체중감량 제품, 신장질환이나 당뇨병 치료에 도움이 된다는 식품 판매가 금지되어 있는데 왜 동물병원에서는 이런 일이 벌어지고 있는 것일까.

수의사들은 대부분 대학에 다닐 때 사료회사에 소속된 강사가 진행하는 영양학 강좌를 몇 주 듣는다. 사실 이것이 일반적인 수의사가 듣는 유일한 반려동물 영양강좌이다. 힐스(Hill's), 아이암스, 퓨리나는 수의대 영양학 수업의 최고 후원자이다. 덧붙여 사료회사는 수의학과 학생들이 키우는 반려동물을 위해 대학에 사료를 기증하기도 한다. 이러한 관행은 사료회사 사이에 너무나 보편화되어 있어 콜로라도주립대학 수의학과에서는 이 문제가 2000년 집행위원회 회의 의제로 지정될 정도였다. 집행위원회 의사록에는 "태스크포스팀을 구성해 본 대학에 기부하고 싶어하는 많은 사료업체와 공동으로 업무를 진행할 수 있는 방법에 대해 집행부 회의에 제안하도록 합의함."이라고 기록되어 있다.[8]

미래의 수의사들을 향한 거대기업의 구애는 일찌감치 시작된다. 2007년 콜로라도대학 미국수의학협회의 학생총회 보고서에는 수의대 학생을 위한 힐스의 건사료와 캔 사료 특별 할인가 목록이 실렸다. 교직원이나 일반인들이 24.65달러를 내고 사야 하는 11킬로그림짜리 사료 한 포대를 학생들은 거의 절반 가격인 12.15달러에 구입할 수 있다.

또한 이 정보지에는 힐스가 수의학과 학생을 지원하는 다른 여러 방법도 실려 있다. "우리 회사는 학생 여러분을 위해 동아리 지원, 펫 페스티벌, 힐스 장학금, 기술교육기금, 신입생 오리엔테이션, 특별교육기금을 제공하고 있습니다. 필요한 것은 뭐든지 요구하세요!!"[9]

네슬레퓨리나 역시 퓨리나 소속 과학자나 다른 전문가의 강의, 제품 체험 쿠폰, 학생대표 지원, 퓨리나 리서치 리포트, 수의학 교과서나 학술연구성과와 정보 비디오 같은 무료교육자료를 배포하는 것 외에도 27개의 미국 수의대에 장학금을 제공하고 있다.[10] 캐나다 수의대도 예외일 수 없다. 예를 들면, 아이암스는 온타리오수의대에 고양이와 개 환자 및 다른 동물의 처방식과 회복식 사료 등을 기증하고 있다.

익명을 요구한 한 수의사는 수의대를 다닐 때의 경험을 이렇게 말했다. "사료회사들은 자기 회사의 로고가 인쇄된 피자, 사료, 가방, 바인더, 심지어는 지갑까지 무료로 나눠 준다." 또한 사료회사들은 특정 사료 제품을 학생들에게 선전하기 위해 학생들을 고용하여 회사 대리인으로 삼는다. 이 수의사는 홈메이드 식단을 만드는 방법이나 장점에 대해 학교에서는 한 번도 배운 적이 없다고 밝혔다. 그러므로 만약 당신 반려동물의 담당 수의사가 홈메이드 사료 식단에 대한 이야기를 꺼낸다면 그 수의사는 영양학을 독학으로 공부했다는 이야기이며 당신은 행운아라는 말이다.

《테네시대학 신문》은 일부 수의사들이 사료회사가 의뢰하는 연구로 상당한 수입을 올리고 있다고 보도했다. 2006년도에 이 신문에는 대학 수의사들이 월섬(위스커스, 페디그리, 퓨리나)과 같은 회사에서 총 10만 8954달러를 받았다고 밝혔다. 한 수의사는 네슬레퓨리나에서 받은 5만 2092달러를 포함, 월섬에서도 상당한 금액을 받았다고 했다.[11]

사료제조업체와 동물단체

사료제조업체는 수의대뿐만 아니라 각종 반려동물 이벤트도 후원하고 있다. 사료업계는 반려동물의 건강과 관련된 협회의 가장 중요한 기부자이다. 지난 수년 동안 힐스는 미국수의학협회에 수백만 달러를 기부했다. 2003년 12월《미국수의학협회 저널》에는 "힐스는 전미 수의학연구협회기금에 앞으로 더 많은 금액을 후원한다고 약속했다."라는 기사가 실렸다. 그에 따르면 힐스는 컨벤션 후원에 5년 동안 연 20만 달러씩 총 100만 달러를 후원할 계획이다.[12]

2002년 2월 힐스사이언스다이어트는 미국 동물보호단체 휴메인소사이어티(The Humane Society of the United States)와 다방면에 걸친 협력관계에 대한 계약을 체결했다. 힐스는 "향후 몇 년간 미국 휴메인소사이어티의 몇몇 프로그램에 최대한의 지원을 보장한다."는 합의문에 서명했다.[13] 힐스가 제공하는 특전 중에는 보호소에 있는 모든 개와 고양이에게 먹일 사료를 공급하는 것도 포함되어 있다. 그 답례로 보호소는 힐스의 사이언스다이어트 사료를 도

매가에 구입해 유기동물을 입양하는 주인에게 선물해야 한다.

또한 힐스는 휴메인소사이어티의 동물보호소 파트너 프로그램에 참가하는 보호소나 스태프에게 장학금, 상금, 교육비 등의 명목으로 매년 3만 달러를 후원할 예정이다. 이 후원금 덕분에 사람들은 휴메인소사이어티대학, 덴버의 휴메인소사이어티 반려동물 훈련소, 애니멀케어엑스포 등 다양한 이벤트에 참가할 수 있게 되었다. 힐스는 또한 애니멀케어엑스포와 덴버에 있는 국립반려동물평생트레이닝센터의 가장 큰 스폰서이다.[14]

2004년에는 아이암스가 사냥견협회의 반발 때문에 더 이상 휴메인소사이어티의 반려동물 페스티벌을 후원하지 않는다는 선언을 했다. 현재 아이암스는 미국 AKC 마스터 국제사냥견대회, 미국 AKC 국제 건도그(Gun dog) 선수권대회, 국제 버드도그(bird dog) 선수권대회, 미국 국제 저먼포인터 선수권대회 등을 후원하고 있다.

수의대와 동물협회의 또 다른 대형 후원업체인 네슬레퓨리나(Nestlé Purina)는 미국켄넬클럽에 후원금과 사료를 제공한다. 2007년 네슬레퓨리나는 AKC 애견건강재단에 100만 달러 이상을 기부하여 '다이아몬드 기부자'로 이름을 올렸다.[15] 네슬레퓨리나는 또한 미국동물병원협회, 미국수의내과대, 미국수의학협회, 세계수의피부과회의, 수의응급위기관리 등의 단체에 세미나, 강사, 식사를 후원한다.

수의학 전문가들을 통한 사료회사들의 제품 홍보는 놀라울 따름이다. 제품을 홍보할 수 있는 전문가에게는 언제 어디서든 돈이 지급된다. 물론 이것은 의료건강 산업계에서는 그리 새로운 일이 아니다. 자사 제품을 사용하라고 제약회사들이 의사들에게 촌지를 제공하는 것 역시 아주 흔한 일이다. 다행스럽게도 최근 이런 실태를 바꾸려고 노력하는 사람들이 있다. 비록 아직 갈 길이 멀긴 하지만. 개인적으로 수의학계와 비영리동물단체가 사료회사와의 관계를 다시 생각했으면 좋겠지만 가장 큰 변화는 늘 소비자의 몫이다.

8장

역사상 최대 사료 리콜 사태

사료 때문에 개, 고양이가 죽을 수 있다?

2007년 대대적인 사료 리콜이 일어나기 이전에 이미 수백 마리의 반려동물이 오염된 사료 때문에 죽었다는 사실을 소비자들은 전혀 모르고 있었다. 1990년대 3, 4년에 한 번꼴로 사료나 간식에 대한 리콜이 실시되었지만 사료 리콜이 헤드라인 뉴스를 장식한 적은 거의 없었기 때문이다. 2007년 3월, 유명 사료 브랜드 100개 이상이 리콜된 후에야 소비자들은 경각심을 갖게 되었다. 모든 언론은 오염된 사료 때문에 수천 마리의 반려동물이 죽었다는 사실을 앞다투어 보도했고 6000만여 개에 달하는 캔 사료와 건사료가 리콜되었다.

사료에 문제가 발생하면 제조업체는 리콜을 실시한 다음에

FDA에 보고한다. 그러면 FDA가 조사에 착수한다. 과거에 발생했던 리콜의 주된 요인은 곰팡이가 슨 곡식이나 살모넬라, 박테리아 등의 미생물, 미코톡신 때문이었다.

하지만 2007년 발생한 대규모 사료 리콜은 업계에 만연한 오염된 원료 사용 관행과 연관되어 있었다. 전국을 떠들썩하게 만든 그 사태가 일어난 지 꽤 지났지만 아직도 풀리지 않는 의문이 너무도 많다.

2007년 역사상 최대 규모의 사료 리콜 사태

역사상 최대 규모의 사료 리콜은 2007년 3월에 시작되었다. 그 이후 동물과 인간이 소비하는 모든 상품에 대한 소비자의 인식이 급변했고, 이는 결과적으로 100가지 이상의 사료와 간식에도 영향을 미쳤다. 몇 달 동안 사료회사들은 수만 개의 사료포대와 사료 캔을 시장에서 회수해야 했다.

사료 리콜과 더불어, 납 범벅으로 밝혀진 반려동물 장난감, 디에틸렌 글리콜(Diethylene Glycol, 공업용 화학물질로 자동차 부동액으로 사용되고 있으며 치명적인 내장기능 정지로 사망할 수도 있다/옮긴이)이 들어 있는 개 치약(펫에지) 등 다양한 반려동물용 상품에 대한 몇 건의 보고서가 있다. 웹사이트인 '이치모 : 개와 고양이 뉴스'(www.itchmo.com)에서는 사료 리콜, 반려동물 관련 사기 혹은 반려동물 관련 긴급 안전 뉴스가 나올 때마다 무료로 뉴스레터를 발송하고 있으니 이치모 사이트의 뉴스레터를 수신하면 문제가 생겼을 때 도움을 받을 수 있다.

캐나다 온타리오에 본사를 두고 있는 메뉴푸드는 2007년 사료 리콜에 깊이 연루된 업체이다. 이 회사는 미국, 캐나다, 멕시코의 많은 사료업체에 여러 종류의 사료를 생산하여 공급하는데 2007년 2월 중순, 메뉴푸드는 자사의 사료 때문에 반려동물이 병들었다는 첫 번째 소비자 보고를 받았다.

2월 27일, 메뉴푸드는 자체적으로 개와 고양이 40~45마리를 대상으로 문제가 된 사료의 실험을 시작했다. 3월 2일, 실험대상이 된 동물 중 9마리가 급성 신부전으로 사망했다. 언론은 후에 메뉴푸드가 2007년 1월 당시 이미 이 문제에 대해 알고 있었다고 보도했으나 그 시기에는 오염된 사료가 아닌 쓰레기나 다른 물질 중독이라는 예측이 우세한 상태였다. 그러나 메뉴푸드가 자체 시험을 한 이후 사료에 심각한 문제가 있음이 명확해졌다.

공식적인 리콜은 2007년 3월 16일, 메뉴푸드가 '커츠앤그레이비 타입'이라고 설명한 몇 가지 캔 사료와 건사료에 대한 리콜을 실시한다고 발표하면서 시작되었다. 하지만 몇 주 지나지 않아 리콜 제품은 월마트, 크로거, 세이프웨이 같은 대형 마트의 95종 브랜드, 수백만에 이르는 캔과 파우치로 확대되었다. 3월 18일, 메뉴푸드는 이 사료들이 엠포리아, 캔자스, 펜사우켄, 뉴저지에 있는 공장에서 2006년 12월 3일에서 2007년 3월 6일 사이에 생산된 제품이라고 발표했다. 하지만 후에 그 날짜는 2006년 11월 8일로 앞당겨졌고 이는 처음 발표한 날짜에서 한 달이나 앞당겨진 것이다.

2007년 3월 22일, 반려동물 주인들이 모인 온라인 네트워크인 펫커넥션은 병들거나 죽은 반려동물 목록을 작성했다. 그 시점에 사망한 반려동물의 수는 고양이 460마리, 개 309마리였고, 그 숫자는 매일 늘어났다. 하지만 사료회사들은 오염된 사료 때문에 사망한 반려동물은 겨우 10여 마리라고 주장했다.

다른 메이저 사료회사도 리콜을 실시하기 시작했다. 아이암스와 유카누바의 생산자인 피앤지는 아이암스 43종과 유카누바 25종을 리콜했다.

뉴트로는 고양이용 사료 35종과 개사료 22종을 리콜했다.

퓨리나 역시 자사 브랜드 제품인 마이티도그(Mighty Dog)의 자발적인 리콜을 발표했다.

힐스는 사이언스다이어트(Science Diet) 캔과 아기 고양이용 사료, 고양이용 사료 리콜을 결정, 늘어나는 리콜 목록에 몇 줄을 더 추가했다. 이후에도 많은 습식, 건식 사료가 리콜 목록에 추가되었다.

사료를 오염시킨 물질은 무엇인가?

사태 초반 메뉴푸드가 동물실험을 거쳐 원인으로 지목한 것은 밀 글루텐이었다. 2006년 11월 메뉴푸드는 글루텐 공급업체를 바꾸었다. 중개인인 켐뉴트라(ChemNutra)가 중국산 밀 글루텐을 사들여 메뉴푸드에 납품했던 것이다.

밀 글루텐은 밀가루 반죽을 세척해서 전분을 다 씻어낸 후 글루텐만 남긴 것으로, 단백질 함량을 늘리거나 부피를 늘리기 위한 영양가 없는 보충제(filler)로 사용하는 물질이다. 생산자들은 글루텐을 여러 방법으로 조리하고 가공한다. 밀 글루텐은 오랜 기간 값싼 단백질 원료로 사료에 사용되어 왔고 과거에는 별문제를 일으킨 적이 없었다. 하지만 FDA는 그 안에 있는 무언가가 반려동물에게 질병을 일으키거나 사망에 이르게 했다고 의심했다.

2007년 3월 《AP 통신》은 뉴욕주립식품연구소 과학자들이 반려동물 사망과 관련 있다고 의심되는 사료를 실험하여 그 사망원인을 밝힐 수 있는 결정적인 발견을 했다는 보도를 내보냈다. 연구소는 반려동물 사망원인으로 사용이 금지된 쥐약인 아미노프테린을 지목했다.[1]

그러나 과학자들은 이 쥐약이 오염된 사료 문제의 유일한 원인이라고 단정할 수 없었다. 수의독성학자인 스티븐 한센은 이 주장에 의문을 품었다. 다량의 아미노프테린을 섭취한 동물은 멀미, 구토, 식욕부진, 구내염(구강점막염증), 인두염(인두염증), 붉은 피부 발진, 과다색소증(색소가 비정상적으로 증가되는 현상), 오한, 열, 내장출혈 그리고 경우에 따라 신부전을 동반한 증상을 나타낸다는 사실 때문이었다. 리콜된 사료를 먹은 동물들은 이 모든 증상을 보이지 않았다.

일주일 후인 3월 30일, 메뉴푸드와 FDA는 사료에 사용된 밀 글루텐에서 조사관들이 미량의 멜라민(melamine)을 발견했다고 언급했다. 멜라민은 오염된 사료를 먹고 죽은 고양이의 소변과 신장에서도 발견되었다. 일단 멜라민이 문제였음이 밝혀지자 쥐약인 아미노프테린이 발견되었다는 보고서는 더 이상 나오지 않았다. 멜라민은 주방용품이나 플라스틱 제품의 표면 코팅에 쓰이고, 종종 비료로도 사용되는데 독성이 적다고 간주되지만 개나 고양이에게 정확히 어떤 영향을 미치는지에 대한 연구나 보고서가 전혀 없었기 때문에 멜라민의 치사량이 어느 정도인지 가늠할 수 없었다.

중국 상하이 북부에 있는 쉬저우 안잉 생명공학 개발회사가 멜라민으로 오염된 밀 글루텐의 공급처로 지목되었다. 이 중국 생산업체는 네바다 주 라스베이거스의 켐뉴트라에 밀 글루텐을 공급했고, 켐뉴트라는 이 오염된 밀 글루텐을 미국과 캐나다의 여러 사료회사에 공급했다. 이 과정에서 어떤 회사도 — 심지어 사료에 밀 글루텐을 첨가하는 사료회사조차 — 밀 글루텐을 검사하지 않았다.

메뉴푸드와 FDA가 밀 글루텐에 들어 있는 멜라민에 대해 발표한 바로 그날, 힐스펫뉴트리션은 고양이용 건사료 중 하나인 프리스크립션 다이어트 M/D(Prescription Diet m/d Feline)를 리콜했다. 이는 같은 회사에서 공급받은 밀 글루텐이 함유된 건사료의 첫 번째 리콜이었다.

그날 오후 네슬레퓨리나는 모든 크기와 종류에 관계없이 알포 프라임컷앤그레이비(Alpo Prime Cuts in Gravy)의 리콜을 발표했다. 매일 여러 사료회사가 앞다투어 리콜 목록을 추가했고 목록은 끝도 없이 늘어났다.

아무런 대비 없이 이런 사태에 직면한 소비자는 자신의 개와 고양이에게 무엇을 먹여야 할지 대혼란에 빠졌다.

사료와 함께 저키, 비프맛 개 간식, 그레이비트레인 쇠고기 스틱과 파운스, 미티모셀 등 여러 종류의 간식도 리콜됐는데 이는 모두 델몬트펫프로덕트에서 만들어진 것이다.

4월 5일, 자체 브랜드를 가지고 있는 앨라배마의 선샤인밀스(SunShine Mills)는 월마트를 포함 미국 전역의 마트에서 판매된 개

비스킷을 대량 리콜했다. 이 제품들은 모두 중국에서 수입된 밀 글루텐으로 만들어졌다.

처음 사료 리콜이 선언되고 2주가 지난 후 캘리포니아에 사는 켈리 리틀은 안전할 것이라고 생각하고 선택한 사료를 먹은 그녀의 고양이가 병들었음을 알았다. 그녀가 구입한 사료는 '80년 넘게 천연원료를 사용하여 최상급사료를 만들어 온'이라고 광고하는 뉴트로의 프리미엄급 사료였다. 당시 그 제품은 리콜 목록에 올라 있지 않았다.

켈리는 2007년 3월 19일에 사료를 구입했고, 구입하기 전 2주 동안 7번이나 뉴트로에 전화를 걸어 사료가 안전한지 물어보고 확인했다. 회사 직원은 리콜 목록에 오른 것은 고양이용 건사료뿐이고, 캔 사료는 리콜 대상이 아니라고 대답했다.[2]

켈리는 아픈 고양이와 사료 샘플을 갖고 동물병원을 찾았다. 수의사는 해당 샘플을 캘리포니아대학 데이비스 캠퍼스 수의약학과에 보냈다. 실험결과, 캔 사료인 뉴트로 램 앤 터키 커틀릿(Nutro Lamb and Turkey Cutlets), 캘리포니아 치킨 슈프림(California Chicken Supreme), 치킨맛(Chicken Cacciatore)이 모두 멜라민 양성 반응을 보였다.

켈리는 매일 새로운 사료가 리콜되는 끔찍한 사태가 최고조에 이르렀을 때 내게 이 시험결과를 보내 왔다. 도대체 얼마나 많은 오염된 사료가 리콜 목록에 빠져 있는 것일까? 그 누구도 이 질문에 대답해 줄 수 없었다.

켈리의 사례는 그저 수천 건의 의심스러운 사고 중 하나이다.

다행히 그녀의 고양이는 치료를 받고 점차 회복하고 있지만 사료회사들의 뒤늦은 대처와 대기업 제품에 대한 소비자의 무조건적인 신뢰 때문에 많은 반려동물이 아프거나 죽었다.

메뉴푸드는 문제의 밀 글루텐이 캔자스와 뉴저지 공장에서만 사용되었다고 주장했지만 언론은 메뉴푸드가 캐나다 온타리오 공장에도 같은 밀 글루텐을 공급한 사실을 밝혀냈다.

2007년 4월 9일, 이 뉴스로 인해 동물병원에서만 판매되던 로얄캐닌의 메디-칼 필라인 디졸루션 포뮬러(Medi-Cal Feline Dissolution Formula)가 리콜되었다.

2007년 5월 16일까지 펫커넥션 웹사이트에는 반려동물 주인들이 보고한 사망수치가 4,867마리(고양이 2,527마리와 개 2,365마리)라는 소식이 올라왔다. 이 숫자는 FDA에서 나온 공식적인 통계가 아니라 자신의 반려동물이 리콜된 사료를 먹고 죽었다고 주장하는 사람들의 목소리였다.

사료회사는 무엇을, 언제 알았는가?

사랑하는 반려동물이 사료 때문에 죽는 것을 지켜봐야 했던 반려인들이 공통적으로 묻는 질문이 있다.

- 메뉴푸드는 언제 처음 자사의 사료에 문제가 있음을 알았는가?
- 이 문제가 FDA에 처음 보고된 것은 언제인가?
- FDA는 즉각적으로 조치를 취했는가?
- 반려동물 주인이 전화해서 자신의 반려동물이 자사의 제품을

먹고 병들거나 죽었다고 알리기 시작했던 그때, 왜 메뉴푸드는 바로 의심되는 사료를 리콜하지 않았는가?
- 사료를 생산하는 미국과 캐나다의 사료회사는 수입원료 검역을 제대로 했는가?

소비자는 물론 공무원도 이 의문에 대한 답을 원했고, 2007년 4월 12일, 딕 더빈 상원의원은 사료오염에 대한 청문회를 개최했다. 청문회에는 사료협회(PFI)의 외부 협력전문가, 미국사료협회(AAFCO), 수의사, FDA 공무원이 증인으로 호출되었다. 하지만 메뉴푸드는 회사대표가 아닌 사료협회의 에케달 회장을 회사의 대변인으로 지정해 청문회에 출석시켰다. 수의학 박사 클라우디아 커크와 《남부 캘리포니아 고양이의 건강과 복지에 관한 모든 것》의 저자이자 테네시주립대학의 의학과, 영양학과의 부교수이고 수의학 박사인 엘리자베스 호킨스도 증인으로 출석했다.

FDA 수의학센터(FDA/CVM)의 선들로프 디렉터는 FDA가 2004년 이후 30%의 사료만을 조사했다고 증언했고, 오염된 사료를 제조한 공장은 당면한 사태가 일어나기 전에는 단 한 번도 사료검역을 한 적이 없다는 사실을 인정했다. 더빈 상원의원이 사료회사의 제품에 문제가 생겼을 때 FDA에 이를 언제 보고해야 하는지를 질문하자 그는 "즉시."라고 대답했지만, 사실 메뉴푸드가 FDA에 문제를 보고하기까지는 3주 이상의 시간이 소요된 것으로 밝혀졌다.

또한 선들로프는 2007년 3월 15일까지 메뉴푸드가 해당 문제에 대해 알지 못했다고 진술했지만 메뉴푸드가 2007년 2월 20일에 이 문제를 알았다는 것이 언론의 폭로로 밝혀졌다. 더빈 의원은 FDA가 리콜을 시행할 권한이 있는지 질문했고, FDA는 리콜 시행과 관련해서 그 어떤 법적 권한도 가지고 있지 않고, 모든 리콜은 사료회사가 자발적으로 실시해야 한다고 답변했다. 그는 FDA 수의학센터에 사료 안정성 문제를 알리는 것 역시 사료회사의 자체적인 결정에 달려 있다고 밝히고, 선들로프는 자신이 기르는 강아지 역시 리콜 목록에 오른 사료를 먹고 있다고 답했지만 발병여부는 끝내 말하지 않았다.[3]

청문회에서 미국사료협회 에릭 넬슨 회장은 미국사료협회가 사료검역을 한 적이 거의 없음을 인정하면서 업계 스스로 통제를 잘 하고 있었기 때문에 따로 관리할 필요가 없기도 하거니와 자신들은 그 어떤 강제적인 권한도 가지고 있지 않다고 답했다.

사료협회의 에케달 회장은 사료는 소비자 신뢰도가 가장 높은 상품 중 하나라고 주장하면서 똑같은 사태가 더 이상 발생하지 않도록 수의사와 정부관료, 독성학 전문가로 구성된 국립사료위원회를 설립할 것이라고 발표했다.[4] 국립사료위원회의 목표는 리콜 사태의 원인을 조사하고 업계와 정부가 이미 존재하는 안전성 및 품질기준을 강화하는 절차를 추진하는 것이라고 밝혔다.[5]

이에 대해 더빈 의원은 반려동물의 사료가 엄격히 통제되고 있다는 발언에 찬성할 수 없다고 했다. "미국사료협회의 규제는 있으나 마나이고 제품 출시 전 승인절차나 정례적인 감사도 없이 오직 30% 공장만 검수를 받고 있으며, 제품에 문제가 생겼을 때 아무런 보고를 하지 않아도 처벌되지 않고, 오염된 제품을 통제할 수 있는 정부 권한도, 사료회사의 의무기준도 없는데 도대체 어떻게 사료가 엄격히 규제되는 신뢰성 있는 제품이라고 믿을 수 있겠는가."라고 반론을 제기했다.⁶

사료오염 사태에 책임을 져야 할 단체 중 하나가 바로 사료협회이다. 1990년대 초 이미 사료산업은 수십억 달러 규모의 거대 산업으로 성장했고, 사료협회의 에케달 회장은 이 조직의 대변자로서 사료회사 이미지를 미화하는 일을 하고 있다. 예를 들어《개·고양이 사료의 진실》초판이 출간된 1997년 당시 책을 읽은 소비자와 언론이 사료에 의문을 제기했을 때 사료협회는 소비자가 아닌 사료회사에 피해대책 방법에 대해 조언했다.

사실 이 모든 문제의 해결책은 간단하다. 사료에 들어가는 저급한 성분을 모두 제거하고 모든 원료를 전수검사 하면 된다. 그랬다면 이번 사태는 일어나지 않았을 것이 분명하고 앞으로 어떤 리콜도 없을 것이다.

더빈 상원의원의 지적대로 사료에 대한 기준도 없고, 정부가 강제적으로 내릴 수 있는 행정조치도 없으며, 검사도 제대로 진행되지 않는 현 상황에서 사료위원회가 생긴다 해도 변하는 것은 없을 것이다. 적절한 해결방안을 실제로 행동에 옮기지 않는다면 이 위원회란 것은 그저 대중의 불만을 잠재우기 위한 일시적인 전시행정에 불과하다.

수의사 호킨스 역시 청문회에 출석한 증인 중 한 사람인데 그의 홈페이지에는 사료업계와 사료협회의 여러 주장에 이의를 제기하는 특별 페이지가 있다. 그는 미국 내 사료시장이 150억 달러 규모의 거대한 산업임을 지적하면서 이런 거대시장이 아무런 규제도 없다며 한탄했다. 엉성하기 그지없는 회사들이 생산한 제품을 매끼 먹여야 하는 상황에 대해 "우리의 반려동물이 도대체 무엇을 먹는지에 대해 더 많이 알기를 원하는 것은 당연한 일이 아닌가!" (www.all-about-cats.com의 사료업계 청문회 답변에 대한 반박 항목 참고)라고 그들의 무성의함에 항의했다.

의회청문회 이틀 전 언론은 메뉴푸드의 CFO인 마크 바인스가 2월 말에 자신의 메뉴푸드 지분 중 거의 절반에 가까운 14,000주를 102,900달러에 팔아치운 사실에 의문을 제기했다. 사료 리콜이 발표되기 3주 전에 회사의 재정을 담당하는 CFO가 자신의 회사 지분을 팔아치웠다니 절로 의심이 드는 상황이 아닌가. 2007년 4월 10일까지 해당 지분은 62,440달러로 가치가 떨어졌다. 바인스는 이 상황을 단지 공교로운 우연의 일치라고 일축했다.

오염된 사료 때문에 반려동물이 죽는 일은 미국과 캐나다에서만 발생하지 않았다. 남아프리카공화국에서는 적어도 30건의 사망이 보고되었는데 모두 중국산 옥수수 글루텐이 들어간 사료 때문이었다. 벳츠초이스(Vets Choice)와 로얄캐닌의 개용 건사료와 고양이용 사료가 리콜되었고, 해당 제품은 미국의 밀 글루텐에 들어있던 것과 같은 멜라민에 오염되어 있었다.

멜라민과 시아누르산의 치명적인 조합

이 수많은 반려동물 사망의 유일한 원인이 정말 멜라민뿐일까? 초유의 사료 리콜 사태 초반부터 꾸준히 제기해 온 의문은 바로 이것이었다. FDA가 반려동물의 사망원인이 멜라민이라고 발표했을 때부터 뭔가 앞뒤가 맞지 않았다. 멜라민 하나만으로는 이렇게 많은 반려동물이 아프거나 죽을 수 없다고 생각했다. 사망원인이 된 다른 물질이 있을 가능성에 대한 의심이 가시지 않았다.

2007년 4월 27일, 캐나다시티텔레비전(CTV)에 온타리오 겔프대학 연구진이 오염된 사료를 먹고 반려동물이 병들게 되는 경위를 설명할 수 있는 화학반응을 밝혀냈다는 보도가 나왔다. 겔프농업식품연구실의 연구원인 페리 마토스 박사와 동료들은 보고서에서 "우리는 사료에 쓰인 밀 글루텐에 멜라민과 시아누르산, 두 가지 오염물질이 같이 들어 있을 때 위험성이 높아진다는 사실을 증명했다. 이 두 가지 물질은 서로 반응하여 크리스털을 형성하는데 이 크리스털이 바로 신장기능을 떨어뜨리는 역할을 한다."고 설명했다.[7] 시아누르산은 수영장을 염소로 소독할 때 흔히 사용된다.

《인터내셔널 헤럴드 트리뷴》데이비드 바르보사의 기사를 보자. "중국 사료생산자들이 바이어를 속이기 위해 여러 해 동안 시아누르산을 사용해 왔다는 사실은 화학계 및 농업계에서는 상식이나 마찬가지이다. 중국 사료생산업체들은 사료의 단백질 수치를 인위적으로 높이기 위해 시아누르산을 사용한다.[8] 왜냐고? 대답은 간단하다. 시아누르산은 멜라민보다 더 싸다. 게다가 질소 함량 비율이 더 높아서 단백질이 많이 들어 있는 것처럼 속이기가 더 쉽기 때문이다."

《사료산업 매거진》과의 인터뷰에서 메뉴푸드의 CEO인 폴 헨더슨은 새로운 의견을 덧붙였다. "멜라민은 질소가 풍부한 물질로,

단백질 수치가 높은 것처럼 속이기 위해 중국 공급업체가 몰래 첨가해 온 것이다. 멜라민을 결정화시키고 세척하는 과정에서 대량의 폐수가 만들어지는데 이 폐수는 심각한 환경오염을 일으킨다. 때문에 이 폐수를 쉽게 처리할 수 있도록 흔히 고형화시키는데 이 고형화된 폐수를 '멜라민 찌꺼기'라고 부른다.[9] 이 멜라민 찌꺼기의 구성물질은 70%가 멜라민이고 상당한 양의 시아누르산도 들어 있다. 부패한 중국 생산자들의 욕심은 끝이 없다. 단백질이 들어 있는 척 속이기 위해 멜라민을 사용하더니, 이젠 그것마저 더 싸구려인 멜라민 찌꺼기로 대체해서 결국 큰 문제를 일으키고야 말았다."

그의 인터뷰 내용은 사료제조업체가 원료조사를 거의 하지 않는다는 것을 고백하는 것과 다름이 없다. 만약 그들이 간단한 원료조사만이라도 시행했더라면 수많은 반려동물은 여전히 우리 곁에 살아 있을 것이다.

2007년 5월 초, 제2의 사료 리콜이 시작되었다. 이번 리콜은 다수의 습식 및 건식 사료가 교차오염 되었다는 FDA의 발표로 시작되었다. 사료제조회사가 기계를 세척하지 않고 계속해서 제품을 만들었기 때문에 대량 리콜 이후에 만들어진 제품도 멜라민에 오염되었던 것이다.

중국 생산업체의 문제를 추적하다

그 즈음 오염된 제품을 미국에 납품한 중국 회사에 대한 새로운 정보가 언론에 등장했다. 중국 생산업체인 쉬저우 안잉이 중국 정부의 검역을 피하기 위해 제3자인 섬유회사 쑤저우텍스타일실크라이트를 통해 700톤 이상의 밀 글루텐에 비식용 제품 라벨을 붙여 수출했다는 것이다(비식용 제품(Nonfood Product)은 식용 제품이 받아야 하는 검역을 받지 않는다). 쑤저우텍스타일실크라이트는 절대로 미국에 밀 글루텐을 수출한 적이 없다며 부인했지만 얼마 후 중국 당국은 쉬저우 안잉의 총책임자를 구속했다.

미국 대표단이 오염된 제품을 미국에 납품한 공장을 조사하기 위해 파견되었지만 중국에 도착한 대표단은 안잉사가 '급하게' 문을 닫았다는 사실을 알게 되었다. 《로스앤젤리스 타임스》는 기사에서 "(회사 사장인) 마오 리쥔은 미국 FDA 조사관들이 사료 오염원을 추적하는 임무를 띠고 중국에 도착하기 며칠 전에 공장을 폐쇄했다."고 밝혔다.[10] 중국 당국은 마오 리쥔의 회사가 오염된 제품을 미국에 불법 수출했다는 사실이 밝혀지자 그를 체포하고 공장을 폐쇄시켰다. 또한, 오염된 밀 그루텐 수출 혐의가 발견된 또 다른 회사인 빈저우 푸티앙 생명공학 개발회사 역시 폐쇄되었고 모든 장비는 파기되었다.

2007년 5월 11일자 《USA 투데이》에는 새로운 의혹을 제기하는 기사가 실렸다. 리콜 목록에 올랐던 사료에 들어간 오염된 원료는 밀 글루텐이나 쌀 단백질이 아닌 밀가루였다는 것이다. 즉, 사료업체들이 밀 글루텐과 쌀 단백질이라고 생각하고 사들인 제품이 사실은 밀가루였다는 이야기이다.[11] 이는 밀 글루텐이나 쌀 단백질을 샀다고 생각했던 사료업자들이 해외에서 들여오는 원료와 원료 공급자에 대한 관리, 감독을 얼마나 소홀히 하는지 여실히 보여 주는 또 다른 명확한 예이다.

2007년 사료 리콜 이후 수많은 소송이 줄을 이었다. 반려인들은 리콜과 관련된 회사를 상대로 소송을 걸었는데 메뉴푸드, 뉴트로프로덕트, 로얄캐닌, 피앤지, 콜게이트팜올리브(Colgate Palmolive), 델몬트푸드, 네슬레 U.S.A. 등이 포함되어 있다.

2007년 5월 16일, 플로리다의 멜츠맨포맨 로펌은 오염된 사료를 판매한 회사와 소매업체를 대상으로 전국에 걸친 대규모 집단 소송을 시작한다고 발표했다. 이 소송은 회사가 독성 방부제로 범벅이 된 탄수화물 덩어리 사료를 신선한 고기와 자연재료가 들어간 고급음식인 것처럼 허위광고를 했다는 점에 초점을 두고 있다.

오염된 음식, 인간의 식탁에 뿌려지다

2007년 5월 중순 무렵이 되자 멜라민이나 멜라민유도체 성분이 들어간 식품을 먹었을 가능성이 있는 대상이 반려동물만이 아니라는 것이 분명해졌다. 6,000마리 이상의 돼지, 300만 마리의 닭, 60개의 부화장과 양식장에서 출고된 엄청난 양의 생선이 멜라민으로 오염된 사료를 먹고 자랐다. 그러나 FDA는 이 제품이 인간의 건강에 끼치는 위험은 거의 없다고 판단했다.[12]

FDA는 돼지, 닭, 생선이 멜라민 오염물질을 먹어도 다른 물질과 희석되기 때문에 덜 해롭다고 진단한 것이다. 정부 관료들은 멜라민으로 인한 사람의 가능한 질병 발생 여부에 대해 과학적인 조사보다는 추측에 근거를 두고 있는 것 같다.

FDA는 미국에 수입되는 식품의 1.3%만 검역한다. 그리고 2007년 3월, 그 최소한의 검역 중에서 중대한 문제가 발견되었다.

중국에서 들어온 냉동 메기, 생강, 멜론 씨앗, 대추 등이 각각 금지약품과 살충제, 발암물질에 오염되어 있었던 것이다. FDA는 이 중국산 수입식품을 억류했다.[13]

2007년 3월 이전에 있었던 사료 리콜

사료업계 조사를 시작하면서 대규모 사료 리콜 사태 이전에도 수많은 사료 리콜이 있었음을 알게 되었다. 또한 거대 사료회사에 대해 알면 알수록 누가 어떤 사료회사를 소유하고 있는지, 사료를 브랜드별로 구분하는 것이 무의미함을 깨달았다. 회사는 끊임없이 누군가에게서 누군가에게로 통합되었고 그에 따라 사료 브랜드의 생산업체도 바뀌었다. 다음은 2007년 3월 리콜 이전에 발생한 대표적인 사료 리콜 사례이다.

- **1995년 캘리포니아 네이처스레시피는 대규모 리콜을 실시했다.** 수천 톤에 달하는 개와 고양이용 건사료를 회수했는데 사료에 들어간 밀이 미코톡신의 하나인 보미톡신에 오염되었기 때문이다. 해당 사료를 먹고 죽은 반려동물의 기록은 없지만 구토, 설사, 식욕부진 등의 증상이 보고되었다. 당시 네이처스레시피는 약 2000만 달러의 손해를 입은 것으로 추정되지만, 여전히 무리없이 운영되고 있다.
- **1996년 캐나다 마틴피드밀스는 테크니-칼 사료를 리콜했다.** 항생제인 모넨신이 개용 건사료에 실수로 섞여 들어가서 15마리의 개가 죽었다. 모넨신은 가금류 사료에 사용되는 것이지만

섭취량에 따라 개에게는 치명적이다. 이 리콜이 있고 몇 년 후 마틴피드밀스는 하인츠에 팔렸고, 2002년 하인츠는 이를 델몬트에 넘겼다. 델몬트는 2004년 로얄캐닌에 이 회사를 다시 팔았으며 2006년 FDA는 로얄캐닌 사료를 리콜했다.

■ **1999년 테네시 주 내슈빌 소재의 도앤펫케어(Doane Pet Care)는 미코톡신인 아플라톡신 B_1에 오염된 53종의 사료를 리콜했다.** 아플라톡신 B_1의 원인은 건사료에 들어간 곰팡이 핀 옥수수였다. 아플라톡신에 중독되면 체중이 감소하고 간이 손상된다. 또한 다리를 절뚝거리다가 사망에 이르는데 당시 30마리의 개가 사망했다. 월마트에서 판매되는 올로이 등의 사료를 생산하는 도앤펫케어는 약 140만 포대를 리콜했다. 2001년 메뉴푸드가 도앤펫케어의 습식사료 사업부문을 사들였고, 2005년 도앤펫케어의 미국 경영권은 캐나다 온타리오의 교사연금을 관장하는 기관인 온타리오티처스펜션플랜에 팔렸다. 펜션플랜은 연금자금을 여러 기관에 투자하는 캐나다에서 가장 큰 투자자 중 하나이다. 이듬해 테네시 소재의 마르스가 다시 도앤펫케어를 사들였다. 이처럼 도앤펫케어는 여러 사료회사에 잇달아 팔렸다.

■ **2005년 사우스 캐롤라이나 개스턴에 있는 다이아몬드(Diamond)는 자사제품 18종을 리콜했다.** 아플라톡신 B_1에 오염된 사료 때문에 100마리 이상의 개가 사망했기 때문이다. 고양이 발병에 대한 보고는 없었지만 관련 증상이 나타나기까지 수 주가 걸릴 수 있기 때문에 다이아몬드에서 생산되는 고양이 사료도

리콜했다.

FDA의 조사에 따르면 다이아몬드의 16개 사료생산 라인에는 리콜 전인 2005년 9월 1일부터 11월 30일까지 한 달 넘게 법정 기준인 20ppb를 초과하는 아플라톡신이 들어 있었고, FDA가 채취한 샘플 중 하나에는 376ppb의 아플라톡신이 들어 있었다.[14] 당시 코넬대학 독성학 수의학자인 캐린 비스코프는 "11월, 아니 어쩌면 10월부터 개들이 사망하기 시작한 것으로 보고 있다. 하지만 정확한 진단을 내리려면 모든 사항을 전체적으로 하나하나 살펴봐야만 한다."라고 우려했다.[15]

아플라톡신 B_1은 생산과 유통 과정에서 오랜 기간 동안 잔류하는 물질이다. 문제의 사료는 24개 이상의 국가에 수출되었는데 일반 소비자와 개 농장에서는 다이아몬드 사료가 오염되었다는 사실을 모르고 있었으며 상당수의 개가 이 사료 때문에 목숨을 잃었다. 이 리콜에 고양이 사료는 해당되지 않았다.

■ 2006년 프랑스에 본사를 둔 로얄캐닌의 지사인 로얄캐닌캐나다는 비타민 D_3가 과다 첨가된 사료 4종을 리콜한다고 발표했다. 높은 수치의 비타민 D_3는 혈중 칼슘 수치를 높여 부작용을 일으킬 수 있다. 2005년 11월 로얄캐닌은 혈중 칼슘 농도가 비정상적으로 높은 증상을 보이는 8마리의 개에 대한 보고를 받았다. 고칼슘혈증 증상은 치료를 받지 않으면 골격결함, 심박 변화(비정상적인 심장박동 포함), 신부전을 유발해 결국 사망에 이를 가능성이 있는 심각한 증상이다. 2006년 3월, 유사 증상을

보이는 개의 숫자는 24마리로 늘어났다.

로얄캐닌은 사료에 첨가된 혼합 비타민량을 잘못 계산해서 이런 문제가 발생했다고 밝혔다. 혼합 비타민은 적정 비타민 권장량보다 훨씬 농도가 높다. 사료회사들은 열처리 과정과 긴 유통기간 중에 파괴되는 비타민을 보충하기 위해 이렇게 높은 농도의 비타민을 사용하는데 비타민 D는 다른 비타민에 비해 사료생산 과정이나 유통기한 동안 거의 파괴되지 않는다. 2007년 3월, 반려인들은 로얄캐닌캐나다를 상대로 보상을 청구하는 5000만 달러 규모의 집단소송을 냈다.

■ 2006년 아칸소의 시먼스(Simmons)는 에나멜 처리된 캔 내벽이 벗겨져 사료 속에 섞여 들어가자 약 3,130톤에 이르는 개용 캔 사료를 리콜했다. 이 사료는 월마트, 달러제너럴 및 소매상에 유통되었다. 이 회사는 올로이, 아메리칸페어(American Fare), 핏 앤 액티브(Fit and Active), 포트럭(Pot Luck), 프레드캐닌쿠진(Fred's Canine Cuisine), 트윈펫(Twin Pet) 등을 제조한다.

■ 2007년 1월 8일, FDA는 비만 개/고양이용 사료에 들어간 첨가제와 관련, 아이암스에 경고장을 보냈다. 돼지용 사료에 크롬 보충제로 허용되는 크롬 트리피콜리네이트가 비만 개/고양이용 건식사료와 습식사료, 유카누바 다이어트용 처방식과 칼로리 제한 사료에 들어가 있었던 것이다. 이 첨가제는 개와 고양이에 대한 안전성이 검증되지 않은 것이다. 2008년 봄 아이암스는 아직도 이 화합물을 원료에서 제외시킬 시기조차 결정하지 못하고 있다.

■ 2007년 2월 13일, FDA는 살모넬라에 오염된 와일드키티캣푸드 (Wild Kitty Cat Food)의 위험성에 대해 소비자에게 경고했다. FDA가 와일드키티캣푸드의 무가공 사료 냉동 샘플을 수집해서 분석한 결과 병원균인 살모넬라가 발견되었다. 신생 기업인 와일드키티캣푸드는 메인 주에 있으며 다양한 고양이용 생식사료를 생산하는 업체이다. 이 경고에 해당하는 상품은 닭과 조개, 오리와 조개, 날참치와 소라였는데 이 식품은 면역력이 약한 반려동물을 살모넬라에 노출시킬 우려가 있었다.[16]

수백억 달러 규모에 달하는 사료산업의 역사를 돌이켜 보면 앞으로도 사료 리콜은 계속될 듯하다. 대기업의 사료, 작은 회사의 사료, 건사료, 습식사료, 캔 사료, 생식사료 등 어떤 브랜드의 어떤 사료라고 리콜에서 제외되리라는 보장은 없다. 매년 수천 명이 사람들이 식품으로 인한 병 때문에 사망하는 것처럼 수많은 반려동물 역시 오염된 사료 때문에 사망할 것이 뻔하기 때문이다.

국제무역이 활발해질수록 보다 철저한 검역과 규제가 필요하다. 2007년 사료 리콜 사태가 한창일 때 《뉴욕 타임스》에 이런 기사가 실렸다. "이번 반려동물 사료 리콜 사태로 인해 중국의 농산물 수출업자는 더욱 면밀해진 검역과 조사를 피할 수 없게 되었다. 중국의 식품안전불감증은 악명이 높기 때문이다. 최근 몇 년간 수면에 떠오른 중국의 식품과 관련된 스캔들만 해도 가짜 분유, 사람의 머리카락으로 만든 된장, 먹물로 염색한 오징어, 장어를 길고 가늘게 자라게 만드는 피임약 투여 등이 있다. 사료뿐만 아니라 우리 식탁에 오르는 수입식품은 나날이 증가추세에 있지만 늘어나는 수입량에 비해 적절한 검역은 이루어지지 않고 있다. 이런 실정에서 중국과의 수출입 검역 시스템에 대한 우려는 FDA에 대한 비판과도 직결된다."[17]

9장

동물실험과 사료회사

동물실험의 실상

미국, 캐나다, 영국 등 많은 국가의 대학 실험실에서는 여러 이유로 살아 있는 개와 고양이가 실험대상이 되고, 각 대학과 긴밀한 협력관계를 맺고 자사 제품을 테스트하는 사료회사 역시 동물실험에 빠지지 않는다. 이런 실험은 상당수 동물보호운동가들의 반대를 피하기 위해 비밀리에 행해지고 있으며, 많은 개인과 단체가 동물실험을 반대하고 있지만 매년 수천 마리의 동물이 연구라는 이름 하에 살해당하고 있다.

국제동물보호와 수의학의 선구자격인 매사추세츠 동물학대방지협회(The Massachusette Society for the Prevention of Cruelty to

Animals)에 따르면 화장품, 식품첨가물, 포장재, 산업 화학약품 그리고 세제의 안전성을 시험하기 위해 매년 약 400만 마리의 동물이 실험에 사용된다고 한다. "이는 오늘날 미국 실험실에서 사용되는 실험동물의 약 13%에 해당되는 수치이며, 나머지 87%는 교육과정에서의 실습과 새로운 약품과 백신 개발 등의 생화학 연구에 사용된다."라고 실험실동물복지센터 관계자는 밝혔다.[1]

실험에 사용되는 400만 마리 중 약 95%는 생쥐, 들쥐, 기니피그, 햄스터이다. 토끼, 개, 고양이, 영장류, 새, 생선 역시 실험에 사용된다. 불필요한 동물실험의 예는 수천 가지이지만 그중에서도 다음의 두 사례는 비인간적으로 동물을 대하는 무의미한 동물실험에 대한 실상을 극명하게 보여 준다.

- 2006년 오하이오주립대학의 척수손상 수업은 '기초 잔인학'이란 별명으로 더 유명하다. 이 수업에서 학생들은 들쥐와 생쥐의 피부를 갈라 척수를 노출시킨 뒤, 밖으로 드러난 척수 위에 무거운 추를 올려놓은 상태에서 강제적으로 다양한 움직임을 보이도록 하는 실험을 한다. 300명 이상의 신경학자와 신경외과의를 회원으로 두고 있는 PCRM(책임 있는 의료를 위한 의사회)은 관계자에게 해당 수업을 다른 수업으로 대체할 것을 요구하고 있다.[2]
- 2007년 2월, 덴버 콜로라도대학 건강과학센터에서 근무했던 내부 고발자가 동물실험금지단체(Stop Animal Tests)에 연락을 취해 왔다. 그는 콜로라도대학의 연구원인 모셰 솔로

모나 박사가 고양이의 등을 갈라 척수에 S자형 갈고리를 걸고, 등이 갈라져 있는 상태에서 고양이에게 무거운 짐을 끌게 한 후 그 반응을 추정하기 위해 압력계를 사용하는 실험을 시행하고 있음을 고발했다. 이 실험은 두 발로 직립보행을 하는 인간의 등 통증을 연구하기 위해 네 발 달린 동물을 이용한 것이다.

이 동물실험에 대해 한 신경외과의는 솔로모나 박사의 실험은 인간으로서 용납하기 어려운 실험이며 인간에게 적용할 수 있는 가능성도 전혀 없는 쓸모없는 실험이라고 단언했다.[3] 솔로모나는 이 무가치한 실험을 15년 동안 계속했고 그동안 고양이 수백 마리가 살해되었다. 그 연구비는 납세자가 낸 세금에서 지불되었다.

동물단체는 수년 동안 동물실험을 하는 회사와 상품을 대중에게 적극적으로 알리는 등 불필요한 동물학대를 근절시킬 수 있는 방법을 찾기 위해 노력해 왔다. 덕분에 의대 생리학 수업에 살아있는 동물을 대상으로 하는 실험을 획기적으로 감소시켰다. PCRM은 오늘날 미국 의대 중 약 90%가 표준 교과과정에서의 동물실험을 중단했고, 오직 8개 대학만 생리학 시간에 동물 생체실험을 하고 있다고 밝혔다. 실험용 동물의 사용을 반대하는 의사들의 모임과 같은 단체 덕분에 의과대학에서의 동물실험이 크게 줄었다.[4]

동물실험을 하는 기업의 사료를 거부하자

수년 동안 대기업 소유의 사료회사는 개와 고양이를 이용한 동물실험을 하는 대학 연구소에 자금을 지원해 왔다. 사료회사는 이런 실험이 특정한 원료, 즉 원가절감을 위한 싸구려 원료가 동물에게 어떤 영향을 미치는지 알아내기 위해 필요한 과정이라고 항변한다.

몇몇 사료회사의 동물실험 기록에 따르면 그들은 특정 사료에 대한 반응을 알아보기 위해 일부러 동물에게 질환을 일으킨다. 동물의 뼈를 부러뜨리고 굶기고 비만을 유도해서 살을 찌우고, 핵심 영양소와 미네랄을 제거한 사료를 먹이고, 신부전증을 유발하며, 상처를 낼 뿐만 아니라 신장, 간, 내장, 위의 일부분을 외과적인 수술로 제거하기까지 했다. 실험을 마친 동물은 죽여서 해부한다.

사료회사는 반려동물의 건강을 개선시키기 위해 꼭 필요한 과학적 데이터를 수집하는 과정이라고 주장하지만 그런 이유 때문에 동물은 말할 수 없는 아픔과 고통에 시달린다. 사실 이런 실험은 비인도적일 뿐만 아니라 아무 짝에도 쓸모가 없다. 그저 거대 사료회사의 손익분기점을 맞추기 위한 일일 뿐이다. 사료회사들이 동물의 건강에 관심이 있어 이런 실험을 하는 것이 아니라 돈이 많이 드는 좋은 원료 대신에 싸구려 원료가 개나 고양이에게 어떤 영향을 미치는지를 알아보기 위한 실험일 뿐이다.

만약 정말로 특정 사료에 대한 개나 고양이의 변화를 알아보고 싶었다면 일반 가정의 반려동물에게 시험사료를 제공한 후 채변을 받아도 충분하다. 필요하다면 반려인이 수의사의 도움을 받아 혈액 샘플을 제공할 수도 있다.

나는 소비자들이 동물실험을 하는 회사의 제품 구입을 거부하고, 동물 실험방법을 바꿀 것을 요구하는 날이 하루빨리 오기를 바란다. 만약 모든 소비자가 잔혹한 동물실험을 거친 사료를 구입하지 않는다면 결국 기업은 현재의 동물실험 행태를 바꿀 테니 말이다.

아이암스와 동물실험

사료회사인 아이암스는 자사가 지원하는 동물실험 때문에 지난 10년간 여론의 비난을 받아 왔다. 2001년 5월, 영국 신문인《선데이 익스프레스》는 그들의 잔인한 행위에 대한 기사를 내보냈다. 그로 인해 수백 마리의 동물이 아이암스의 동물실험으로 믿을 수 없을 정도로 끔찍한 고통을 겪어 왔음이 밝혀졌다.

연구논문 기록에 따르면 아이암스의 과학자들이 개와 고양이에게 신부전 및 다른 병증을 의도적으로 유도했다는 것이 드러났다. 건강한 동물에게 실험이라는 명목으로 질환을 유발하고, 수술하고, 수술이 끝나면 모두 죽여서 처분했다.[5]

영국의 동물보호단체 언케이지드 캠페인과 미국의 동물보호단체 디펜스 애니멀스는 그동안 아이암스가 개와 고양이를 대상으로 행한 동물실험을 조사했다. 아이암스는 해당 연구가 제품의 영양학적 성분 근거를 마련하기 위한 연구라고 주장했다.

- ■ 섬유소를 섭취했을 때의 효과를 확인하기 위해 고양이 28마리를 개복 후 죽였다.
  A. R. 부에노 외, 2000년,《뉴트리션 리서치》Vol. 20, No. 9, pp. 1319~1328.

■ 신장질병의 위험을 증가시키기 위해 개 31마리의 신장을 제거했다.

조지아주립대학과 아이암스 공동 연구, 핀코 박사 외, 1994년,《수의학 리서치 아메리칸 저널》Vol.55, No.9, pp.1282~1290.

■ 개 18마리의 앞다리와 뒷다리를 절단하고 뼈가 부러질 때까지 압력을 가했다.

위스콘신대학과 아이암스 공동 연구, T. D. 크렌쇼 외, 1998년 아이암스영양학회 심포지움 논문.

■ 음식에 들어 있는 섬유소 효과를 연구하기 위해 개 10마리를 죽였다.

미시시피주립대학과 아이암스 공동 연구, R. K. 버딩턴 외, 1999년,《수의학 리서치 아메리칸 저널》Vol.60, No.3, pp. 354~358.

■ 수컷 강아지 18마리의 신장에 고의적으로 화학적 손상을 일으킨 후 아직 허가받지 않은 실험용 다이어트 식품을 먹이고 튜브를 음경에 삽입하는 등의 실험을 한 뒤 강아지를 죽였다.

콜로라도주립대학과 아이암스의 공동 연구, G. F. 그라우어 외, 1996년,《수의학 리서치 아메리칸 저널》Vol.57, No.6, pp.948~956.

■ 고양이 28마리에게 신부전을 일으키는 외과수술을 시행한 결과 몇몇 고양이는 실험 중에 죽었고 살아남은 고양이는 단백질 효과를 살피기 위해 죽여서 해부했다.

조지아주립대학과 아이암스의 공동 연구, 1998년 아이암스영양학회 심포지움 논문.

■ 개 15마리를 살아 있는 상태로 개복하여 내장에 관을 부착하고

안의 내용물을 2시간 동안 10분 간격으로 뽑아낸 후 죽였다.
네브래스카 링컨대학과 아이암스의 공동 연구, J. E. 홀맨 외, 19
96년, 《뉴트리션 리서치》 Vol. 16, No. 2, pp. 303~313.

■ 개 16마리를 개복하여 내장 일부를 제거했다.

앨버타주립대학과 아이암스 공동 연구, 1998년 미국영양학회 논문.

■ 건강한 강아지와 병아리, 들쥐에게서 뼈와 연골을 제거한 후 뼈와 관절의 성장을 연구했다.

퍼듀대학과 아이암스 공동 연구, 2000년 아이암스영양학회 심포지움 논문.

■ 고양이 24마리의 암컷 생식기와 간을 제거하고 비만증에 걸릴 때까지 과도하게 먹이를 준 후 굶겨 죽였다.

켄터키대학과 아이암스 공동 연구, W. H. 아이브러힘 외, 2000년 5월, 《수의학 리서치 아메리칸 저널》 Vol. 61, No. 5.

■ 곡물가루를 연구하기 위해 6마리의 개 내장에 튜브를 삽관한 후 지속적으로 액체를 짜냈다.

일리노이대학과 아이암스 공동 연구, S. M. 머리 외, 1999년, 《동물과학 저널》 77, pp. 2180~2186.

■ 개 30마리에게 의도적으로 상처를 입힌 후 상처회복을 연구하기 위해 상처가 있는 피부를 떼어 냈다.

어번대학과 아이암스 공동 연구, M. A. 무니 외, 1998년, 《수의학 리서치 아메리칸 저널》 Vol. 59, No. 7, pp. 859~863.

■ 섬유소 효과를 연구하기 위해 개 28마리의 대장 일부를 제거했다.

미저리대학과 아이암스 공동 연구, M. D. 하워드 외, 1997년,《동물과학 저널》75(별지 1), p. 136. [6]

1999년 9월 아이암스를 매입한 피앤지는 동물실험에 대한 나쁜 이미지를 없애기 위해 동물실험에 관한 새로운 사내 도덕규정을 발표했다. 반려동물의 복지를 위한 온라인 단체인 애니멀 피플(Animal People)은 동물실험을 대체할 대안을 가능한 한 빨리 마련해 단속 기관의 승인을 거쳐 동물실험을 단계적으로 줄이겠다는 피앤지의 입장을 전했다. 피앤지는 "자사의 새로운 도덕규정은 아이암스가 더 이상 개와 고양이의 안락사가 수반되는 어떤 연구도 하지 않겠다는 2년 전의 결정을 반영하는 바이다. 이 도덕규정은 대학이든 과학자든 누구의 연구를 막론하고 아이암스의 모든 사료 개발 연구에 적용된다."고 발표했다. [7]

그러나 이러한 피앤지의 의지는 그다지 수명이 길지 못했다. 2002년 12월, 아이암스는 미시시피주립대학에서 충치 예방 사료를 시험하기 위해 3년 동안 동물실험을 실시했다. 이 실험에서 비글 21마리는 이식된 치주염으로 계속 고통을 받았다. 연구원들은 개의 잇몸을 절개하고 봉합했으며 실험을 마치고 살아남은 개는 다른 연구시설로 옮겨졌다.

동물을 인도적으로 대하는 사람들의 모임 PETA의 대변인은 이것이 바로 아이암스가 동물실험을 진행하는 방법이라고 성토한다. 아이암스는 몸도 제대로 돌릴 수 없을 정도로 비좁은 우리에 개를 가두고 수년 동안 계속하여 반복적으로 실험을 실시한 후에 겨우 살아남은 개를 일반 가정이 아닌 자사의 다른 실험실로 분양한다. 아이암스는 자사의 실험을 마친 동물이 가게 되는 '동물실험 후 은퇴 센터'가 어디에 위치해 있는지 한 번도 밝힌 적이 없다.[8]

2004년 5월, 영국의 동물권리단체인 킵온파이팅(Keep On Fighting)에 따르면 앨라배마 주 어번대학 연구원들이 그레이트데인 강아지 32마리를 아이암스의 투자를 받은 연구의 동물실험용으로 사용했다고 밝혔다. 발표에 따르면 연구원들은 강아지를 세 그룹으로 나누고 각 그룹에서 4, 6, 12월령의 강아지 2마리씩을 죽여 사료에 칼슘과 인을 첨가했을 때의 영향을 관찰했으며, 나머지 강아지는 18개월이 되었을 때 모두 죽였다.[9] 이 일은 아이암스의 대변인이 2002년 6월 동물을 죽이는 실험은 절대하지 않겠다는 피앤지의 발표 이후에 일어난 일이다.

2002년 3월, PETA의 조사원이 아이암스의 계약한 실험실에 위장취업을 했다. 1년여의 근무기간 동안 이 비밀 조사원은 사료회사의 잔혹한 비밀을 발견해 내기에 이르는데 아이암스크루얼티닷컴(www.iamscruelty.com)에는 그 비밀이 다음과 같이 묘사되어 있다. "메마른 강철우리와 시멘트로 발린 방에 갇혀 미쳐 버린 개, 살아 있는 채로 허벅지 근육을 난도질당한 후 더러운 바닥에 겹겹이 내팽개쳐진 강아지, 짖지 못하도록 성대수술을 받은 개와 고양이들은 더러운 우리 안에 갇힌 채 그 어떤 치료나 구원의 손길도 없이 그저 고통 속에 방치되어 버려지고 있었다."[10]

2007년 3월, 비영리교육단체인 동물 관련 이슈를 교육하는 그룹 GEARI는 싱클레어리서치센터가 약 40가지의 연방동물복지법을 위반한 사실이 드러나 3만 3000달러의 벌금형을 받았다고 발표했다.[11] GEARI는 이 사건에서 제기된 위반 내용에 주목했다. 왜냐하면 벌금형에 처해진 싱클레어리서치가 공인된 실험동물 공급책이기 때문이다. 농림부에 따르면 이 회사는 2001년부터 2004년까지 6,500마리 이상의 실험동물을 팔아 최소 450만 달러의 매출을 올렸다.[12]

그러나 아이암스는 동물에 대한 잔혹행위에 대한 죄를 묻는 주장에 대해 늘 피고가 아닌 원고의 입장을 취하고 있다. 아이암스크루얼티닷컴에 대항해 아이암스 측이 운영하는 웹사이트가 내세우고 있는 문구는 동물에 대한 모든 잔혹행위를 막을 수 있는 방법, '아이암스의 진실'이다. 그들은 '잔인한 동물실험과 동물학대를 신고할 수 있도록' 사람들을 '돕고' 피앤지의 동물 테스트 정책을 홍보하기 위해 웹사이트를 만들었다고 주장한다.[13] 하지만 이 웹사이트는 아이암스와 피앤지의 불필요한 동물실험을 비난하는 여론을 잠재우기 위한 얄팍한 눈속임일 뿐이다.

2008년 2월, 아이암스가 개와 고양이를 대상으로 하는 실험을 그만두었는지 PETA에 물어보았다. PETA의 수석연구원 샬린 갈라는 "조금 개선되기는 했지만 끔찍한 일이 벌어지고 있는 상황은 여전히 큰 변화가 없다."고 답했다. PETA는 아이암스를 압박해 사료 테스트를 동물실험실이 아닌 자원봉사가정의 협력 하에 시행되도록 정책을 바꾸게 하는 성과를 거뒀다. 덕분에 실험동물 중 약 70%가 인도적인 테스트를 받게 되었지만 다른 실험의 경우 여전히 아이암스 실험실에서 시행되고 있다.[14]

동물실험을 하는 사료회사 목록

아이암스만 동물실험을 하는 것은 아니다. 2001년 비영리단체인 동물보호협회(API)가 배포한 보도자료에 따르면 힐스, 월섬, 랄스턴 퓨리나 등의 거대 사료회사는 동물을 죽일 정도로 심각한 고통과 스트레스를 주는 동물실험을 지원하거나 직접 하고 있다.[15] 또한 생활용품과 유카누바, 아이암스 등의 사료를 생산하는 피앤지는 동물실험을 대량으로 실시한다고 영국 옥스포드셔 대안수의학센터는 밝혔다.

많은 제품이 동물실험을 거쳐 생산된다. 개, 고양이는 물론 새, 토끼, 족제비 등의 인기 있는 사료도 대부분 동물실험을 거친다. 하지만 사료회사의 동물실험은 도덕적으로 올바른 행위인가도 의문이지만 영양학적으로도 가치가 있는지의 여부도 불확실하다.

그러므로 동물실험을 하는 회사의 사료를 구입하는 일은 잔혹한 실험을 지원하는 꼴이다. 사료회사가 영양학적이고 과학적인 정당성을 확보하기 위해 동물실험을 한다고 생각하는 것은 순진한 생각이다. 그들이 실험을 하는 이유는 오로지 원가절감 때문이다.

네슬레퓨리나는 동물실험을 하기 위해서 래브라도 리트리버 48마리를 15년 동안 실험실에 억류하고 있었다. 대안수의학센터에 따르면 이 개들은 실험이 시작된 이후 첫 3년 동안은 제한된 식단만 제공받았고, 그중 몇 마리는 제한된 식사량의 반만 지급받았다.[16] 제한된 식단을 제공받은, 즉 굶은 개들은 같은 배에서 나온 다른 개들보다 평균 26% 체중이 감소했다. 이 실험은 식사제한에 따른 효과를 측정하기 위해 수행되었다.

2003년 《동물생리학 & 영양학회지》는 태어난 지 9주 밖에 되지 않은 아기 고양이 36마리를 13주 동안 각각 한 마리씩 따로 가둔 상태에서 실행한 미국 힐스펫뉴트리션의 동물실험보고서를 실었다. 보고서에 따르면 고양이의 성장발육을 막기 위해 특별히 제작된 사료를 먹인 결과 정상적인 먹이를 먹은 고양이가 실험대상에 비해 매일 56% 더 많은 체중증가 현상을 보였다. 고양이의 경정맥에서 혈액 샘플을 채취하기도 한 이 잔인한 실험의 목적은 확실하지 않다.[17]

영국 생체실험저지모임의 보고에 따르면 힐스펫뉴트리션의 또 다른 실험에서 2주 동안 아연이 결핍된 먹이를 먹은 강아지 42마리는 얼굴이나 발에 반점이 생기거나 무기력증, 식욕부진이 나타나는 등 영양실조 증상을 겪었다. 그 이후 계속된 실험에서도 아연을 뺀 먹이를 지속적으로 먹은 한 그룹의 고양이 6마리 중 5마리는 증상이 너무 악화되어서 실험에서 도태시켜야 했다. 실험이 끝나고 체내 아연을 분석하기 위해 모든 고양이의 며느리발톱, 이빨, 고환을 떼어냈다.[18]

생체실험저지모임은 또 미국 알포펫푸드 역시 고양이 15마리를 비만이 될 때까지 계속 먹인 후 형편없이 맛없는 사료를 줘서 굶게 만드는 실험을 실시했다고 밝혔다(연구원들은 이를 '자발적 기아'라고 불렀다고 한다). 굶은 고양이들은 26~40%의 체중감소 현상을 보였고, 곧이어 심각한 근육량 감소, 탈수, 무기력증, 혈액 이상, 간이 붓고 파괴되는 증상이 뒤따랐다. 실험 이후 다시 정상적인 사료를 주었지만 그중 11마리는 스스로 먹이를 먹지 못해서 관

을 통해 음식을 주입받아야 했다.[19]

메뉴푸드의 동물실험

　메뉴푸드가 2007년 대량 리콜과 관계 있음은 잘 알려진 사실이다. 하지만 메뉴푸드가 동물실험을 후원한다는 사실은 널리 알려지지 않았다. 2002년과 2003년 PETA는 아이암스가 대여한 동물실험실에 위장 조사원을 들여보냈고 위장 조사원은 이 실험실에서 행해진 다양한 동물실험을 기록했다. 그중 하나가 메뉴푸드를 위한 실험이었다.

　그의 기록에 따르면 우리 안에 갇혀 철제 슬레이트 바닥에서 여러 달 동안 생활한 개는 대부분 발바닥 염증에 시달렸다. 조사원은 심각한 질환 끝에 뒷다리를 절단한 개를 촬영했다. 이 불쌍한 개는 이름도 없이 단지 (II)8J483이라는 번호로 불렸는데, 고통을 줄여줄 수 있는 진통제 처방조차 없이 절단된 채 그대로 7일 동안 방치되었다가 결국 안락사를 당했다. "이 개의 장기는 다른 회사에 팔렸다."고 PETA 조사원은 보고했다.[20]

　2007년 초 소비자들은 자신의 개와 고양이가 이 회사의 사료를 먹고 죽었다고 메뉴푸드에 통지했다. 죽음의 원인을 밝히기 위해 메뉴푸드가 한 일은 무엇일까.

　그들은 의심되는 사료를 실험동물에게 먹였다. 정확한 숫자는 밝혀지지 않았지만 최소 9마리가 사료를 먹고 신부전으로 고통스럽게 죽어 갔다. 메뉴푸드의 연구원들은 누구의 목숨도 희생시키지 않으면서 더 쉽게 제품을 시험할 수 있는 방법이 있었음에도 불구하고, 잠재적으로 치명적인 죽음을 가져올 수 있는 오염된 사료를 동물에게 강제로 먹인 것이다. PETA 협력 부서의 데이비드 벤저민 부장은 "사례분석과 이미 사료를 먹고 죽은 반려동물의 부검을 통해 문제의 원인과 문제를 해결할 수 있는 정보를 충분히 얻을 수 있는 상황이었다."고 이야기한다.[21]

1990년대 후반 동물보호협회는 시판되는 사료의 문제점에 대해 입을 열기 시작했고, 2007년 말 동물을 변호하기 위해 본프리 USA(Born Free USA) 그룹에 합류한다. 국립비영리동물 그룹인 본프리 USA는 시판되는 사료와 생산업체의 문제점을 지속적으로 알리고 있다.

본프리 USA의 대변인은 메뉴푸드가 2007년 사료 리콜 초기에 반려동물이 먹고 죽은 문제의 사료를 시험하기 위해 동물을 이용한 것을 지적한다. "첫 번째 언론 발표 이후 메뉴푸드는 이 실험이 기호성 실험이라고 재빨리 말을 바꾸었지만 사실 메뉴푸드는 그 이전부터 수년 동안 살아 있는 개와 고양이 등의 동물을 대상으로 사료급여실험, 대사 에너지 실험을 해왔다. 비디오 테이프에는 계속되는 끔찍한 실험을 겪은 실험동물의 비참하기 짝이 없는 삶과 인간의 무신경한 잔혹행위가 담겨 있다."[22]

사료회사 내에서 행해지는 잔혹한 동물실험이 아닌 가정에서 윤리적으로 실행되는 실험을 도입한 회사목록은 PETA 홈페이지에서 볼 수 있으니 사료를 구입할 때 참고하기 바란다(www.iamscruelty.com, 145쪽 참조).

소비자들은 사료를 구입할 때 PETA의 리스트를 확인해서 최소한 동물실험을 하지 않는 회사제품을 사는 것이 바람직하다. 사료의 질을 떠나 동물이 먹는 사료를 제조하는 회사라면 최소한 자신의 회사에 이익을 가져다 주는 동물을 인도적으로 다루어야 하는 것이 당연하지 않은가.

동물실험을 하지 않는 사료회사 목록(2011년 2월 현재)

Ami www.aminews.co.uk
Amoré Pet Services, Inc. www.amorepetfoods.com
Animal Food Services www.animalfood.com
Artemis Pet Food www.artemiscompany.com
Azmira Holistic Animal Care www.azmira.com
Bone Vivant, Inc. www.bonevivantstore.com
Boston Baked Bonz www.bostonbakedbonz.com
Bravo Raw Diet www.bravorawdiet.com
Burns Pet Health, Inc. www.burnspethealth.com
CaniSource www.canisource.com
CountryPet Pet Food www.countrypet.com
Dr. Harvey's www.drharveys.com
Dynamite Marketing, Inc. www.dynamitemarketing.com
Eagle Pack Pet Foods www.eaglepack.com
Evanger's Dog and Cat Food Co., Inc. www.evangersdogfood.com
Evolution Diet, Inc. www.petfoodshop.com
Feline's Pride www.felinespride.com
Fromm Family Foods www.frommfamily.com
Great Life Performance Pet Products www.doctorsfinest.com
GreenTripe.Com www.greentripe.com
Halo, Purely for Pets www.halopets.com
Happy Dog Food www.happydogfood.com

Harbingers of a New Age www.vegepet.com
Holistic Blend www.holisticblend.com
The Honest Kitchen www.thehonestkitchen.com
Know Better Dog Food www.knowbetterdogfood.com
KosherPets, Inc. www.kosherpets.com
Kumpi Pet Foods www.kumpi.com
Mark and Chappell www.markandchappell.com
Max & Ruffy's www.maxandruffys.com
Natural Balance Pet Foods, Inc. www.naturalbalanceinc.com
Natural Life Pet Products, Inc. www.nlpp.com
Newman's Own Organics www.newmansownorganics.com
Nutri-Vet www.nutri-vet.com
Oma's Pride www.omaspride.com
Onesta Organics, Inc. www.onestaorganics.com
Pet Chef Express www.petchefexpress.ca
PetGuard www.petguard.com
Pied Piper Pet & Wildlife www.piedpiperpet.com
PoshNosh Inc. www.PoshNosh.ca
Primal Pet Foods, Inc. www.primalpetfoods.com
Raw Advantage, Inc. www.rawadvantagepetfood.com
Sauder Feeds, Inc. www.sauderfeeds.com
Sojourner Farms www.sojos.com
Solid Gold www.solidgoldhealth.com
Stella & Chewy's LLC www.stellaandchewys.com
Timberwolf Organics, Inc. www.timberwolforganics.com
V-dogfood LLC www.V-dogfood.com
Veterinary Nutritional Formula www.vnfpetfood.com
Want A Cookie? www.wantacookie.ca
Weruva www.weruva.com
Wow-Bow Distributors Ltd. www.wow-bow.com
Wysong Canada www.wysongcanada.net
Wysong Professional Diets www.wysong.net

10장
질 좋은 사료를 만드는 회사

사람에게 좋은 음식은 동물에게도 좋다

1990년 이후 나는 반려동물의 밥을 집에서 직접 준비한다. 그리고 그 사이 사료를 피하고 음식을 직접 만들어 먹일 것을 권하는 홀리스틱 수의사를 만났다. 도널드 스톰벡, 웬델 벨필드, 숀 메소니어, 리처드 피케른, 앨프레드 플레너, 마틴 골드스타인은 직접 만든 음식을 지지하고 관련된 연구를 하는 수의사이다.

집에서 직접 만드는 자연식 식단이 반려동물을 더 건강하고 오래 살 수 있게 한다고 믿는 수의사의 수는 예전에 비해 더 많아졌으며 점점 증가하는 추세이다. 수의학 박사 도널드 스톰벡은 자신의 책 《개와 고양이를 위한 홈메이드 푸드》에서 "인류가 직접 요리한 음식을 먹지 않고 이미 만들어져서 판매되는 패스트푸드를 소비하면서 영양학적 문제를 떠안게 되었다. 반려동물 역시 마찬가지이다. 우리가 동물 가족을 위해 음식을 직접 준비할 수 있다면 음식의 질과 건강을 개선할 수 있다."라고 말한다.[1]

《위기의 반려동물 : 알레르기에서 암까지, 병에 대처하는 치료법》의 저자인 수의학 박사 앨프레드 플레너는 1980년대에 처음으로 반려동물과 사료 알레르기에 관한 글을 썼다. 플레너 박사는 알레르기 반응을 보이는 반려동물에게 자연식 식단을 추천한다. "사료와 알레르기의 상관관계에 대해 처음 연구하기 시작했을 때(애초에 품질이라는 것이 존재하지도 않았지만) 시판사료의 품질은 경악할 정도의 수준이었다. 사료과민반응은 매우 흔한 일이다. 건강상의 문제는 벼룩과 벌레에 물린 상처, 비누, 스프레이, 환경오염물질에 대한 과민성으로 이어진다. 슈퍼마켓에서 대량으로 판매되는 많은 사료에는 건강을 해치는 저질원료가 잔뜩 들어 있다."[2]

사료업계와 일부 수의사들은 사람이 먹는 음식을 '절대로' 개와 고양이에게 먹이지 말라고 경고한다. 하지만 사료에 어떤 원료가 들어가는지 정확히 안다면 이런 경고는 흘려들을 수 있게 된다. 사람 몸에 좋은 재료라면 몇 가지를 제외하면 반려동물과 음식을 나눠 먹어도 전혀 상관없다. 양념이 과다하게 들어가 있거나 화학조미료가 들어가 있지 않다면 사람이 먹는 음식은 대부분 개와 고양이에게도 좋은 음식이다.

우리 집 뉴펀들랜드는 자기가 싫어하는 새우와 블랙베리를 제외하고는 사람이 먹는 것은 뭐든지 같이 먹는다. 집에서 직접 요리하는 것이 힘들다면 질 좋은 사료에 자연식품을 조금씩 섞어 주는 것도 좋은 방법이다. 단 사람이 먹는 패스트푸드나 조미료가 많이 들어간 음식을 주는 것은 피해야 한다(14장 참조).

당근, 샐러리, 사과는 몸에도 좋고 구하기도 쉬운 간식이며, 곡물로 만든 과자는 개와 고양이가 가장 좋아하는 간식이다. 사람이 먹는 원료로 만든 음식은 반려동물에게 최고의 식단이다.

첨가제와 방부제의 위험성

1970년대 중반 사료가 사람의 음식을 모방하기 시작했다. 진짜 햄버거처럼 생긴 버거, 그레이비소스 미트볼(스튜) 그리고 파스타까지. 사료업체는 몸에 좋은 것처럼 보이고, 맛있어 보이며, 사람이 먹는 음식과 비슷하게 보이려고 합성색소, 화학감미료, 희석제, 촉감을 좋게 만드는 화학약품, 유화제 등을 사용한다. 이렇게 사료를 사람이 먹는 음식처럼 만드는 이유는 동물을 위해서가 아니라 돈을 내는 주인을 유혹하기 위해서이다.

사료용으로 허가된 합성 방부제에는 부틸 히드록시아니솔(BHA), 부틸 히드록시톨루엔(BHT), 갈산 프로필, 프로필렌 글리콜, 에톡시퀸 등이 있다. 이 첨가제가 어떤 독성을 가지고 있는지, 먹었을 때 동물이 어떤 반응을 보이는지, 매일 먹으면 어떤 영향을 미치는지 등에 대해서는 알려진 바가 없다(물론 우리가 사 먹는 음식에도 여러 가지 첨가제가 들어가는데 이런 화학성분을 장기적으로 섭취했을 때 건강에 어떤 영향을 끼칠 것인가에 대해서도 함께 생각해 봐야 한다).

하지만 천연성분 사료를 판매하는 회사는 보존제로 흔히 비타민 C, 비타민 E, 로즈마리를 사용한다. 따라서 천연원료 사료는 겉보기에는 화학첨가제로 범벅된 다른 사료와 별반 다를 바 없는 것처럼 보이지만, 사실은 매우 안전한 사료이다. 시판되는 사료를 먹여야 한다면 사료를 고를 때 첨가제나 방부제가 제한적으로 들어가 있거나 전혀 들어가지 않은 것을 골라야 한다.

좋은 사료회사를 고르는 기준

좋은 사료를 추천해 달라는 사람들에게 그동안 나는 친절히 답변해 주었는데 2007년의 사료 리콜 파동 이후 사료회사와 그들이 사용하는 원료를 보다 심각하게 고민해야 할 필요를 느꼈다. 사료 리콜 목록에는 천연재료만 사용한다고 주장해 온 일부 사료회사의 이름도 올라 있었기 때문이다. 커다란 실망감 속에서 깨달은 것은 앞으로는 사료회사를 더 날카로운 눈으로 꼼꼼하게 살펴봐야 한다는 것이었다. 그때부터는 어느 사료회사를 인터뷰하든 다음 질문을 잊지 않는다.

- 사료에 쓰이는 원료의 원산지는 어디인가?
- 원료 중에 중국산이 있는가?
- 자체 공장이 있는가? 아니면 공급업자를 따로 두고 사료를 제조하는가?
- 제품을 검사하는 품질관리 시스템이 있는가?
- 동물실험을 하는가?
- 동물실험을 한다면 어떤 식으로 실시하는가?

■ 제품을 테스트할 때 어떤 형태로든지 동물실험과 연관되는 부분이 있는가?

이에 대한 답변을 토대로 해당 업체의 사료가 추천할 만한 사료인지를 파악한다.

하청업체의 문제점

사료회사들이 하청업체로 이용하는 메뉴푸드, 다이아몬드, 아메리칸뉴트리션, 도앤 등의 회사는 사료에 들어가는 원료를 또 다른 하청업체를 통해 공급받는데 원료 관리를 하청업체가 담당한다. 자신들이 직접 원료를 공급하는 경우도 있지만 몇 가지 특정 원료를 제외한 나머지 원료 공급은 주로 하청업체에 맡기는 경우가 많은데 하청업체는 수많은 회사의 사료에 들어가는 원류를 대량 구입하기 때문에 각각의 회사가 개별적으로 구입하는 것보다 더 싼 가격에 원료를 살 수 있기 때문이다.

이 책의 2번째 개정판에서 좋은 사료회사로 내추럴밸런스를 추천했지만 당시에는 내추럴밸런스가 모든 사료를 직접 생산하는지에 대해 물어보지 않았다. 2007년 사료 리콜 사태 당시 내추럴밸런스는 엄청난 양의 습식 캔 사료를 리콜했는데 이는 하청업체인 아메리칸뉴트리션이 제조한 오염된 쌀 단백질이 들어간 제품 때문이었다.

내추럴밸런스의 대변인들은 자사 제품에 오염된 성분이 사용된 것을 몰랐다고 주장했고 다른 천연원료 사료회사들 역시 비슷한 입장이었다. 하청업체가 넣겠다고 약속한 원료 대신 다른 원료를 넣은 것이다. 이는 하청업체의 생산시설을 직접 관리, 감독하지 않은 데서 기인한 문제이다. 가장 이상적인 사료제조 환경은 자사 감독 하의 자체 공장에서 제품을 생산하는 것이다.

2007년 7월 내추럴밸런스는 또다시 자발적인 리콜을 시행하는데 이번에는 사람용 식품을 주로 제조하면서 내추럴밸런스의 제품도 같이 만드는 하청업체 조지아 주 캐슬베리에서 생산된 습식 캔이 보툴리누스균에 오염되었다고 의심되었기 때문이다.

사료 리콜 사태 당시 내추럴밸런스는 자사 공장 설립계획을 발표했다. 2007년 여름 하청업체 대신 제품을 직접 생산하는 자사 공장 설립계획에 대해 어떤 절차가 진행되고 있는지 물으려고 내추럴밸런스에 수차례 연락을 시도했지만 답변은 한 번도 받지 못했다.

2007년 사료 리콜 목록에 메뉴푸드에서 생산된 사료가 100종류 이상 올랐던 이유는 그들이 오염된 밀 글루텐과 쌀 단백질을 대량 구입해 이를 자신들의 공장에서 만드는 모든 브랜드의 사료에 사용했기 때문이다. 이게 바로 거대 사료 기업이 주도하는 하청업체 시스템의 문제이다.

하청업체를 이용하더라도 평판이 좋은 사료회사는 현장에 자사 직원을 상주시키고 생산 라인을 따라서 적어도 30분에 한 번씩 제품을 검사한다. 천연재료를 이용한 사료회사도 메뉴푸드나 다이아몬드 같은 하청업체에서 사료를 만들기도 하기 때문이다. 하지만 생산 라인을 새롭게 돌릴 때마다 매번 세척과 청소 과정을 거치더라도 다른 브랜드 사료원료와의 교차오염의 문제가 있을 수 있다.

믿을 수 있는 업체라고 생각했던 한 사료회사는 자사의 하청업체가 자신들에게 아무런 통보도 없이 자기들 마음대로 원료를 혼합했음을 나중에 알았다. 2007년 사료 리콜 목록에 자사 제품을 올리고 난 후 회사는 하청업체 관리의 중요성을 깨달았다.

보증은 없다

사료제조에서 가장 중요한 것은 인간이 먹을 수 있는 수준의 원료를 사용하는 것이고, 두 번째는 USDA나 FDA의 조리 허가를 받은 장소에서 제품을 만드는 것이다. 이렇게 만들어진 사료는 별다른 위생기준이 없는 생산공장에서 저급원료로 만들어지는 사료보다는 훨씬 낫기 때문에 그나마 안심이 된다. USDA와 FDA의 인증을 받은 곳은 사람이 먹는 음식을 조리할 목적으로 허가된 곳이기 때문이다.

하지만 2008년 2월의 역대 최대 쇠고기 리콜 사태를 생각해 보면 사람이 먹는 것이라고 100% 안전하다고 보증할 수 있는 것은 아무것도 없는 것 같다. 2008년 당시 미국 휴메인소사이어티가 사람들이 먹는 식용 쇠고기를 생산하는 도살장에서 병든 다우너 소가 다른 건강한 소와 함께 도살되는 것을 촬영한 영상을 공개한 뒤 약 64,864톤에 이르는 쇠고기가 리콜되었다. 이는 식용판정을 받았다 해도 안심할 수 없다는 것을 보여주었다.[3]

한마디로 식품안전성에 관한 한 100% 안전하다는 보증은 있을 수 없다. 그나마 시판 사료 중에서 우리가 택할 수 있는 최선은 앞서 말한 대로 USDA가 인증한 조리시설에서, 천연 유기농 원료로 제조되는 사료일 것이다.

9장에서 언급한 것처럼 사료업계의 또 다른 문제는 회사의 주인이 지속적으로 바뀐다는 데 있다. 즉, 회사의 새로운 주인이 누구냐에 따라 사료의 질이 천양지차로 달라질 수 있다는 말이다. 따라서 오늘 알고 있는 진실이 내일은 거짓이 될 수도 있다.

사료회사에서 직접 얻은 정보, 소비자로부터 수집한 사료에 대한 불만, 사료를 먹인 후의 관찰 결과, 사료에 대한 의문점 등 15년 넘게 수집한 자료들을 고려해 추천 사료회사 목록을 작성했다. 목록을 작성하는 과정에서 회사가 사료 테스트 시 동물실험을 하는지 혹은 동물에게 유해한 일을 하는지에 대해 다시 한 번 확인하는 것도 잊지 않았다. 그 외 사료회사 대표나 대변인과의 대화 또는 이메일을 통해 얻은 제품 및 제조과정에 대한 자료도 참고했다. 회사에 따라 모든 질문에 기꺼이 답해 준 곳도 있지만 일부만 답변한 회사도 있다. 또 어떤 회사는 제조과정에 대한 답은 줬지만 동물실험에 관한 대답은 거부했다.

목록에는 각 회사 혹은 그 회사의 사료에 대해 고려할 점을 주석으로 달아 놓았다. 이 목록은 단지 참고일 뿐 100% 완벽하지 않음을 기억하기 바란다.

추천할 만한 천연원료 사료회사

할로(Halo), 퓨어리 포 펫츠(Purely for Pets) : 1987년 앤디 브라운이 창립했다. 플로리다 팜하버에 있다. 시판사료에 대한 문제가 알려지기 오래 전부터 브라운은 반려동물의 건강증진과 인간이 먹을 수 있을 정도의 천연원료 사료에 대한 세미나와 인터뷰를 지속적으로 하고 있었다. 천연원료 사료에 대한 앤디 브라운의 관심은 키우던 고양이인 스폿이 소화불균형을 일으켜 양분을 적절하게 흡수하지 못하는 병에 걸리면서 시작되었다. 스폿의 건강을 위해 몸에 좋은 사료와 건강한 식단을 공급하고자 시작한 브라운의 연구는 모든 반려동물에게 몸에 좋은 사료를 제공하겠다는 새로운 인생의 목표로 이어졌다.

2006년 사모펀드인 페가수스캐피털어드바이저가 대주주의 자리에 올랐고, 2008년에는 텔레비전 토크쇼 진행자인 엘렌 드제너러스도 회사의 일부를 소유하게 되었다. 할로의 습식 캔 사료는 USDA의 승인을 받은 장소에서 제조된다.

스폿스스튜(Spot's Stew)에는 방부제나 인공 감미료는 물론 부산물이나 부피를 늘리기 위한 보충제가 전혀 들어 있지 않다. 개를 위한 스폿스스튜 오리지널 레시피에는 닭고기, 양고기, 당근, 샐러리, 완두콩, 서양호박, 스쿼시와 함께 닭고기나 양고기가 들어간다. 고양이용 스폿스스튜 레시피에는 닭고기, 대합이나 연어와 함께 당근, 샐러리, 완두콩, 서양호박, 스쿼시가 들어간다.

할로는 최근 개는 물론 강아지, 고양이를 위한 건사료도 생산하기 시작했다. 건사료 역시 닭고기와 야생 연어 등 고급재료를 사용한다. 할로는 개와 고양이를 위한 냉동 건조 간식인 리브어리틀(Live-A-Little)의 닭고기맛, 연어맛, 대구맛, 양고기맛도 생산하고 있다. 그외에 새를 위한 사료도 생산하고 있는데

이 회사의 개와 고양이용 사료는 고기를 먹는 모든 동물에게 적합하다.

고려할 점 ❶ 건사료 제조에 하청업체를 고용했는지에 대한 질문에 알렉스 바이나르트는 이런 대답을 서면으로 보내왔다. "제품을 직접 생산하는 회사에 대한 정보나 제조사 이름에 대한 정보는 자사의 대외 비밀정보인 관계로 해당 질문에 대한 정보를 드릴 수 없습니다. 죄송합니다."[4]

어니스트키친(The Honest Kitchen) : 캘리포니아 샌디에이고에 있으며 2002년 루시와 찰리 포스틴 부부가 설립했다. 개 영양학자인 루시는 자신이 키우는 반려동물을 위해 요리를 직접 했는데 홈메이드 식단이 시판사료보다 훨씬 건강에 좋다고 생각했기 때문이다.

어니스트키친은 건조 생식 사료로 독특한 형태의 건강 사료이다. 이 회사는 냉동기나 조리기가 필요 없는 유기농 생식사료를 만드는데 사람도 먹을 수 있는 음식을 만드는 방법을 개발해 왔다. 사료 안에 들어가는 비가공육류는 잔류 가능성이 있는 병원균을 죽이기 위해 50도에서 건조된다. 형태는 건사료이지만 생식(비가공음식)이라고 부를 수 있다. 어니스트키친의 모든 사료는 캘리포니아에 있는 FDA의 승인을 받은 가공시설에서 제조된다.

어니스트키친의 건사료를 먹일 때는 사료에 따뜻한 물을 약간 부어 주면 된다. 사료에 물을 부으면 무게가 약 4배 늘어난다.

예를 들어 어니스트키친의 113g짜리 포장사료의 양은 건조사료 한 컵 정도이지만 물을 부으면 113g짜리 건사료가 450g의 신선한 생식사료로 변신하는 것이다. 물을 부었을 때의 모양이 그다지 예쁘지는 않지만 개와 고양이는 대부분 이 사료를 좋아한다. 개 사료 5종과 고양이용 사료 1종이 나온다.

버브(Verve)는 오리지널 건조 생식사료이다.

포스(Force)는 장이 예민하거나 찰진 곡물에 과민반응을 보이는 개를 위한 곡물이 들어 있지 않은 사료이다.

임바크(Embark)는 곡식이 들어 있지 않은 저탄수화물 사료이다.

트리브(Thrive)는 글루텐이 들어 있지 않은 저탄수화물 미니멀리스트 식단으로 식품에 민감한 개에게 좋다.

프리퍼런스(Preference)는 곡물이 들어가지 않고 과일, 채소로만 된 사료. 사료를 먹일 때 고기나 단백질을 첨가한다.

프로올(Prowl)은 어니스트키친 최초의 고양이용 건조 생식사료로 곡물이 들어 있지 않은 고단백 사료이다.

이 회사의 제품은 비싸지만 직접 요리하지 못하는 사람들을 위해 건강하고 안전한 사료를 제공해 준다는 면에서 돈을 지불할 가치가 있다. 게다가 건조사료에 물을 부으면 양이 서너 배로 늘어난다는 점을 고려하면 생각만큼 비싼 가격은 아니다.

어니스트키친은 칠면조, 닭고기, 아스파라거스, 냉이, 민들레, 꿀, 파슬리 등이 들어간 스무치(Smooches), 누즐(Nuzzles), 아이스펍(Ice Pups) 등의 영양식과 간식도 만든다. 간식의 경우 따뜻한 물을 붓고 나서 한 번 먹을 크기로 얼리면 된다. 경제적

여유가 된다면 어니스트키친의 사료를 먹여 볼 것을 권한다. 건사료 포장은 반려동물과 함께 여행갈 때 짐을 꾸리기도 간편하고 몸에도 좋은데다 도중에 변질될 우려도 없다.

멀리건스튜펫푸드(Mulligan Stew™ Pet Food) : 케빈 미한이 최근에 설립한 회사로 와이오밍의 잭슨 홀에 위치해 있다. 쇠고기, 닭고기, 칠면조, 연어를 사용해 만든다. 현미에는 비타민, 미네랄, 항산화제와 섬유소가 첨가되어 있고 일반적으로 쓰지 않는 양배추와 고추냉이를 사용한다. 케빈 미한은 양배추와 고추냉이에 신체의 유해성분을 청소해 주는 강력한 효소가 들어 있음을 강조한다.

회사 홈페이지에는 "특허 출원 중인 우리 회사만의 독특한 제조방법은 해로운 산화작용에서 세포를 보호하는 특정 효소를 증가시킨다. 이 방법으로 DNA를 보호하면 평균 수명이 늘어나는 것은 물론 죽을 때까지 건강하게 살 수 있다."라는 설명이 나온다.[5]

고려할 점 ❗ 2007년 4월의 사료 리콜이 한창일 때 멀리건스튜는 내게 샘플을 몇 개 보냈는데 이 샘플이 도착하기도 전에 하청업체인 아메리칸뉴트리션이 자사 몰래 멜라민에 오염된 쌀 단백질을 첨가했을 가능성이 있으므로 샘플을 버리라는 메일이 먼저 도착했다. 멀리건스튜펫푸드의 대표는 아메리칸뉴트리션이 멀리건스튜 제조공법에 있지도 않은 쌀 단백질을 넣고 있는 것을 전혀 몰랐다고 한다. 이후 멀리건스튜는 전체 생산

과정을 감독하고 관찰하면서 사료에 사용되는 모든 원료는 회사관리자와 생산관리자가 보증서에 사인해야만 하는 규정을 만들었다. 하지만 멀리건스튜펫푸드는 여전히 아메리칸뉴트리션에서 사료를 생산하고 있다.

내추라펫프로덕트(Natura Pet Products) : 1989년 존과 앤 레이드메이커 부부와 피터 애킨스가 캘리포니아 산타모니카에 설립한 회사이다. 내추라는 고양이, 개, 페렛을 위한 건사료와 습식 캔을 생산한다.

개와 고양이용 사료 브랜드인 이노바(Inova)는 강아지, 새끼 고양이에서 노견과 노묘까지 전연령대의 개와 고양이가 먹을 수 있는 식단이다. 이노바에는 고기, 유제품, 채소, 과일, 곡물, 필수 지방산과 오일이 들어간다.

개용 오가닉 건사료 카르마(Karma)는 식품용 유기농 원료가 95% 사용된다. 고단백 사료인 에보(Evo)는 곡물이 하나도 들어가지 않고 주재료인 육류와 함께 과일과 채소가 재료로 사용된다.

캘리포니아내추럴드라이(California Natural dry)는 알레르기 원인물질을 획기적으로 감소시킨 사료이다. 내추라는 이 사료가 "시장에 나와 있는 그 어떤 사료보다 원료 종류가 적다."고 강조한다. 즉 단백질 원료, 지방 원료, 탄수화물 원료를 단 한가지씩만 사용하여 발생 가능한 모든 알레르기의 원인을 극소화시켰다.

헬스와이즈(Health Wise)는 오트밀과 단백질 원료로 만든 건사료이고, 머더네이처(Mother Nature)는 방목된 닭과 유기농 곡류 등 식품용 원료를 사용한 개 비스킷으로 당근케이크레시피, 꿀을 바른 치킨, 비프스튜, 땅콩버터레시피 등 맛있는 이름이 붙어 있다.

2007년 여름 내추라가 메뉴푸드에서 캔 사료를 생산한다는 것을 알게 되었고 이 문제를 더 자세히 알기 위해 내추라의 공동 소유주인 피터 애킨스에게 연락을 취하자 2007년 사료 리콜 당시의 상황에 대해 자세히 설명해 주었다. "우리 제품은 리콜과 관련이 없는 사우스다코다에 있는 메뉴푸드 공장에서 생산된다. 더불어 우리가 습식 캔 사료 생산공장을 인수하거나 자체 사료공장을 건립하려는 계획을 이미 공개적으로 선언했다는 것을 알아주기 바란다. 우리는 이 계획이 1년 이내에 실현되기를 바라고 있다. 물론 이미 있는 공장을 인수한다면 더 빠른 시간 안에 실현시킬 수 있을 테지만, 자체 공장을 새로 세워야 한다면 좀 더 오랜 시간이 필요할 것이다."[6] 고무적인 답변이었다. 현재 상황에서 내추라는 좋은 사료라고 생각되지만 향후 습식 캔을 어디서 생산하게 될 것인지가 변수이다.

뉴먼스오운오가닉(Newman's Own® Organics) : 1993년 폴 뉴먼과 조앤 우드워드의 딸인 넬 뉴먼이 설립했다. 뉴먼 가족은 반려동물과 평생을 함께 살아 왔기 때문에 불충분한 영양섭취가 얼마나 큰 문제를 불러일으키는지 잘 알고 있었다. 넬 뉴먼은 반려동물을 키우는 모든 사람이 영양이 풍부한 유기농 대안 사료를 살 수 있게 하려고 사업을 시작했다. 더불어 폴과 넬 뉴먼은 사료판매에서 얻은 모든 자선금을 동물복지를 지원하는 단체에 기부하기로 결정했다.

뉴먼스오운오가닉에서 나오는 모든 사료는 인증된 유기농 채소와 곡류를 원료로 사용한다. 물론 항생제, 호르몬, 화학원료나 인공 방부제나 인공색소나 첨가제 등은 들어 있지 않다. 개용이든 고양이용이든 단백질 원료는 항생제나 화학약품을 사용하지 않은 유기농 닭고기, 칠면조, 흰살생선이 사용된다. 곡류로는 유기농 보리, 콩가루, 현미, 귀리, 기장을, 야채로는 완두콩, 당근, 크랜베리, 고구마, 시금치를 사용한다.

뉴먼스오운은 PETA가 발표한 동물실험을 하지 않는 사료회사 목록에도 올라 있다. 2007년 6월 직접 사료를 제조하는지, 아니면 사료생산에 또 다른 회사가 관련되어 있는지를 물었는데 얼마 후 회사의 협력 수의사인 브라운 박사의 답장을 받을 수 있었다. "우리는 정부가 정한 생산 및 원료 확보와 관련된 우수제품품질관리(GMP) 기준을 충족시키는 최고 수준의 생산자와 함께 작업하고 있다. 본사의 기술지원 부사장은 생산자들의 작업을 확인하기 위해 각 공장을 방문해 직접 검수하고, 서류를 꼼꼼하게 체크하며, 생산과정이 정해진 대로 제대로 돌아가는지 확인하고 있다."[7]

고려할 점 ❗ 이 회사 제품이 2007년 사료 리콜 목록에 포함되지 않았던 것으로 보아 제품 자체는 좋아 보이지만 브라운 박사는 실제로 제품을 제조하는 생산자가 누구인지는 알려 주지 않았다.

올드머더허바드(Old Mother Hubbard®) : 1926년 허바드와 선스 베이커리가 매사추세츠 글루스터에서 창립했다. 처음에는 개 비스킷을 만들다가 1961년 동물영양학자인 짐 스콧 경이 회사를 사들이면서 뼈 없는 닭고기, 체다치즈, 뉴질랜드산 양고기, 사과, 당근, 고구마 등과 같은 100% 식용 원료를 사용하기 시작했다. 이 회사는 개 비스킷 올드머더허바드(Old Mother Hubbard), 간식, 캔 사료와 건사료 웰니스(Wellness)를 생산한다.

주원료로 호르몬제를 쓰지 않은 뼈 없는 닭고기, 흰살생선, 통보리가루, 고구마, 당근 등을 사용하며, 크랜베리와 블루베리를 첨가하여 비뇨기 관련 건강을 증진시킨다. 가장 최근의 제품인 뉴웰니스코어도그오션포뮬러(New Wellness Core Dog Ocean Formula)는 생선을 주재료로 한 곡물이 들어 있지 않은 고단백 건사료이다.

이 회사의 사료에는 동물 부산물, 밀, 옥수수, 콩, 달걀, 동물성 지방, 유제품, 인공 방부제, 설탕, 인공 감미료, 향료, 색소 등 개와 고양이의 건강을 해치고 알레르기를 유발할 수 있는 물질이 전혀 들어가지 않는다. 웰니스는 곡물이 안 들어간 고품질 육류 사료를 다섯 가지 출시하고 있다. 이 회사의 CEO인 데보라 엘링거는 자사 제품에 관한 질문에 충분히 만족할 만한 성의 있는 답변을 해 주었다.

오리젠펫푸드(Orijen Pet Foods) : 1979년 캐나다 앨버타 주 모린빌 출신 피터 뮈렌필드가 창립했다. 가족이 소유하고 운영하는 사료 생산공장인 챔피언펫푸드(Champion Pet foods)에서 제품을 생산한다. 챔피언은 앨버타에 공장이 있으며 전 세계 45개국으로 오리젠을 수출한다.

오리젠은 곡물이 들어 있지 않은 고단백, 저탄수화물 사료로 고양이와 개의 대사체계는 육식 위주로 진화해 왔다는 데 주안점을 두고 사료를 개발해 왔다. 식품용 육류 70%와 과일, 야채 30%, 호로파, 금송화, 양아욱 뿌리, 엉겅퀴와 같은 원료로 만들어지는 이 제품을 그들은 '개와 고양이에게 생물학적으로 가장 적절한 식단'이라고 부른다.

오리젠 사료에 곡물은 들어가지 않는다. 자견용, 성견용, 노견용 사료가 나오며, 캐나다 연어, 민물 흰살생선, 민물 송어, 왈리(생선), 민물 대구, 청어가 포함된 개와 고양이 사료도 생산한다.

고려할 점 ❗ 2003년 광우병에 걸린 쇠고기가 들어 있을 가능성 때문에 챔피언푸드가 네바다의 펫팬트리(Pet Pantry)에 납품한 건사료가 리콜되었다. 다른 회사에 납품하는 사료에 저급한 원료를 사용하는 회사가 과연 자사제품에는 고품질의 원료를 사용하는지는 다소 의문이다. 오리젠과 아카나(Acana) 브랜드에 대한 몇 가지 질문을 작성해 서신으로 보냈고 챔피언으로부터 답변을 받을 수 있었다. 혹시 제품을 생산하는 하청업체가 따로 있느냐는 질문에 "우리 회사의 모든 제품은 자사 공장에서 직접 생산하고 있으며 하청업체를 통해 생산하는 사료는 하나도 없다."라고 답해 왔다.[8] 이 회사는 자사 공장에서 사료를 생산하는 몇 안 되는 회사 중 하나이다.

펫큐리안펫뉴트리션(Petcurean Pet Nutrition) : 캐나다 브리티시 컬럼비아에 있는 개인 회사이다. 펫큐리안은 1999년 제품 하나만 생산하는 소규모 회사로 시작했다. 이 회사는 인간이 먹을 수 있는 등급의 원료를 사용해 원료를 저온(섭씨 60도)에서 증기로 천천히 익히는 방법으로 사료를 제조한다. 현재 개와 고양이용 습식 캔과 곡물이 들어 있지 않은 사료인 나우(Now), 고!내추럴(Go! Natural), 서밋(Summit) 등 건사료를 제조하고 있다.

원료로는 칠면조, 오리, 연어와 야채와 지방산이 풍부한 오일을 사용하며 육분이나 부산물, 동물성 지방은 사용하지 않는다. 물론 렌더링 과정을 거친 원료는 전혀 사용하지 않는다. 양고기는 뉴질랜드산을 사용하고, 다른 모든 육류와 곡류, 시리얼, 과일, 야채는 북아메리카산을, 감자는 네덜란드산을 사용한다.

고려할 점 ❗ 하청업체에 대해 질문했을 때 "하청업체에 대한 정보는 계약에 따른 비밀엄수의 의무가 있기 때문에 알려 줄 수 없다."는 대답을 들었다.[9] 펫큐리안 홈페이지에는 "펫큐리안의 건사료와 간식은 캐나다 앨버타, 브리티시 컬럼비아, 온타리오의 공장에서 생산되며, 습식 캔은 온타리오와 뉴저지의 공장에서 생산한다."라고 되어 있다. 메뉴푸드는 온타리오와 뉴저지에 있다. 하지만 펫큐리안의 제품은 2007년 리콜 목록에 올라 있지 않다. 다만 고!내추럴은 텍사스 히어포드에 위치한 메릭펫푸드에서 생산한 사료를 먹고 개 7마리가 죽으면서 2003년 리콜 대상이 되었다. 리콜에 해당된 제품은 100포대 이하였고 이후 펫큐리안은 해당 업체와의 하청 계약을 파기했다.

펫가드(PetGuard) : 플로리다 주 그린코브스프링스에 있는 셔먼가가 경영하는 가족회사이다. 1979년부터 시작된 이 회사의 기본 철학은 환경을 보호하고, 반려동물을 건강하게 만들자는 것이다. 펫가드는 USDA 인증된 유기농 원료만 사용하여 개와 고양이용 습식 캔과 건사료를 만든다.

원료로는 인간이 먹을 수 있는 품질의 쇠고기, 무농약 곡류, 천연 방부제를 사용하며, 유기농 채식 건사료에는 퀴노아, 오트밀, 보리가루, 현미 외 다양한 유기농 채소와 허브가 들어간다. 이 사료에 들어가는 미네랄은 생물학적 이용성을 높이고, 대사과정에서 더 많은 미네랄이 흡수되도록 킬레이트 처리되었다. 부산물, 부피를 늘리기 위한 보충제, 인공색소, 방부제는 첨가되지 않는다. 개와 고양이를 위한 영양제와 그루밍 제품도 있다.

솔리드골드(Solid Gold) : 1974년 설립된 사료회사이다. 창립자인 해링턴 맥길은 천연원료를 사용한 사료를 개발했고, 첫 제품인 헌드엔플로켄(Hund-n-Flocken)은 지금도 솔리드골드의 주력 제품이다. 건사료로 홀리스틱블렌드어덜트도그(Holistique

Blendz Adult Dog), 들소고기로 만든 소형견용 저스트어위빗어덜트(Just a Wee Bit Adult), 밀레니아 쇠고기와 보리(Millennia beef and barley), 들소고기로 만든 강아지용 울프컵(WolfCub)과 성견용 울프킹(Wolfking)을 출시했다. 캣츠엔플로켄(Katz-n-Flocken)은 양고기를 원료로 사용한 고양이용 건사료이다.

솔리드골드는 세 종류의 고양이용 캔 사료와 세 종류의 개용 캔사료, 간식 및 영양제를 생산하는데, 미국 농림부가 선정한 초이스급(USDA-choice) 육류만 사용한다. 화학 방부제나 감미료를 사용하지 않기 때문에 모든 건사료는 알루미늄 포일로 밀폐 포장된다. 솔리드골드는 화학 방부제를 절대로 사용하지 않는 것으로 유명하다.

솔리드골드는 원료에서 완제품에 이르기까지 각 단계별로 꼼꼼하게 살피는 세심한 검사 시스템만으로도 추천할 만한 회사이다. 솔리드골드의 습식 캔은 메릭에서 생산하지만 이 회사의 대변인 리자 그리어는 "생산회사를 다른 회사로 바꾸기 위해 논의 중이며 현재 건사료는 다이아몬드가 생산하고 있다."라고 밝혔다.[10] 솔리드골드는 다이아몬드 공장에서 제품생산을 직접 관리, 감독한다.

팀버울프오가닉사(Timberwolf Organics, Inc.) : 플로리다 윈더미어에서 1998년에 시작되었다. 창립자이자 사장인 마크 헤이워드는 다양한 곡류, 과일, 야채, 씨앗, 허브 등을 포함한 높은 수준의 동물성을 기본으로 한 아미노산이 들어간 특별한 사료가 필요할 것이라고 생각해 회사를 차렸다.

현재 팀버울프는 개용 건사료, 고양이용 건사료와 습식 캔을 한 종류씩 생산한다. 식용으로 키운 뉴질랜드산 양고기와 닭을 원료로 사용한 이 제품은 고품질 오가닉 사료이다. 2007년 사료 리콜 목록에 팀버울프의 제품은 포함되지 않았다.

고려할 점 ❗ 원료를 들여오는 업체와 하청업체를 이용하는지의 여부에 대해 팀버울프 측은 "리콜 사태 이전부터 이미 있던 계약 의무조항에 의해 밝힐 수 없는 회사기밀이므로 해당 정보를 임의로 공개할 수 없다."고 밝혔다.[11] 이런 대답을 듣게 되면 비록 USDA 검사를 통과한 업체가 공급하는 최상급 원료만을 사용한다고 해도 행여 이상한 하청업체가 생산을 맡고 있는 것은 아닐까 하는 의구심이 든다.

중국산 비타민과 보충제

시판사료에 들어가는 비타민과 미네랄은 미국에서 생산되지 않는다. 이 문제에 대해 올드머더허바드의 CEO 엘링거와 긴 대화를 나눈 적이 있다. 엘링거는 미국 내에서는 비타민 C 공급처를 찾을 수 없다는 점을 지적하면서 자신이 아는 한 미국 내의 모든 사료회사가 중국에서 비타민 C를 수입하고 있다고 했다.

《시애틀 타임스》는 "중국이 미국 업체를 시장에서 축출하고 미국 비타민 C 시장의 90%를 장악하기까지 채 10년도 안 걸렸다. 비타민 A, B_{12}, C, E, 항생제, 진통제, 효소, 주요 아미노산 등도 중국 제약회사가 거의 대부분 공급하고 있다."고 지적했다.[12]

《사료산업 뉴스레터》에 따르면 중국은 고양이 사료에 들어가는 타우린과 비타민 B, 아미노산의 최대 수출국이다.[13] 최근에는 애견용 사료에도 타우린을 첨가하는 경향이 높다. 사료회사들은 자사 제품에 미국산 비타민과 미네랄을 쓴다고 홍보하고 있는데 엄밀히 말하면 이는 사실이 아니다. 들어가는 원료 자체가 중국산일 확률이 아주 높기 때문이다.

중국은 또한 미국 밀 글루텐 시장의 약 8%를 차지하고 있다. 중국에서 밀 글루텐을 구입한 델몬트는 2007년 저키 간식, 그레이비트레인(Gravy Train), 쇠고기스틱, 파운스(Pounce), 올로이, 해피테일스(Happy Tails) 등의 개를 위한 간식제품을 리콜해야 했다. 델몬트의 대변인은 "리콜된 사료에 사용된 멜라민에 오염된 밀 글루텐은 식품용으로 공급되었기 때문에 오염된 밀 글루텐이 사람이 먹는 식품에 섞여 들어갔을 가능성도 높다."라고 밝힌 바 있다.[14]

권고사항

100% 안전한 음식을 먹고 싶다면 직접 요리하는 것이 최선의 방법이다. 이때도 육류, 채소, 과일, 곡물 등을 가능한 한 유기농 식품을 사용하는 것이 좋다. 좋은 음식을 먹는 주인의 반려동물은 주인이 먹는 건강한 음식을 같이 먹을 가능성이 높으므로 사람부터 식단이 좋아야 한다.

11장

고양이 식사 준비 전에 알아두어야 할 것

고양이에게 꼭 필요한 단백질

지난 20년 동안 집에서 요리한 음식을 먹으면서 건강하게 살다가 노환으로 떠난 우리 집 고양이들을 보면서 집에서 요리한 음식을 개와 고양이에게 주는 것이 해롭다는 기사를 볼 때마다 고개를 젓게 된다. 사실이 아니기 때문이다.

약간의 수고만 들이면 고양이는 보다 건강하게 오래 살 수 있다. 이 장에서는 고양이에게 필요한 필수 영양소에 대해 알아본 뒤 영양가 많고 만들기 쉬운 고양이용 식단을 소개한다. 고양이를 위한 식단은 복잡하게 고민할 필요가 없다. 그저 신선한 천연원료만 있으면 된다.

고양이는 육식동물이다. 고양이는 살코기를 먹는 동물이며 동물 단백질 섭취를 통해 얻을 수 있는 아미노산이 필요하다. 만약 반려인이 채식주의자이고, 고양이도 채식을 하기를 원한다면 보다 진지하게 공부해야 한다. 고양이에게 단백질과 필수 지방산을 충분히 공급하고 있는지 꼼꼼히 따져봐야 하기 때문이다.

단백질의 주요 목적은 체조직을 구성하고 에너지를 공급하는 것이다. 그리고 고양이는 동물 단백질에 포함된 아미노산이 필요하다. 전문가들은 고양이에게는 23가지 아미노산이 필요하며 그중 한 가지만 모자라도 건강상의 문제를 일으킬 수 있다는 사실을 밝혀냈다. 예를 들어 1980년대에 학자들은 고양이에게 아미노산인 타우린이 꼭 필요하다는 사실을 알아냈는데, 고양이는 타우린을 스스로 만들어 낼 수 없기 때문에 동물조직을 먹어야 한다.

1988년 캘리포니아대학 데이비스 캠퍼스의 전임교수이자 동물 심장학 박사인 폴 피온은 시중에서 판매하는 고양이 사료에 타우린이 충분히 들어 있지 않음을 알아냈는데, 이는 사료 생산공정에서 타우린 수치가 불활성화되었기 때문이다. 당시 고양이의 주된 사망원인 중 하나는 심장기능이 저하되는 확장성 심근증이었다. 이 질환을 연구하면서 피온 박사는 식단에 타우린을 첨가하면 심근증이 현저하게 개선된다는 사실을 알게 되었다. 이후 사료회사들이 고양이 사료에 타우린을 첨가하기 시작하면서 심근증에 걸리는 고양이가 줄어들었다.[1]

고양이에게 필요한 아미노산의 경우 고양이가 스스로 만들 수 있는 것도 있고, 먹는 것을 통해 섭취해야 하는 것도 있다. 때문에 사료를 통해 고양이가 섭취해야 하는 아미노산에 대한 연구는 아직도 진행 중이다. 수의학 박사 로리 포스터와 마티 스미스는 "현재까지 밝혀진 바로는 고양이들이 사료에서 얻어야 하는 필수 아미노산은 아르기닌, 히스티딘, 이소류신, 류신, 라이신, 메티오닌, 페닐알라닌, 트레오닌, 트립토판, 발린, 타우린."이라고 밝혔다.[2] 연구는 아직 진행 중이지만 지금까지 밝혀진 바로는 육류에 들어 있는 단백질이 식물 단백질보다 훨씬 더 다양하다는 것이다.

채식주의 고양이?

고양이용 채식 식단 또는 고양이용 비건(완전한 채식) 식단에 대해 묻는 사람들이 많다. 자신이 채식주의자이므로 반려동물도 채식으로 살아갈 수 있는지를 묻는 것이다. 하지만 나는 고양이에게 채식을 권하지는 않는다. 이미 언급한 지방산, 아미노산과 더불어 고양이에게는 여러 가지 다양한 영양분이 필요하고, 이중 일부는 육류에서만 얻을 수 있기 때문이다.

예를 들어 시력, 면역기능, 임신에 필요한 비타민 A는 육류, 특히 간에 풍부하게 들어 있다. 효소기능에 필요한 비타민 B_{12} 역시 육류에만 들어 있다. 고양이는 유제품이나 달걀로는 니아신을 합성할 수 없다. 따라서 비타민 A가 풍부하게 들어 있는 육류를 통해서 니아신을 얻는다. 물론 합성 비타민 A를 고양이 사료에 따로 첨가할 수는 있지만 그다지 권하고 싶지는 않은 방법이다.

타우린 역시 보충할 수 있지만 타우린 보충제(그리고 대부분의 다른 비타민 첨가물과 영양 보충제)는 대부분 중국산이므로 주의해야 한다. 비건 식단에 첨가하는 고양이용 영양 보충제를 생산하는 회사도 있지만 채식으로 충분한 영양을 섭취하는지 늘 주의 깊게 확인해야 한다. 영국 채식주의자 모임의 관계자는 "고양이에게 채식 식단을 공급해도 된다. 하지만 그럴 경우 고양이는 다른 경로로 육류를 찾게 되고 오래지 않아 고양이가 작은 설치류와 새를 사냥하는 모습을 보게 될 것이다."라고 말한다.[3]

고양이도 탄수화물이 필요하다

고양이용 식단에는 다른 에너지원, 특히 탄수화물과 지방도 포함되어야 한다. 탄수화물은 보통 곡물 시리얼, 씨앗, 채소 등에 들어 있다. 야생 고양이는 잡아먹는 동물의 내장에 들어 있는 소화되지 않은 곡물 등을 먹는 것으로 탄수화물을 섭취하는데 그 양은 5%미만으로 아주 적다.[4] 하지만 시중에 나와 있는 대부분의 사료에는 탄수화물이 30~70% 정도 들어 있다. 그 이유는 로리 포스터와 마티 스미스 박사의 지적대로 탄수화물은 단백질보다 가격이 싸고 에너지원으로 더 빨리 사용 가능하기 때문이다.[5]

탄수화물이 잔뜩 들어 있는 시판사료는 고양이의 건강에 많은 문제를 일으킬 수 있다. 또한 이런 사료가 비만과 소화불량의 원인이라는 사실은 널리 알려져 있다. 로리 포스터와 마티 스미스 박사는 "과다한 탄수화물을 섭취한 고양이는 탄수화물이 소화되면서 분해된 글루코오스가 지방으로 축적되면서 비만이 된다."고 말한다.[6] 또한 과다한 탄수화물 섭취는 소화불량을 일으켜 설사와 가스를 유발한다.

또한 건사료에 들어간 특정 곡물에 알레르기를 일으킬 수도 있는데 이는 피부와 소화기 계통에 영향을 끼친다. 수의학 박사 앨프레드 플레너는 최초로 고양이와 개의 질병원인으로 알레르기를 지목했다.

그의 책 《위기의 반려동물:알레르기에서 암까지, 병에 대처하는 치료법》에는 "개도 마찬가지이지만 오늘날 고양이들은 어린 나이에 피부 알레르기 반응을 보인다. 전형적인 피부 알레르기 증상으로는 피부를 지속적으로 깨물기, 핥기, 긁기 등의 행동과 염증성 피부, 종기와 융기, 상처 재발, 반복적인 귀염증 발병 등이 있다."라고 밝히고 있다.[7] 플레너 박사는 이런 증상을 개선하려면 식단의 탄수화물과 단백질원을 정기적으로 바꿔야 한다고 제안한다. 예를 들어 4~6개월에 한 번씩 감자에서 쌀로 바꾸거나 쌀에서 보리(혹은 퀴노아와 같은 다른 고급 곡물)로 바꾸는 것이다(12장 참조).

아마란스와 퀴노아에는 단백질, 섬유소, 리보플라빈, 비타민 B_6, 아연, 구리, 철분이 일일 권장량 이상 충분히 들어 있다. 이 최상급 곡물 두 가지는 수천 년 전 아스텍과 다른 고대문명이 숭배하던 고대 곡물로 최근에야 인기를 얻기 시작했다. 이 곡물은 천연식품점에서 찾을 수 있는데 10장에서 언급한 몇 개의 천연원료 사료 회사는 그들 제품 일부에 이 곡물을 사용한다.

퀴노아는 곡물이라기보다는 허브에 열리는 식물성 과일에 가깝다. 퀴노아의 단백질 함량은 보리, 옥수수, 쌀의 두 배 이상이고, 칼슘도 풍부하게 들어 있다.[8] 일부 영양학자들은 퀴노아를 완벽한 음식으로 간주하는데 조직발생에 필요한 8가지 필수 아미노산이 모두 들어 있기 때문이다. 퀴노아 씨앗은 철분, 비타민 E, 비타민 B군의 함량이 높은 반면 글루텐은 들어 있지 않다.[9]

아마란스 역시 곡물이라기보다는 허브나 야채에 가깝다. 아마란스의 영양학적 가치는 놀라울 정도인데 곡물에서는 거의 찾아보기 힘든 아미노산인 류신이 풍부하게 들어 있으며, 아마란스 150g에 성인 일일 단백질 섭취량이 다 들어 있을 정도로 단백질도 풍부하기 때문이다. 또한 섬유소는 풍부하고 포화지방산 함량은 낮으며, 글루텐은 들어 있지 않고, 비타민과 미네랄은 풍부하다. 최근에는 콜레스테롤을 낮추는 아마란스의 기능이 주목받고 있다.[10] 그러므로 요리할 때 아마란스나 퀴노아를 사용하는 것은 반려인과 반려동물 모두의 건강을 위해 좋다.

고양이를 위한 지방과 섬유소

지방은 매우 효율적인 에너지원이자 비타민 A, D, E, K를 흡수하기 위해 꼭 필요한 성분이다. 수의학 박사 T. J. 던은 "70가지가 넘는 지방산은 세포구조 구성성분의 광범위한 배열, 호르몬과 에너지 활동을 포함한 체내의 여러 화학반응 등에 중요한 성분."이라고 말한다.[11]

고양이에게는 리놀레와 아라키돈 지방산이 필요하다. 리놀레 지방산은 가금류 고기의 지방, 해바라기 기름, 잇꽃 기름, 옥수수 기름, 아마유, 월견초 기름에 들어 있다. 올리브 오일에는 그다지 많이 들어 있지 않다.

아라키돈 지방산은 고양이 체내에서 만들어지지 않기 때문에 반드시 음식으로 섭취해야 한다. 아라키돈 지방산은 일부 생선기름이나 동물조직에서만 발견되므로 고양이는 이 필수 아미노산을 얻기 위해 반드시 고기를 먹어야 한다.

지방산이 결핍되면 털이 건조해지고, 피부에 각질이 생기고, 상처가 나면 회복이 더디다. 영국 채식주의자 모임에 따르면 "육류는 지방산의 유일한 주요 공급원이다. 아라키돈 지방산 결핍은 발생하기까지는 시간이 걸리지만 일단 발생하면 고양이에게 치명적."이다.[12]

섬유소는 소장에서 소화되지 않는 불용성 탄수화물이다. 섬유소는 식물이나 곡물에 들어 있고 여러 비타민과 미네랄을 제공할 뿐만 아니라 대장 건강을 개선한다. 고양이의 식단에 넣을 수 있는 곡물은 아마란스, 보리, 벌거(밀을 반쯤 삶아서 빻은 것), 귀리기울, 오트 그로츠(외피를 벗기고 거칠게 빻은 귀리), 호밀 플레이크 등이다. 대개의 고양이가 좋아하는 가공식품인 호박 통조림도 좋은 섬유소원이다.

우리 집의 스무 살 된 고양이 사이먼에게 변비가 생기면 나는 1/2티스푼 정도의 밀기울을 2~3일 동안 먹인다. 이 방법은 여러 해 동안 늘 변비에 효과적이었다. 수의학 박사 린 프라이데이는 변비 걸린 고양이를 위한 식사로 그린빈 이유식을 추천한다.

사료회사가 사용하는 섬유소의 원료는 대부분 저질 사탕수수 펄프, 땅콩 껍데기, 펙틴, 옥수수 부산물임을 기억하자. 또한 시판 사료에 들어 있는 섬유소와 탄수화물은 실제 필요량에 비해 너무 많다.

비타민 과다 섭취를 주의해야 한다

반려동물을 위해 요리하면서 나는 별도의 영양제를 사용한 적이 없다. 균형 잡힌 식단이라면 보충제가 필요없는데 영양 보충제를 넣는 것이 오히려 해로울 수 있다.

비타민 A가 좋은 예이다. 과다한 양의 지용성 비타민은 간에 저장되어 간손상을 가져올 수 있기 때문이다. 고양이는 일부 비타민의 경우 전구체(어떤 물질에 선행하는 물질로 카로틴은 비타민 A의 전구체이다)에서 합성할 수 없다. 비타민 A는 채소 공급원(베타카로틴), 동물 공급원(레티닐 팔미테이트)으로 나뉜다. 반려동물 건강 관련 사이트인 프로벳헬스케어(ProVet Healthcare)는 고양이와 밍크는 육식동물로 스스로 카로틴을 만들지 못해 육식을 통해 비타민 A를 공급받아야 하므로 고양이에게 채식은 무리라고 주장한다.[13]

지용성 비타민인 비타민 D도 과량 섭취 시 문제를 일으킬 수 있다. 너무 많은 비타민 D는 유조직의 석회화, 전반적인 신체 약화, 운동반사 둔화를 유발하기 때문이다. 고양이에게 영양 보충제가 필요하다고 생각한다면, 반드시 고양이에게 필요한 영양성분을 잘 알고 있는 동물영양학자나 수의사와 상담해야 한다.

영양을 잘 흡수하지 못하면 병이 생긴다

아무리 몸에 좋은 사료를 주어도 그 영양분을 흡수하지 못하면 병에 걸린다. 앨프레드 플레너 수의학 박사는 40년 이상 이 문제를 연구하고 조사해 왔다. 그는 "영양흡수불량은 수의사들이 관심을 쏟는 분야는 아니지만 동물에게는 매우 중요한 문제."라고 말한다.

그는 자신의 동물 환자 중 약 70%가 사료를 제대로 소화하지 못하고 있음을 알아냈는데 이는 내장 안의 IgA(면역글로불린 A)의 불안정화를 야기하는 내분비계 면역결핍 때문으로 이는 내장에 염증을 일으킨다.

플레너 박사가 꼽은 병이 생기는 또 다른 원인은 트립신 결핍이다. 트립신은 단백질, 지방, 탄수화물을 분해하는 중요한 췌장소화효소이다. 전형적인 트립신 결핍 증상은 자신의 대변을 먹는 식분증으로 동물이 음식물에서 충분한 영양분을 얻지 못하면 대변을 먹는 습관이 생기는데 이는 분해되지 않은 단백질이 대변으로 빠져 나오기 때문이다.

효소 문제의 해결책은 꽤 간단할 수 있다. 품질이 좋은 소화효소 보충제를 사료에 섞어 먹이면 영양흡수불량을 호전시킬 수 있나. 소화효소 보충제는 결핍된 효소를 제공해 음식물을 분해하고 필수 영양소를 흡수하는 데 도움을 준다. 플레너 박사는 식물에서 추출한 반려동물 소화효소 보충제를 권장하는데 "반려동물이 받아들이지 못할 수 있으므로 소나 돼지를 원료로 한 보충제는 사용하지 말아야 한다."고 충고한다. 게다가 식물을 원료로 한 효소가 더 싸다.[14]

연어와 참치 식단의 문제점

사람들은 고양이에게 생선이 좋다고 믿는다. 때문에 간식이나 저녁식사로 생선을 주는 것이 해로울 것이라고는 꿈에도 상상하지 못한다. 게다가 고양이는 참치 기름을 좋아하는 것처럼 보인다. 이런 통설을 부채질하듯 사료업계도 '고양이는 생선을 좋아해요.'라는 광고문구로 소비자를 현혹하면서 온갖 다양한 종류의 생선맛 사료를 계속 출시하고 있다.

하지만 생선이 고양이의 자연스런 식사가 된 적은 유사 이래 한 번도 없었다. 오히려 생선을 정기적으로 섭취하면 고양이 건강이 나빠질 수 있다. 생선은 단백질과 필수 지방산이 풍부한 좋은 음식이지만 고양이에게는 여러 가지 문제를 유발할 수 있다.

캘리포니아대학 데이비스 캠퍼스 수의학자들은 연어와 참치 캔 사료를 먹은 고양이들이 비타민 K 결핍에 걸린 것이 관찰되었다는 논문을 발표했다.[15] 비타민 K의 기능은 혈액응고 작용이다. 비타민 K가 결핍되면 피가 멈추지 않아 경우에 따라 사망할 수도 있다. 같은 논문에서 연구진은 비타민 K 결핍을 치료하자 혈액응고 능력이 정상으로 돌아왔다고 밝혔다.

참치와 고양이 건강의 상관관계는 코넬대학 생리학과 논문에도 언급되어 있다. "시판되는 고양이용 참치 사료를 먹은 고양이는 시판되는 쇠고기 사료를 먹은 고양이에 비해 활동성이 떨어지고, 더 조용하며, 많은 시간을 바닥에 엎드려서 보낸다."[16] 이 연구에 따르면 일반적으로 참치는 높은 수치의 수은과 셀레늄을 함유하고 있기 때문에 참치를 먹는 고양이는 조직 내 수은과 셀레늄 수치가 상승했다.

1966년 작가인 크리스틴 노웰과 피터 잭슨은 고양이의 조상이라 할 수 있는 살쾡이에 대한 광범위한 조사를 실시했는데 그 결론은 다음과 같다. "살쾡이 집단 중 단 한 마리만 생선을 먹었고, 그

살쾡이는 생선을 먹어도 여전히 설치류를 사냥해 먹었다."[17]

일부 고양이는 생선에 중독되어 다른 음식을 거부한다. 하지만 고양이에게 생선은 유혹적이지만 극히 위험한 식사이다. 다음은 자신의 블로그에 '절대로 고양이에게 참치 통조림을 먹이지 맙시다.'라는 글을 포스팅한 반려인의 글이다.

> 2년 전 나는 우리 고양이가 좋아할 만한 간식을 주고 싶은 마음에 '바다의 닭고기'라고 광고하는 참치 캔을 샀습니다. 참치를 먹이기 시작한 지 2~3주가 지난 후 나는 고양이가 자주 가구 밑에 숨는 것을 보게 되었죠. 좀 이상하다고는 생각했지만 문제가 될 만한 것은 없다고 생각했습니다. 때문에 나는 여전히 참치를 먹였고요. 고양이가 이상하다는 것을 알아차렸을 때에는 이미 혀에 문제가 생겨 있었고, 목 주변의 털이 빠지고, 피부는 너무 긁어서 빨간 살이 드러나 있었습니다. 치료 차 병원을 방문한 나는 수의사로부터 내 고양이가 참치 알레르기가 있다는 말을 들었습니다. 수의사는 고양이 목 안쪽이 부어 기도가 거의 막혔다고 하더군요. 참치를 더 이상 먹이면 간부전이 올 수도 있다고 했습니다. 다행히 항생제를 맞고 완치되었지만 수의사는 참치 통조림이 고양이 건강에 좋지 않다고 설명해 주었습니다. 앞으로 고양이에게 참치가 든 음식은 먹이지 않을 겁니다.

바라건대 이 글이 고양이의 삶에서 생선을 없애는 데 보탬이 되었으면 한다. 고양이에게 생선을 끊게 하는 가장 좋은 방법은 좋아하는 생선 속에 다른 사료를 섞어서 다른 사료의 분량을 점차 늘려 가는 것이다. 이렇게 하면 얼마 지나지 않아 생선으로 구성된 식단을 완전히 바꿀 수 있다.

고양이 갑상선항진증

갑상선항진증은 목에 있는 갑상선 호르몬이 과다 생성되어 생기는 병이다. 이 병에 걸리면 사료는 더 많이 먹지만 체중은 오히려 줄어든다. 갑상선항진증에 걸린 고양이는 물을 많이 마시고 소변을 지나치게 자주 본다. 주기적인 구토와 설사가 있을 수 있으며 털이 거칠어지기도 한다. 갑상선항진증은 1979년 처음 알려진 이후 진단율이 주목할 만큼 늘어났다. 그러나 갑상선항진증 진단비율이 높아진 것이 실제로 발병률이 올라갔기 때문인지 아니면 병에 대한 정보가 많아져서 병원을 찾아 검진을 받는 반려인이 늘어서인지는 분명치 않다.

갑상선항진증의 증가와 시판사료 사이의 상관관계에 관한 흥미로운 연구가 있다. 캘리포니아대학 데이비스 캠퍼스 수의학자들은 갑상선항진증을 유발하는 위험요소를 조사하기 위해 실험군-대조군 연구를 수행했다.

갑상선항진증에 걸린 고양이 379마리와 대조군 고양이 351마리의 주인을 대상으로 고양이가 어떤 위험요소에 노출되었는지를 알아보기 위해 품종, 개체수 통계, 병력, 실내환경, 고양이의 생활환경에서 접한 화학물질, 식단 등에 관한 리서치를 했는데 "캔 사료를 먹지 않은 고양이에 비해, 시판 캔 사료를 먹은 고양이의 갑상선항진증 발병률이 두 배가량 높았다."는 결과가 나왔다. 이 연구결과는 고양이의 갑상선항진증과 식단, 다른 환경요소와의 상관관계를 입증하는 중요한 근거가 되고 있다.[18]

또한 이 연구에서는 샴, 히말라야고양이 등 두 품종이 갑상선항진증에 걸릴 위험이 더 적다는 것이 밝혀졌다. 유전적으로 연관이 있는 이 두 종이 유독 갑상선항진증에 강한 원인은 밝혀지지 않았다.[19]

2004년에 퍼듀대학이 수행한 비슷한 연구에서 수의학자들은 고양이가 예전보다 오래 살게 되어서 갑상선항진증에 걸리는 것인지, 아니면 고양이가 평생 캔 사료를 먹기 때문에 갑상선항진증에 걸릴 위험이 증가한 것인지를 조사했다.

연구진은 9개 수의대 병원이 보유한 20년 동안의 기록을 검토, 갑상선항진증에 걸린 고양이 3,570마리를 포함해 169,579마리의 의료기록을 조사했다. 더불어 집성신항진증에 걸린 고양이(실험군) 109마리와 갑상선항진증에 걸리지 않은 고양이(대조군) 173마리도 조사했다. 그 결과 1978년에서 1997년 사이에 갑상선항진증이 현저하게 증가했음이 밝혀졌다.

연구진들은 "종합적인 연구결과 통조림 캔 소비가 갑상선항진증 위험증가와 관계가 있음은 분명하다. 암컷의 경우 캔 사료 또는 캔 사료와 다른 사료를 섞어 먹일 경우 발병 가능성이 높아진다. 수컷의 경우에는 병에 걸릴 위험은 캔 사료 이외에 나이와도 관계가 있다."[20] 이 연구는 갑상선항진증을 일으키는 원인이 단순히 고양이의 노화만이 아니라 캔 사료에도 있다는 점을 확인했다.

고양이용 건사료의 잠재적인 문제

고양이용 건사료는 일반적으로 탄수화물 함량이 높을 뿐만 아니라 영양학적 가치도 별로 없다. 고양이에게 고단백 식단이 필요하다는 것을 알고 있는 사람이라면 건사료만 먹인 고양이가 조만간 건강문제에 시달릴 것이라고 예측할 수 있다. 과도한 탄수화물은 고양이의 건강에 좋지 않으며 비만과 알레르기를 유발한다. 고양이용 건사료를 구입할 때는 성분표를 자세히 따져봐야 한다. 사료회사가 사용하는 저급원료에 대해 지금까지 알게 된 지식을 기반으로 최대한 신중하게 선택하라.

종합 단백질 함량은 적어도 18~27% 사이여야 한다. 수상한 단백질 원료가 많기 때문에 육류 부산물(meat by-products)이 원료로 들어간 사료는 최대한 피할 것(2장 참조). 성분표에서 육류가 첫번째로 나오는지 두 번째, 세 번째에는 어떤 성분이 기재되어 있는지도 확인해야 한다. 사료회사들은 종종 육류를 첫 번째에 올리고, 두 번째, 세 번째, 네 번째까지 곡물류를 올린다. 이때 두 번째에서 네 번째까지의 곡물원료를 모두 합했을 때 단백질 원료의 양을 넘어가는지를 주의해서 살펴야 한다.

시판되는 고양이용 건사료를 피해야 하는 또 다른 이유는 고양이가 변비에 자주 걸리는 경향이 있기 때문이다. 고양이 식단에도 충분한 수분이 필요하다. 이 사실을 알고도 고양이에게 건사료만 먹일 것인가. 당신이라면 평생 건사료만 먹어도 건강하고 행복할 수 있는가.

아픈 고양이를 위한 이유식

아파서 밥을 거부하는 고양이에게는 100% 육류로 만든 이유식을 먹인다. 수의사들은 몸이 안 좋은 고양이에게 짧은 기간 동안 고기 이유식을 먹일 것을 권유하는데 고기 이유식은 고양이의 입맛을 돋우는 데 효과적일 뿐만 아니라 소화도 잘되고 기력회복에도 도움이 된다. 이유식은 고양이가 아플 때 정상 식단으로 돌아오기 전 며칠 동안 먹이면 아주 효과가 좋다.

하지만 양파가 들어간 이유식은 피해야 한다. 양파는 고양이에게 건강상의 문제, 특히 빈혈을 유발할 수 있다. 양파와 마늘은 모두 알칼로이드 이황화물을 포함하고 있는데 둘 다 고양이와 개에게 해로운 음식이다. 양파를 섭취한 고양이는 변성 헤모글로빈이 적혈구에 달라붙어 빈혈을 일으키는 '하인츠 보디(Heinz body)'라 불리는 증상을 보인다.

자연식 식단이 고양이의 건강과 장수를 책임진다

고양이를 키울 때 두 마리 이상을 같이 키우면, 특히 아기 때부터 같이 키우면 같이 놀고, 같이 자고, 같이 먹고 하면서 아주 친한 친구가 되기 때문에 고양이에게는 더없이 좋다. 그래서 고양이를 입양할 때면 한 쌍을 데려오고, 길고양이 한 마리를 구조하는 상황이 되면 그 고양이의 짝이 될 수 있는 고양이를 한 마리 더 입양하는 것이 좋다. 물론 고양이와 행복하게 사는데 몇 마리와 함께 사느냐가 중요한 것은 아니다.

나도 그렇지만 모든 고양이 반려인에게 고양이를 위해 요리하는 것은 절대로 어렵거나 귀찮은 일이 아니다. 그저 고양이들이 오래오래 건강하고 행복하게 살기를 바라는 마음은 다 똑같을 테니까. 우리 집 샴고양이 야키는 2005년 27살의 나이로 무지개다리를 건넜고, 21년을 함께 한 사이먼은 지금도 어린 고양이처럼 활동적이다. 우리집 고양이들이 건강하게 오래 산 원인 중에는 실내에서만 생활한 것도 도움이 되었을 것이다.

요리를 하는 것은 통조림을 따거나 사료포대를 뜯는 것보다 시간이 더 오래 걸리지만, 적어도 내 고양이가 무얼 먹고사는지는 알 수 있다. 긴 안목으로 볼 때 집에서 만드는 자연식 식단은 반려동물을 더욱 행복하고 건강하게 살 수 있도록 도와준다. 지금도 많은 독자들이 자신들이 직접 만들어 준 음식을 먹는 개와 고양이가 얼마나 건강한지 내게 편지를 보내오고는 하니 자연식 식단은 이미 검증된 건강식단인 셈이다.

12장
고양이를 위한 자연식 레시피 26

단백질이 풍부한 육류 레시피

고양이를 위한 식단은 개의 식단과는 확실히 다르다. 개는 곡물을 통해 단백질을 충분히 얻을 수 있지만 고양이는 단백질을 섭취하려면 반드시 고기를 먹어야 한다. 육류에는 고양이가 꼭 섭취해야 하는 아미노산인 타우린 등이 들어 있다. 고양이가 타우린을 섭취하지 못하면 실명할 수도 있고, 심장근육에 병이 생기는 심근증에 걸릴 수도 있다. 시판 건사료에 타우린이 첨가되어 있다고는 하지만 대부분 곡물에 타우린 합성물질을 더해서 만들어지므로 고양이에게 건사료만 먹여서는 안 된다. 합성 타우린이 어떤 문제가 있는지는 이미 자세히 밝힌 바 있다 (11장 참고).

우리 집 고양이들의 기본 식단은 닭고기, 칠면조, 양고기, 쇠고기를 정기적으로 돌아가면서 먹이는 것이다. 식단의 2/3는 늘 단백질이 풍부한 육류이다. 고양이들은 씹어 먹을 수 있는 작은 덩어리나 얇게 저민 형태를 선호하므로 다진 고기는 쓰지 않는다.

식단의 나머지 1/3은 곡식, 야채, 과일 등이다. 익힌 곡물이나 쉽게 소화시키지 못하는 야채와 과일은 믹서에 갈아 준다. 야채와 과일을 썩둑썩둑 잘라서 덩어리나 슬라이스 형태로 요리하면 먹기 힘들기도 하거니와 소화가 제대로 되지 않아 영양소 섭취에도 문제가 생긴다. 또한 까다로운 고양이라면 그렇게 덩어리로 잘라 놓은 야채나 과일에는 입도 대지 않을 것이다. 일반적으로 고양이는 좋아하지 않는 음식은 아예 외면하는 경향이 있다.

고양이에게 새로운 음식을 선보일 때는 먹던 음식에 새로운 재료를 아주 조금씩 첨가해서 새로운 맛에 점차적으로 익숙해지게 만들어야 한다. 지금부터 선보일 레시피는 요리하기 간단하면서도 영양학적으로 균형이 잘 잡혀 있는 식단이다. 식단에 들어가는 곡물류는 고양이 취향에 따라 다른 곡물로 대체할 수 있다. 레시피는 다음과 같이 나뉜다.

- 건강한 고양이를 위한 맛있는 레시피
- 아픈 고양이를 위한 특별식
- 아기 고양이를 위한 특별식

건강한 고양이를 위한 맛있는 레시피

쌀과 야채를 곁들인 닭고기 요리

재료 : 다지거나 갈아서 익힌 닭고기 2컵, 익힌 현미 1컵, 분말 당근 1/4컵

① 닭고기를 작게 자른다.
② 당근과 쌀을 믹서에 넣고 간다.
③ 닭고기와 당근, 현미밥을 혼합한다(현미 대신 글루텐이 없는 퀴노아나 아마란스 등 다른 곡물류를 대신 넣어도 된다).
④ 닭고기에서 나온 기름이 있으면 혼합한 재료에 2티스푼 정도 첨가한다.
⑤ 실온에서 먹인다.

(출처 : 앤 N. 마틴)

환상적인 서대기 요리

재료 : 서대기(sole) 포 200g, 간 체다 치즈 1/4테이블스푼, 다진 파슬리 2테이블스푼, 간 2테이블스푼, 버터밀가루 각각 1테이블스푼, 요오드를 뺀 소금 1/4티스푼, 익힌 국수 2/3컵(밥이나 익힌 곡물로 대체 가능), 우유 1/2컵

① 기름을 두른 작은 냄비에 서대기를 넣고, 그 위에 파슬리를 뿌린다.
② 자작하게 물을 부은 후 230도로 달군 오븐에서 10분간 익힌다.

③ 오븐에서 꺼내 식힌 후 한 입 크기로 썬다.

④ 작은 소스팬에 버터를 녹인 후 밀가루를 넣고 거품이 생길 때까지 젓는다.

⑤ 우유를 넣고 농도가 진해질 때까지 약한 불에 계속 저어가면서 끓인다.

⑥ ⑤에 치즈, 간, 소금을 넣고 끓지 않도록 주의하면서 치즈가 녹을 때까지 젓는다.

⑦ 한 입 크기로 국수를 자르고 잘라 놓은 생선과 국수를 ⑥에 넣고 계속 젓는다.

⑧ 식힌 후에 먹인다.

(출처 : 토니 로슨《고양이 집사를 위한 요리책》)

왕초보를 위한 초간단 고양이용 달걀 요리

고양이는 물론 다른 작은 육식동물을 위한 초간단 요리로 단백질, 비타민 A, 철분, 비타민 B가 풍부하다. 아래 레시피는 한 끼 분량으로 4.5kg 이하의 고양이나 작은 개에게는 하루에 먹는 양의 절반에 해당한다. 어린 고양이를 위해서는 한 끼에 달걀 하나만 넣는다.

재료 : 달걀 2개, 골분 1/3티스푼(혹은 칼슘 250g이나 달걀껍데기 파우더 1/8티스푼), 영양 효모(nutritional yeast, 각종 영양소가 풍부한 천연 조미료) 3/4티스푼

① 젓가락으로 달걀 흰자와 노른자를 잘 휘저어 섞은 후, 골분을

넣고 다시 젓는다(골분은 건강식품을 파는 곳에서 살 수 있음).
② ①에 영양 효모를 뿌리고 익히지 않고 먹인다. 유기농 달걀이 아닌 경우 살모넬라균을 죽이기 위해서 살짝 익혀서 먹인다.

(출처 : 수의사 해피 바비시)

입맛 까다로운 고양이용 식사

재료 : 익힌 닭고기 다진 것 1컵, 밥 1/4컵, 부드럽게 익혀서 다진 브로콜리와 당근 1/4컵, 닭육수

① 모든 재료를 닭육수와 함께 믹서에 넣고 간다.
② 밀폐형 용기에 넣어 냉장 보관한다.

(출처 : 앤 N. 마틴)

스폿스 스튜

이 레시피는 할로의 스폿스스튜 레시피이다. 큰 고양이는 물론 아기 고양이에게도 좋은 음식이다. 할로는 품질이 좋은 고양이 사료를 만드는 회사이다(10장 참고).

재료 : 닭 한 마리, 노란 호박(yellow squash) 2~3개, 현미 500g, 애호박 2~3개, 당근 7~8개, 작은 브로콜리 1개, 샐러리 6~7대, 그린빈 한 웅큼

① 깨끗이 씻은 닭을 큰 냄비에 넣고 닭이 잠길 정도로 물을 붓는다.
② 야채를 모두 작은 조각으로 자른 후, 현미와 함께 냄비에 넣는다.

③ 뚜껑을 덮고 한 시간 반이나 두 시간 정도 끓인다(닭의 크기에 따라 조리시간 변경).
④ 닭이 다 익으면 살을 발라낸다.
⑤ 발라낸 살과 야채를 믹서에 넣고 아기 고양이가 한 입에 먹을 수 있을 정도의 크기로 간다.

완성한 후에는 지퍼백에 넣은 후 냉동실에 얼려 놓고 필요할 때마다 해동시켜서 먹인다. 어린 고양이는 건더기가 씹히는 상태를 좋아하고 늙은 고양이는 걸쭉한 퓌레 형태를 좋아한다.

쌀을 곁들인 연어

재료 : 연어 캔 140g, 탄산칼슘 1알(칼슘 400mg), 완숙 달걀 1/2, 익힌 베트남쌀 1/3컵, 종합 비타민·미네랄 1알

① 전부 다 한꺼번에 섞어서 먹인다.

생선을 자주 먹으면 고양이의 건강에 좋지 않으므로 자주 먹이지 않도록 한다. 가끔 특별식으로 만들어 주는 것이 좋다(11장 참고).
(출처 : 수의학 박사 도널드 스톰벡 《개와 고양이를 위한 홈메이드 푸드》)

간 요리

재료 : 잘게 다진 쇠고기나 닭 간 2컵, 익힌 오트밀 1컵, 쪄서 익힌 냉동콩

1/4컵, 식물성 오일 2테이블스푼

① 식물성 오일을 팬에 두르고 닭 간을 익힌다.

② ①을 잘게 다지거나 믹서에 돌린다.

③ 익힌 오트밀과 콩을 첨가해서 실온에서 식힌 후에 먹인다.

남은 음식을 활용한 고양이용 뷔페

사람 음식 중에서 천연재료를 이용한 음식이라면 먹다 남은 음식을 고양이에게 먹여도 된다. 다만 맵거나 조미료가 진하게 들어간 음식은 뺀다.

재료 : 남은 고기 1½컵(쇠고기, 닭고기는 괜찮지만 돼지고기는 설사를 유발할 수 있으므로 피한다), 먹고 남은 야채, 당근, 애호박, 고구마, 스쿼시나 새싹 1/2컵, 삶아 으깬 감자, 밥(혹은 다른 곡물), 오트밀 3/4컵, 식물성 오일 1테이블스푼

① 고기를 제외한 모든 재료를 믹서에 넣고 돌린다.

② 고기는 한 입 크기로 썰어 놓는다.

③ ①에 ②를 넣은 후 몸에 좋은 식물성 오일을 넣은 후 잘 섞어서 먹인다.

(출처 : 앤 N. 마틴)

간과 콩팥 요리

재료 : 익혀서 다진 간이나 콩팥 1컵, 익힌 오트밀 3/4컵, 간 당근이나 애호박 3테이블스푼, 플레인 요구르트 1/3컵, 버터 3티스푼

① 간이나 콩팥, 오트밀, 야채를 모두 섞는다.
② 버터를 녹여서 ①에 넣는다.
③ ②를 요구르트와 섞어서 잘 저은 후 실온에서 먹인다.

유기농 생고기 요리

영양소 파괴를 최소한으로 줄이고 싶다면 생으로 먹어도 괜찮은 유기농 재료를 사용해 생식으로 먹이는 것도 좋다. 유기농 고기를 사용하면 살모넬라에 감염될 위험을 줄일 수 있다.

재료 : 생고기나 살짝 익힌 상태에서 다져 놓은 유기농 고기 3컵(쇠고기, 닭고기 등), 날것이거나 살짝 익힌 유기농 내장(콩팥, 간, 심장, 폐 등) 1컵, 익힌 곡물 1컵(귀리, 쌀, 보리, 옥수수가루나 퀴노아 등), 야채 1/2컵(애호박, 당근, 그린빈 등), 올리브 오일이나 아마유 1티스푼

① 모든 재료를 한꺼번에 섞은 후에 한 번 먹을 분량으로 지퍼백에 나눠 넣는다.
② 냉동실에 넣어서 얼리면 몇 주 동안 보관이 가능하다. 먹일 때에는 하루 전에 꺼내서 냉장실에서 해동시킨다.

③ 해동시킬 때에는 영양소가 파괴될 우려가 있는 전자레인지는 사용하지 않는 것이 좋다.

④ 따뜻하게 데워서 먹이는 경우에는 지퍼백 채로 따뜻한 물에 10분 정도 담가 두면 된다. 날고기를 만진 후에는 꼭 손을 깨끗이 씻는다.

이 레시피 분량은 몸무게가 2~3.5kg 정도 나가는 보통 사이즈 고양이가 약 5일 동안 먹을 분량이지만 고양이의 성향에 따라 더 많이 먹기도 하고 더 적게 먹기도 하므로 각자 고양이의 식습관에 따라 양을 결정한다. 일반적인 건사료보다 칼로리가 다소 적으므로 평소보다 조금 더 먹이는 것이 좋다.

영양소 파괴를 최대한 줄이려면 야채를 익히지 않은 상태에서 믹서기에 돌리는 것이 좋지만 익히지 않은 야채를 먹으면 탈이 나는 고양이나 날것을 싫어하는 고양이라면 익혀 먹여도 된다.

연어 요리

생선은 훌륭한 단백질 공급원이지만 자주 먹이는 것은 좋지 않다. 참치는 절대 피하고, 연어는 가끔 먹여도 좋다.

재료 : 425g짜리 연어 캔 1개, 현미밥 1컵, 다진 파슬리나 샐러리 1/4컵, 플레인 요구르트 3테이블스푼

① 연어 캔의 국물을 버린 후 다른 재료와 섞어 실온에서 먹인다.

아픈 고양이를 위한 특별식

나이 든 고양이를 위한 건강 식단

재료 : 삶은 닭 1컵, 데친 브로콜리 1/4컵, 쪄서 잘게 썬 당근 1/4컵, 닭육수 약 1/2컵

① 모든 재료를 한꺼번에 섞어 먹인다.
② 나이가 아주 많은 고양이의 경우 쉽게 먹을 수 있도록 ①을 믹서에 한 번 돌려 줘도 좋다.

(출처: 앤 N. 마틴)

곡물을 못 먹는 고양이를 위한 식단

알레르기나 다른 건강상의 이유 때문에 곡물을 먹지 못하는 고양이를 위한 대용식이다. 물론 글루텐이 들어 있지 않으면서 단백질과 칼슘 함량이 높은 아마란스나 퀴노아를 먹여도 된다.

재료 : 다진 칠면조나 닭 혹은 쇠고기 500g, 간 당근 1/3컵, 잘게 썬 브로콜리 1/3컵, 간 1/4컵, 으깨서 가루로 만든 비타민 4~8알(비타민은 동물병원이나 동물약품을 파는 곳에서 구입할 수 있다)

① 모든 재료를 섞어 지퍼백에 조금씩 나눠 얼린 후 해동해서 먹인다.

(출처: 《반려동물의 건강에 좋은 레시피》) [1]

당뇨병이 있거나 신장에 문제가 있는 고양이를 위한 특식

당뇨병에는 섬유소가 좋고 신장병이 있는 고양이는 단백질 섭취를 제한해야 하는데 이 레시피는 2가지 질환에 모두 좋다.

재료 : 달걀 1개, 익혀서 간 그린빈 1테이블스푼, 잘게 조각 낸 당근 1티스푼(당근 이외의 채소를 사용하는 경우 고구마나 얌, 완두콩 같은 천연 설탕 성분이 들어 있는 것은 피해야 한다), 껍질을 벗겨서 구운 후 다진 닭가슴살 2테이블스푼, 현미밥 1/3컵(글루텐이 들어 있지 않으면서 칼슘과 단백질이 듬뿍 들어 있는 퀴노아도 좋다), 올리브 오일 1티스푼(헤어볼과 당뇨병을 앓을 때 생기는 변비를 예방하는 데 좋다)

① 나무 주걱으로 모든 재료를 잘 섞거나 믹서에 넣고 한 차례 돌린다. 까다로운 고양이가 밥알만 추려내지 않도록 현미를 골고루 잘 섞어야 한다.
② 작은 냄비에 넣고 약한 불에서 저어가면서 익힌다. 이때 계속해서 달걀을 으깬다. 달걀이 모두 풀어지면 완성이다.
③ 밀폐용기에 넣고 냉장 보관한다.
④ 한 끼 또는 두 끼 식사 분량이다.

냉장 보관 시 36시간 안에 먹어야 한다. 지퍼백에 넣고 냉동시킨 것은 지퍼백 채로 끓는 물에 넣고 해동시킨다.

(출처: 〈반려동물의 건강에 좋은 레시피〉) [2]

미네랄과 나트륨 제한 식단

재료 : 간(소, 닭, 칠면조로 준비) 113g, 익힌 후 간 쇠고기 500g, 소금이 전혀 들어 있지 않은 흰 쌀밥 1컵, 식물성 오일 1티스푼, 탄산칼슘(건강식품점에서 구입하거나, 없으면 달걀껍데기 가루 사용) 1티스푼, 염화칼슘(소금 대용) 1/8티스푼

① 고기를 익힌 후 모든 재료를 넣고 저어서 섞은 후에 먹인다.
② 남은 음식은 잘 포장해서 냉장 보관한다.

고양이에게 필요한 하루 영양소를 보충할 수 있는 영양제와 하루 250mg의 타우린을 첨가한다. 사료 약 900g 분량이다.

단백질 제한 식단

재료 : 간 200g(소, 닭, 칠면조), 소금이 전혀 들어 있지 않은 흰 쌀밥 2컵, 잘게 썬 완숙 달걀 큰 것으로 2개, 식물성 오일 1테이블스푼, 탄산칼슘(건강식품점에서 구입하거나 없으면 달걀껍데기 가루 사용) 1티스푼(약 5g), 염화칼슘(소금 대용) 1/8티스푼

① 지방을 제거한 고기는 깍둑썰기를 하여 약한 불에 서서히 익힌다.
② ①에 모든 재료를 다 넣고 잘 섞는다.
③ 필요시 식감을 높이기 위해 물을 넣는다(우유는 안 된다).
④ 남은 음식은 포장해서 냉장 보관한다.

고양이에게 하루 필요한 종합 비타민과 미네랄 영양제와 하루 250mg의 타우린을 첨가한다. 900g 정도의 사료 분량이다.

저지방 식단

재료 : 쇠고기 살코기 다진 것 113g, 코티지 치즈 1/2컵, 익힌 당근 2컵, 익힌 그린빈 2컵, 골분 1티스푼(건강식품점에 있다), 캣닙 1/2티스푼

① 쇠고기를 익혀서 지방을 제거한다.
② ①을 다른 재료와 섞은 후, 위에 캣닙을 뿌린다.

약 7kg의 고양이가 3일 동안 먹는 양이다.

(출처 : 수의학 박사 에드먼드 도로즈)

알레르기에 좋은 음식

재료 : 다진 양고기 2컵, 잘게 썬 당근이나 애호박 1/2컵, 현미 1컵, 코티지 치즈 1/4컵

① 모든 재료를 다 섞어서 믹서에 갈아 실온에서 먹인다.

회복식(소화하기 쉬운 음식)

재료 : 익힌 쇠고기 1컵, 알팔파나 파슬리 1/4컵, 조리된 크림 오브 휘트(cream of wheat, 곡물 가루에 우유나 물을 넣은 후 끓여 먹는 시리얼/옮긴이) 1/2컵, 코티지 크림 치즈 1/4컵

① 믹서에 모든 재료를 넣고 멀겋게 되도록 간 후 따뜻하게 먹인다.

알레르기가 있는 고양이용 저자극성 식단

알레르기가 있는 고양이라면 어릴 때부터 그 징후가 나타나게 마련이다. 일반적으로 계속해서 자기 몸을 물거나 핥고, 피부를 벅벅 긁어서 염증을 유발시킬 정도라면 알레르기가 확실하다. 알레르기가 있으면 전염성 귀염증이 재발하기 쉽다.[3]
이럴 땐 오리나 사슴, 토끼고기처럼 고양이가 전에 한 번도 먹은 적이 없는 단백질 공급원을 먹여 본다. 먼저 가까운 식육점에서 이런 고기를 파는지 알아보고 주문한다. 닭고기에 알레르기가 있는 고양이라면 다른 가금류에도 알레르기 반응을 보일 수 있다.

① 고기와 감자를 2:1 분량으로 섞어 먹인다.

섬유소 섭취를 위해 잘게 썬 애호박을 조금 첨가하기도 한다. 애호박은 보통 알레르기 반응을 잘 보이지 않는 안정적인 재료이다.
(출처 : 수의학 박사 앨프레드 플레너 《위기의 반려동물》)

음식물 알레르기 처방식 애드백 플랜
(먹이던 것에 새로운 음식을 하나씩 차례로 첨가하는 방법)

고양이가 어떤 음식에 알레르기 반응을 보이는지를 알 수 없는 경우에는 플레너 박사의 '애드백 플랜(add-back plan)'이 좋은 처방식이 될 수 있다. 예를 들어 '닭고기+코티지 치즈' 혹은 '닭고기+애호박' 식으로 처음에는 두 가지 재료만 이용해서 식단을 짜기 시작하는데 이때 둘 중 한 가지 재료는 반드시 단백질 공급원인 고기여야 한다. 코티지 치즈는 대부분의 동물에게 별문제를 일으키지 않는 안전한 재료이다.

먹인 후에는 피부에 별다른 이상 없이 잘 노는지 지켜본다. 일주일 동안 지켜보고 간지러워서 긁어대거나 설사 등의 알레르기 반응을 일으키지 않는다면 천천히 새로운 재료를 한 가지씩 첨가(애드백)한다.

새로운 재료를 한 가지씩 늘릴 때마다 다시 일주일 정도 고양이의 반응을 지켜본다. 새로운 재료를 처음 넣을 때는 가능한 한 집에서 요리한 재료나 유기농 재료를 사용하는 것이 좋고, 처음에는 닭고기와 간단한 야채 종류로 시작한다.[4]

아무런 이상이 없다고 해도 단백질 재료는 2~3개월 정도 꾸준히 먹이면서 지켜보는 것이 좋다. 그 후에는 또 다른 단백질 재료를 사용하고 그다음에는 또 다른 단백질 재료를 사용한다. 이렇게 단백질 음식을 계속 바꿔 주면 앞으로 생길지도 모르는 알레르기 반응을 미리 차단하는 데에 효과가 있다.

(출처 : 수의학 박사 앨프레드 플레너 《위기의 반려동물》)

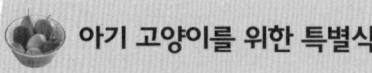 아기 고양이를 위한 특별식

갓 태어난 아기 고양이를 위한 식단

재료 : 무가당 연유(혹은 염소 젖) 340g짜리 캔 하나, 플레인 요구르트 몇 테이블스푼(무지방 요구르트는 안 된다)

갓 태어난 아기 고양이에게는 희석하지 않은 무가당 연유에 플레인 요구르트 몇 테이블스푼을 넣어서 먹이면 된다. 미리 섞어서 냉장고에 넣어 두었다가 작은 냄비나 뜨거운 물에 데워서 준다. 전자레인지를 사용해야 한다면 중간 레벨로 맞추고 너무 뜨거워지지 않게 주의한다. 아기 고양이가 보챌 때마다 준다. 염소 젖 역시 엄마 고양이의 젖을 대신할 수 있는 최고의 대용식이다.

아기 고양이를 위한 보충식

엄마 잃은 아기 고양이를 보살피는 브리더가 자주 사용하는 레시피이다.

재료 : 물 340g, 녹스(Knox) 젤라틴 한 봉지, 연유 340g짜리 캔 하나(탈지유 아님), 마요네즈 2테이블스푼, 플레인 요구르트 2테이블스푼(무지방 요구르트는 안 된다)

① 물을 끓여서 젤라틴을 넣고 잘 젓는다.

② ①에 위의 재료가 나열된 순서대로 모든 재료를 넣은 후에 잘 섞는다.

재료 : 170g짜리 우유 캔 1/2, 마요네즈 2테이블스푼, 요구르트 2테이블스푼, 앞의 요리 후 남은 연유

① 재료를 순서대로 섞은 후 아기 고양이용 비타민이나 양고기, 닭고기, 쇠고기 이유식 퓌레를 첨가한다.

아기 고양이를 위한 아침밥

재료 : 무지방 분유 1테이블스푼, 반숙 달걀 3개, 코티지 치즈 3테이블스푼, 갈아 놓은 야채나 새싹 2테이블스푼

① 분유에 물을 소량 넣고 섞는다.
② ①에 달걀을 넣고 잘 섞은 후에 프라이팬에 부친다.
③ 한쪽 면이 익으면 뒤집어서 코티지 치즈와 야채 혹은 새싹을 얹는다.
④ 오믈렛처럼 반으로 접어서 고양이가 한 입 크기로 먹을 수 있게 잘게 썰어 준다.

아기 고양이용 쿠키

재료 : 통밀가루 1컵, 캣닙 1티스푼, 우유·분말우유 각각 1/3컵, 버터나 식물성 오일 2테이블스푼, 콩가루 1/4컵(콩에 알레르기가 있으면 쌀가루나 호밀가루 사용), 달걀 1개, 맥아 2테이블스푼, 유황 처리되지 않은 당밀 1테이블스푼

① 오븐은 미리 180도로 예열해 놓는다.
② 모든 재료를 섞은 후에 당밀, 달걀, 오일과 우유를 넣는다.
③ 기름종이 위에 납작하게 방망이로 굴려서 편 후 한 입 크기로 자른다.
④ 20분 동안 오븐에 굽는다.
⑤ 식힌 후 밀폐용기에 담아 놓는다.

(출처 : 〈반려동물의 건강에 좋은 레시피〉) [5]

아기 고양이가 가장 좋아하는 간식

재료 : 익힌 닭고기나 칠면조고기 1½컵, 큰 달걀 1개, 닭육수 2테이블스푼, 옥수수가루 1컵, 통밀가루 1/2컵

① 믹서에 닭고기, 달걀, 닭육수를 넣고 부드러워질 때까지 돌린다.
② ①을 큰 그릇에 넣은 후 옥수수가루와 통밀가루를 섞고 젓는다.
③ 반죽에 뚜껑을 덮고 냉장고에서 최소한 2시간 이상 숙성시킨다.
④ 밀가루를 뿌린 판에 반죽을 올려놓고 방망이로 밀어 0.5cm 정도의 두께로 납작하게 만든다.
⑤ 1.2cm 크기의 사각형이나 삼각형 형태로 자른다.
⑥ 베이킹 시트에 올리고 180도 오븐에서 금색이 될 때까지 굽는다(약 15분).
⑦ 오븐에서 꺼낸 후 식혀서 밀폐형 용기에 담으면 약 2주간 냉장 보관이 가능하다. 얼려 놓으면 더 오랜 기간 보관이 가능하다.

(출처 : NoCans.com) [6]

13장
개 식사 준비 전에 알아두어야 할 것

개의 수명을 늘리는 자연식 식단

사료에 익숙해진 사람들은 캔 사료나 건사료 외의 음식을 개에게 먹이는 것을 두려워하고, 집에서 사람이 먹다 남은 음식을 주면 개에게 해롭지는 않을지 걱정한다. 어떤 사람들은 가정에서 만든 음식을 먹이면 사랑하는 개가 당장이라도 드러누워 죽어 버리지 않을까 두려워하기도 한다.

사람들의 이러한 두려움은 개와 고양이에게 영양가 있는 식사를 제공할 수 있는 것은 기업에서 만든 사료뿐이라고 소비자들에게 주입시킨 사료회사 마케팅 부서의 승리라고 할 수 있다. 하지만 시판되는 사료에 어떤 것이 들어가는지를 안 이상 집에서 직접 요리를 해서 먹이는 것이 훨씬 좋다는 것을 알아야 한다. 요리를 할 수 없는 경우라면 일단 좋은 사료를 선택하고 신선하고 건강에 좋은 식품을 사료와 함께 먹이면 된다.

나는 20년 동안 우리 집 개와 고양이에게 직접 요리한 음식을 먹였지만 그들 중 단 한 마리도 음식 때문에 아프거나 죽지 않았다. 오히려 대부분 예상 수명보다 훨씬 더 오래 살았다. 그래서 우리 집 반려동물의 장수비결은 직접 요리한 자연식 식단 덕분이라고 믿는다. 우리 집 대형견은 일반적인 대형견 예상 수명의 두 배 이상을 살았고, 고양이는 평균 20년 이상을 살았다. 저먼셰퍼드인 사지는 원판상루푸스 진단을 받은 후에도 수의사가 진단한 예상 수명보다 2년을 더 살았다.

소중한 반려동물에게 직접 요리한 음식을 먹이는 것이 두렵다면 동물영양학을 공부한 수의사를 찾아 상담을 받아볼 것을 권한다. 특히 심각한 건강상의 문제가 있는 반려동물이라면 자연식 식단을 시작하기 전에 주의해야 할 점, 양과 식사 간격에 대한 조언을 들어야 한다. 대부분의 수의사들은 대학에서 영양학에 대해 거의 배우지 못했기 때문에 반려동물의 영양에 대해서는 막연하게 알고 있다. 그러므로 자연식 식단에 대해 문의하려면 홀리스틱 수의사를 찾아야 한다.

균형 잡힌 식단이 중요하다

개는 건강을 유지하기 위해 단백질, 탄수화물, 섬유소, 지방의 적절한 조합이 필요한데 의외로 균형 잡힌 식단을 짤 수 있는 전문가는 많지 않다. 수의학 박사 마틴 골드스타인은 자신의 책 《자연스러운 동물치료법》에서 "모든 반려동물은 인간과 마찬가지로 한 마리 한 마리 서로 다른 개체이다. 즉, 각 개체마다 필요한 것이 다를 수 있으며 어느 개에게는 효과적인 치료법이 다른 개에게는 똑같이 적용되지 않는 경우도 많다."라고 밝혔다.[1]

여기에 소개하는 자연식 식단은 과학적인 동물실험을 하지 않았지만 균형 잡힌 홀리스틱 식단에 대해 잘 알고 있는 수의사와 반려동물 영양학자의 축적된 지식과 충고의 집합체이다. 개 영양학 전문가 10명과 대화를 나누면 최소한 6가지 이상의 서로 다른 의견을 듣게 된다. 누군가는 영양 보충제를 먹여야 한다고 하고 또 다른 사람은 그럴 필요가 없다고 한다. 누군가는 신장에 문제가 있는 동물은 단백질 섭취를 줄여야 한다고 이야기하고, 또 다른 사람은 아니라고 한다. 누군가는 하루에 두 번 먹여야 한다고 주장하고 또 다른 누군가는 하루에 세 끼를 먹여야 한다고 한다.

이렇게 서로 다른 의견을 내놓는 여러 영양학 전문가와의 대화 끝에 나는 우리 개에게 가장 좋은 최선의 식단은 단백질, 탄수화물, 야채와 과일을 1:1:1로 조합하는 것이라고 결론지었다. 거기에 약간의 식물성 오일도 첨가하는데 그 이유에 대해서는 이 장의 후반부에서 다시 이야기할 것이다. 만약 내가 제안하는 레시피가 당신의 개에게 잘 맞지 않는다면 홀리스틱 수의사나 반려동물 영양학자와 상담하는 것이 좋다.

우리 집 개와 고양이는 아침, 점심, 저녁 하루 세 끼를 먹는다. 몸무게가 72.5kg에 달하는 뉴펀들랜드종 코디는 하루에 세 끼 식사를 하고, 간식을 두 번 먹는다. 간식으로는 집에서 키운 새싹이나 치즈 한 조각, 당근 조각, 사과 슬라이스나 내가 직접 구운 쿠키 등을 먹는다. 초대형 견종의 경우는 한꺼번에 많은 양을 먹는 것보다 하루에 세 번이나 네 번 정도로 조금씩 나눠서 자주 먹는 편이 더 낫다. 이렇게 조금씩 나눠서 자주 먹는 것은 개에게 치명적인 위확장(고창증)을 방지하는 데 도움이 된다(15장 참고).

개를 위한 기본 식단

우리 집 개의 하루는 익힌 오트밀 한 컵 반 정도에 약간의 고기와 과일을 섞은 아침밥을 먹는 것으로 시작된다. 점심과 저녁으로는 고기, 곡물, 과일, 야채가 들어간 밥을 먹는다(14장 참고). 개를 위한 자연식 식단에는 반드시 다음과 같은 영양소가 들어 있어야 한다.

단백질 : 익힌 육류(쇠고기, 닭고기, 칠면조, 양고기), 생선, 달걀, 유제품 등이 있다. 단백질원은 개에게 필요한 아미노산을 제공한다. 곡물인 퀴노아 역시 훌륭한 단백질원이다. 곡물에는 대부분 아미노산인 라이신이 결핍되어 있지만 퀴노아에는 적당량의 라이신이 들어 있기 때문에 완벽한 단백질 공급원이라고 할 수 있다.[2]

돼지고기는 주의해서 먹여야 한다. 지방이 너무 많기 때문에 어떤 개와 고양이는 돼지고기를 먹고 설사를 하기도 한다. 게다가 돼지고기는 잘 익혀서 먹여야 한다. 칠면조 역시 일부 개에게는 너무 기름진 음식이므로 칠면조와 닭고기를 먹일 때에는 동물성 지방이 많은 껍질을 깨끗이 제거하고 먹이는 것이 좋다. 어떤 개는 달걀에 알레르기 반응을 보인다(우리 집 개 중 두 마리가 달걀에 알레르기가 있다). 반려동물이 달걀을 먹고 토하거나 설사를 한다면 그것은 달걀에 알레르기가 있다는 이야기이다(후반부에 나오는 식품 알레르기 편 참고).

생식이 가장 좋다고 믿는 사람도 있지만 나는 익힌 고기를 먹인다. 지금까지 육류업계에 대해 조사하면서 도살장의 상태와 그 실태를 직접 눈으로 봤기 때문에 우리 집 개가 오염된 생고기를 먹고 심각한 병에 걸릴 수 있는 위험은 감수하지 않기로 결정했다. 육류를 익히면 건강에 좋은 일부 성분이 파괴되기는 하지만 대신에 몸에 해로운 박테리아와 기생충 걱정은 하지 않아도 된다. 생식을 둘러싼 논란은 계속되고 있지만 지금까지 조사해 본 결과 생식은 안전하지 않다. 이 문제에 관해서는 나의 책《반려동물을 보호하라 : 충격적인 진실》에 보다 자세하게 나와 있다.

생식 식단을 원하는 사람들을 위해 14장에 생식 레시피를 넣기도 했는데 생식을 할 경우에는 모든 육류, 야채, 과일을 반드시 유기농으로 선택해야 한다. 살모넬라 걱정 없이 생식을 시키고 싶다면 생식 수준의 건사료를 생산하는 어니스트키친의 사료도 좋다. 어니스트키친의 사료는 건조과정을 통해 영양소는 그대로 두면서 기생충 및 해로운 박테리아만 효과적으로 제거했다(10장 참고).

곡물이나 탄수화물 : 현미, 오트밀, 파스타, 삶아 으깬 감자, 대체곡물 (퀴노아 등), 잡곡 시리얼, 잡곡빵 등이 있는데 소화가 용이하도록 잘 익혀서 먹이는 것이 좋다. 탄수화물은 체중을 유지하고 칼로리를 공급하며, 곡물과 야채에 들어 있는 탄수화물과 섬유질은 에너지와 스태미너를 제공한다.

야채와 과일 : 포도와 건포도를 제외하면 당근, 애호박, 스쿼시, 완두콩, 노란 콩이나 그린빈, 얌이나 고구마, 버섯, 사과, 배, 수박 등 모든 과일과 야채는 개에게 좋은 음식이다. 야채와 과일은 익히지 않고 생으로 그냥 먹일 수도 있고 삶아서 먹일 수도 있다. 야채는 잘게 다지거나 믹서에 넣고 갈아 소화가 잘 되게 만들어야 한다.

주의할 점 ❶ 양배추, 브로콜리, 브뤼셀 새싹 등은 가스를 발생시키기 때문에 소량만 사용한다. 신선한 야채를 구할 수 없는 경우 냉동 야채를 이용해도 되는데 냉동 야채가 통조림 야채보다는 비타민과 미네랄 함량이 더 높다.

반려동물에게 직접 요리한 음식을 먹일지 말지 아직도 망설여진다면 사료업체가 사용하는 섬유질 원료를 생각해 보라. 그 안에는 동물의 털, 땅콩 껍데기, 사탕무 펄프는 물론 분쇄된 종이까지 들어간다. 또한 깃털과 배설물 등의 단백질 역시 개의 건강을 유지하는 데에 전혀 도움이 되지 않는다. 사료회사가 마구잡이로 쓰는 원료와 집에서 직접 조리할 때 사용하는 원료는 하늘과 땅만큼 차이가 난다.

식물성 기름 : 필수 지방산이 함유된 식물성 기름을 매일 한 티스푼 (소형견)에서 한 테이블스푼(대형견) 정도 첨가한다. 《홀 펫 다이어트》의 저자 앤디 브라운은 "최상의 피부와 털을 유지하기 위해 반려동물에게 꼭 필요한 필수 지방산을 먹이고 싶다면 맥아유, 해바라기유, 홍화씨유, 콩기름 등의 순수 식물성 기름을 먹이면 된다. 이런 식물성 기름에는 개의 건강에 매우 중요한 리놀레산과 리놀렌산이 풍부하게 들어 있다."[3] 앤디 브라운은 "생선 기름 역시 종류에 따라 식물성 기름만큼이나 몸에 좋은데 특히 그 맛은 동물을 유혹하는 힘이 있다."라고 덧붙였다.

천연에서 추출한 식물성 기름은 반려동물에게 추가적인 에너지, 풍성한 털, 깨끗한 피부와 건강한 근육을 만들어 준다. 아마유, 올리브유, 참기름은 조금 더 비싸지만 면역결핍 증상을 보이는 반려동물에게 매우 좋다. 식물성 기름은 산화방지를 위해 항상 냉장 보관해야 하는데 올리브유는 어두운 색의 병에 담아 어둡고 서늘한 찬장에 보관하는 것이 좋다.

영양제를 첨가할 것인가?

어떤 수의사들은 가정식 식단을 보충하기 위해 영양제를 따로 첨가할 것을 권하고 어떤 수의사들은 홈메이드 식단이 건강에 좋은 자연산 식품으로 구성되어 있기 때문에 영양제를 따로 먹이지 않아도 괜찮다고 조언한다. 나는 지난 20년 동안 요리할 때 영양제는 한 번도 쓰지 않았지만 우리 집 개와 고양이는 아주 건강하게 잘 지내 왔다. 그러나 원판상루푸스 진단을 받은 사지에게는 홀리스틱 수의사가 권해 준 특수 영양제를 먹인다.

우리 집 개들은 미네랄과 비타민 C, 섬유질이 풍부한 콩 새싹, 파슬리, 알팔파 등을 정오에 간식으로 먹는다. 가까운 마트나 건강식품점에 가면 새싹을 키우는 도구와 여러 가지 다양한 씨앗을 파는데, 새싹은 키우기도 쉽고 무공해 유기농 재료인데다 다양한 요리에 사용 가능하다는 장점이 있다. 녹두는 가장 인기 있는 새싹 종류이며 렌즈콩은 부드럽고 맛이 좋다. 새싹은 대부분 7~10일간 냉장 보관이 가능하다.

사료 알레르기와 소화흡수불량

어떤 개에게 식품 알레르기는 아주 심각한 문제이다. 수의사 숀 메소니어와 앨프레드 플레너는 식품 알레르기에 관한 논문을 발표한 바 있다. 메소니어의 논문 〈개의 일반적인 피부 문제를 해결하는 자연식단 요법〉은 정기적인 목욕, 자연식품 보충과 적절한 식단을 대안 치료로 제시한다. 요리할 여력이 없는 사람을 위해서는 마트 브랜드 사료보다는 내추럴 브랜드를 추천하며 "홀리스틱 수의사는 대부분 신선한 유기농 재료로 만든 가정식이 반려동물에게는 최선의 선택이라는 것에 동의한다."고 이야기한다.[4]

플레너는 그의 최근 책인 《위기의 반려동물》에서 소화흡수불량에 걸린 개에게는 양질의 소화효소 보충제를 주라고 제안한다. 이 보충제는 사료를 분해하고 필수 영양분을 흡수할 수 있도록 돕는 효소를 제공한다. 그는 특히 식물에서 추출한 소화효소 보충제를 추천하는데 이 보충제는 처방전 없이 구입이 가능하다.

플레너 박사가 지목하는 또 다른 소화흡수불량의 원인은 내분비 면역체계의 불균형이다(소화흡수불량 관련은 11장 참고). 천연재료를 이용한 자연식 식단으로 몸에 좋은 음식을 먹이고 있는데도 반려동물의 건강이 여전히 좋지 않다면 소화흡수불량, 식품 알레르기, 내분비 면역체계의 불균형 등에 대해 더 자세히 알아보는 것이 좋다. 만약 식품 알레르기가 원인이라면 14장에 나오는 '애드백 플랜'으로 알레르기를 일으키는 원인물질을 규명할 수 있을 것이다.[5]

올바른 칼슘 섭취법

개에게 칼슘은 필수적이므로 꼭 식단에 포함되어야 한다. 칼슘이 들어 있는 자연식품도 다양한데 그렇다면 하루에 얼마만큼의 칼슘을 섭취해야 할까?

《개를 위한 자연치료 요법》과 《고양이를 위한 자연치료 요법》 두 권의 책에서 수의학 박사 낸시 스캔란은 "초소형견의 하루 칼슘 권장량은 100mg, 소형견 200mg, 중형견 300mg, 대형견 500mg이다. 강아지의 체중이 느는 것과 비례해 권장량 역시 10%씩 증가한다."고 말한다.[6]

유제품은 개와 고양이에게 필요한 칼슘을 충분히 공급할 수 있지만 우유에 들어 있는 칼슘은 흡수되지 않고 설사를 유발시키기 쉬우므로 주의가 필요하다. 또한 시판되는 사료만 먹이고 있는 개에게는 절대로 칼슘 보충제나 유제품을 먹여서는 안 된다고 스캔란 박사는 강조한다. 시판되는 건사료에 칼슘 보충제까지 먹이면 신장에 결석이 생기기 때문이다.

벨필드 박사는 《개를 더 건강하게 만드는 방법》에서 다음과 같이 충고했다. "칼슘 부족이 문제가 아니라 칼슘을 지나치게 많이 섭취하고 있다는 것이 문제이다. 성장기의 개, 임신 중이거나 수유 중인 개에게 필요한 칼슘은 균형 잡힌 비타민과 미네랄 보충제에 이미 충분히 들어 있다."는 것이다.[7] 동물은 각각 필요한 칼슘량이 다르다. 그러므로 개에게 칼슘 보충제를 먹이려면 그 전에 먼저 충분한 지식을 갖춘 영양학자나 수의사와 상의해야 한다.

칼슘 섭취를 위해 우리 집 개들은 점심식사나 저녁식사에 요구르트나 코티지 치즈를 먹는다. 요구르트는 반려동물이 쉽게 소화할 수 있고, 항생제를 복용 중인 개에게는 좋은 박테리아를 공급해 줄 수 있다. 코티지 치즈는 또 다른 좋은 칼슘원이다.

반려동물 영양학자 사비네 콘테라스는 "코티지 치즈는 뛰어난 칼슘, 인, 단백질, 비타민 공급원이다. 요구르트는 훌륭한 단백질, 칼슘, 마그네슘의 공급원이며(살아 있는 배양균이 든 제품을 먹이면) 락토바킬루스 아키도필루스와 같은 이로운 박테리아도 공급할 수 있다."고 말한다.[8]

저지방 우유는 좋은 칼슘원이지만 개와 고양이는 대부분 락토오스가 들어 있는 우유를 소화시키지 못한다는 사실을 잊어서는 안 된다. 추천되는 칼슘원으로 퀴노아를 꼽을 수 있다. 다음은 천연 칼슘이 든 재료에 함유된 대략적인 칼슘의 양이다.

- 플레인, 무지방 요구르트 1컵에 450mg

- 뼈 있는 정어리 통조림 100g에 400mg
- 저지방 우유 1컵에 300mg
- 코티지 치즈 1컵에 155mg
- 퀴노아에는 칼슘이 많이 들어 있고 글루텐은 없다. 퀴노아 1컵에는 우유의 1/4에 해당되는 칼슘이 들어 있다.
- 뼈 있는 연어 통조림 85g에 180mg

야채에도 비록 훨씬 적은 양이기는 하지만 칼슘이 들어 있다. 다음은 개가 좋아할 만한 생야채로 칼슘 함량은 한 컵을 기준으로 한 것이다.

- 파슬리 83mg
- 샐러리 50mg
- 그린빈과 노란콩 41mg
- 완두콩 약 36mg
- 당근 34mg
- 브로콜리 한 송이 34mg(브로콜리는 위장에서 가스를 만들어 내기 때문에 조금만 쓸 것)

그외에도 방목해서 기른 닭의 달걀껍데기 가루도 좋은 칼슘원이다. 일리노이대학의 수의학 박사 켄 코엘케벡은 "달걀껍데기는 약 94~97%의 탄산칼슘으로 이루어져 있다."고 말했다.[9] 달걀껍데기를 잘게 빻기 전에 뜨거운 비눗물에 씻으면 살모넬라 박테리아 오염을 방지할 수 있다. 달걀껍데기를 줄 때는 잘게 빻아서 껍데기 조각에 입이 베이는 일이 없도록 한다. 커피를 가는 그라인더로 달걀껍데기를 쉽게 분쇄할 수도 있다.

채식 식단에는 더 깊은 주의가 필요하다

개를 육식성으로 분류할 것인가 또는 잡식성으로 분류할 것인가에 대한 논쟁은 여전히 진행 중이다. 어떤 근거에서 보면 개는 명백하게 육식성이고, 다른 근거를 들이대며 개에게 육류를 먹일 필요가 없다고 주장하기도 한다. 물론 개는 채식을 해도 식물 단백질만으로 살 수 있다. 그러나 최근 영양학 연구에서 타우린이 개의 심혈관 건강에 이롭다는, 특히 대형견이나 초대형견의 경우 육류에서 얻을 수 있는 타우린이 꼭 필요하다는 새로운 결과가 나왔다.

2003년 캘리포니아대학 데이비스 캠퍼스 연구진은 확장성 심근증(DCM, dilated cardiomyopathy)을 앓는 개에 대한 논문을 발표했다. 식단에서의 타우린 결핍과 확장성 심근증의 직접적인 상관관계를 발견한 것이다. 이 관계는 특히 대형견에서 더욱 명확하게 입증되었다.

이 연구에서 영양학자인 수의학 박사 안드리아 파세티와 그녀의 동료인 퀸턴 로저스, 로버트 배커스는 확장성 심근증의 의학적 소견이 있는 개 혈장의 타우린 농도가 더 낮음을 알아냈다. 배커스 박사는 "소변으로 비정상적인 양의 타우린을 방출하는 뉴펀들랜드 종 21마리 중 절반 이상에서 타우린 결핍과 심부전이 식단과 관련이 있음을 발견했다."고 밝혔다.[10]

확장성 심근증에 걸리기 쉬운 또 다른 품종은 도베르만 핀셔이며, 그외 다른 종을 대상으로도 타우린 결핍이 초래할 수 있는 병에 대한 연구가 현재 진행 중이다. 연구를 통해 확장성 심근증 예방을 위해 개에게 어느 정도의 타우린을 먹여야 하는지 명확하게 밝혀지기를 바란다. 최근에는 많은 사료회사에서도 개용 건사료에 타우린을 첨가하고 있다.

이러한 최근의 연구결과를 본다면 개에게 필요한 모든 아미노산을 식물성 단백질에서만 얻는 것은 불가능하다. 만약 개를 위해 채식 식단을 계획 중이라면 균형 잡힌 식단과 더불어 타우린을 공급하는 정확한 지식을 먼저 쌓기를 바란다. 영국 채식주의자 모임에서는 성견과 강아지를 위한 채식 식단 레시피를 제공하고 있는데 이는 영국 채식주의견의 소유주가 자신의 개에게 직접 먹여 본 후 건강에 유익하다고 입증된 레시피만 모아놓은 것이다.[11]

개는 뼈를 먹어야 하는가?

우리는 흔히 뼈가 좋은 칼슘원이라고 생각한다. 하지만 뼈를 주요 칼슘원으로 사용하기에는 몇 가지 치명적인 약점이 있다. 수의학 박사 리처드 피케른은 뼈에 들어 있는 높은 함량의 납과 중금속에 대해 우려를 표한다.

"납과 중금속 때문에 골분의 원산지를 반드시 확인해야 한다. 개발도상국에서 수입한 골분은 사료원료로 사용해도 괜찮지만 미국산 소뼈는 심각하게 오염되어 있는 경우가 많아 절대로 반려동물에게 주어서는 안 된다. 그래서 가드닝센터에서는 미국산 골분을 정원에 뿌리지 말라고 경고한다. 같은 이유로 식용으로도 허가가 나지 않는 것이다. 사실 잘 알려지지는 않았지만 미국산 소뼈를 이용해 만든 사료에서는 위험할 정도로 높은 수치의 납이 검출되는 경우가 많기 때문이다."[12]

문제는 이것만이 아니다. 피케른 박사는 뼈 안에 들어 있는 인 성분 때문에 결국 더 많은 칼슘을 섭취해야 한다는 점을 지적한다. 야생에서는 괜찮지만 곡물과 야채를 같이 먹는 반려동물의 경우 미네랄의 균형을 정확히 맞춰야 하기 때문이다. 피케른 박사는 "인 성분 없이 칼슘 자체만 섭취하고 싶다면 소뼈가 아닌 야채를 먹는 것이 좋다."고 설명한다.[13]

뼈에 들어 있는 칼슘과 인의 비율에 대한 피케른 박사의 우려 외에도 뼈를 먹이는 데에는 또 다른 문제가 있다. 깨진 뼈는 개의 소화기에 중대한 문제를 일으킬 수 있다. 그래서 나는 개에게 뼈를 주는 것을 추천하지 않는다. 뼈를 씹다가 이빨이 부러지거나 어금니 치관이 골절되거나 치주질환을 일으킬 수 있기 때문이다.

이런 이유로 수의사는 대부분 어떤 형태의 뼈든 상관없이 개에게 뼈를 주는 것은 위험한 일이라는 것에 동의했다. 개에게 뼈를 주는 문제에 대해서는 《반려동물을 보호하라 : 충격적인 진실》에 더욱 자세히 설명되어 있다.

14장에서는 간단히 요리할 수 있는 건강에 좋은 개 식단을 소개할 것이다. 일주일에 한두 시간 정도 시간을 내서 식사를 준비하는 것은 가장 친한 친구이자 가족인 반려동물에게 사랑과 고마움을 표현하는 최고의 방법이다. 개는 주인이 무엇을 주든 다 좋아하는 착한 동물친구이지만 간혹 싫어하는 음식도 있다. 무슨 음식을 싫어하는지 알고 싶다면 식사 후 밥그릇이나 밥그릇 주변의 바닥에 버려져 있는 음식을 찾아보면 된다. 어떤 개는 정말 상추를 귀신같이 찾아내서 바닥에 버리곤 한다.

14장

개를 위한 자연식 레시피 28

네 발 달린 가족을 위한 즐거운 식사 준비

1991년부터 지금까지 수많은 식사를 준비하면서 나는 늘 나의 네 발 달린 가족을 위해 요리하는 것이 즐거웠다. 이 책을 읽는 독자도 자신의 개를 위해 즐겁게 요리를 시작할 수 있기를 바란다.

개는 사람과 식성이 거의 비슷한 잡식성인지라 어떤 음식을 줘도 반려인의 노력을 감사히 여기며 맛있게 잘 먹는다. 다음에 소개하는 레시피는 대부분 한 마리 혹은 두 마리 분이지만 개의 건강 상태나 식욕, 체중에 따라 적절히 가감하면 된다.

가게에서 팔리는 식품용 고기라 해도 호르몬제와 항생제에 오염되었을 확률이 높으므로 가능하다면 유기농 고기를 사용한다.

동물복지와 관련해 공장식 축산의 문제점과 인간의 육식 섭취에 관해 더 알고 싶다면 마이클 폭스 박사의 《의식을 가지고 먹자 — 생명윤리가 담긴 음식》을 읽어보자.

72.5kg에 달하는 우리 집 뉴펀들랜드의 밥은 한꺼번에 만들어서 냉동실에 얼려 두었다가 해동시켜서 먹이는데 일주일 치를 만드는데 보통 두 시간도 채 걸리지 않는다. 하지만 요리할 때는 단백질, 탄수화물, 지방의 균형을 고려해야 한다. 먹이기 직전에 칼슘 보충을 위해 플레인 요구르트 한 테이블스푼과 해바라기 오일 한 테이블스푼을 첨가한다.

자연식 식단으로는 필수 비타민과 미네랄을 충분히 섭취하지 못한다고 여겨진다면 좋은 품질의 비타민/미네랄 보충제를 섞어서 먹이면 된다. 나는 자연식 식단을 시작한 이후 영양 보충제는 전혀 먹이지 않고 있다.

반드시 피해야 하는 음식

개가 먹어서는 안 되는 음식이 있다. 이런 음식을 먹으면 개는 심하게 아프거나 때로는 죽음에 이를 수 있다. 꼭 피해야 하는 음식 목록은 다음과 같다.

아보카도 : 아보카도를 소화하지 못하는 개가 아보카도를 먹으면 호흡곤란을 겪으면서 심장에 체액 축적 증상이 나타난다. 아보카도 잎사귀와 열매, 씨와 나무껍질에는 페르신(persin)이라는 독성 물질이 들어 있다.

카페인 : 커피, 커피가루, 차, 티백, 초콜릿 등 모든 종류의 카페인은 개에게 큰 문제를 일으킬 수 있다.

초콜릿 : 초콜릿과 코코아에 들어 있는 테오브로민은 동물에게는 독이나 마찬가지이다. 다크 초콜릿이 더 위험하기 때문에 진하게 만든 수제 초콜릿이 가장 위험하다. 개가 초콜릿을 먹으면 발작, 혼수상태를 거쳐 죽음에 이를 수 있다. 아이가 있는 집은 아이들이 자기가 먹던 초콜릿 종류의 캔디나 초콜릿을 강아지에게 주지 않도록 주의해야 한다.

포도와 건포도 : 2003년 4월부터 2004년 4월까지 동물독극물규제센터(APCC, Animal Poison Control Center)는 다양한 양의 건포도와 포도를 먹은 개와 관련된 140가지 케이스를 조사했는데 이 중 상당수가 신장 기능이 생명이 위험할 정도로 악화되는 심각한 고통을 받았고 7마리는 목숨을 잃었다. 포도나 건포도의 어떤 성분이 이러한 위험을 가져오는지에 대해서는 아직 확실히 밝혀진 바가 없지만 어쨌든 포도나 건포도는 절대로 먹여서는 안 된다. 개의 입이나 발이 닿는 곳에 포도나 건포도를 놓아 두어서는 안 된다.

마늘과 양파 : 마늘이 벼룩을 예방할 것이라는 막연한 생각으로 개가 먹는 음식에 마늘을 첨가해서는 안 된다. 마늘은 부추, 파와 마찬가지로 양파의 먼 친척이기 때문이다. 연구결과에 따르면 양파는 개에게 중독 증상을 일으켜서 죽음에 이르게 할 수 있다. 양파, 마늘, 파 종류는 반려동물에게 잠재적인 독극물이 될 수 있다. 국립동물독극물규제센터(NAPCC)에 따르면 파와 마늘

은 적혈구에 해를 끼치는 이황화물이라고 알려진 황 합성물질을 내포하고 있다.[1] 국립동물독극물규제센터는 파, 마늘, 양파류에 속하는 것은 절대로 동물에게 먹이지 말라고 충고한다.

마카다미아너츠와 호두 : 사실 견과류가 개에게 독성 물질로 작용한 경우는 그다지 많지 않다. 1987년에서 2001년까지 동물독극물규제센터는 견과류를 먹고 위험에 빠진 개에 관한 48건의 보고를 받았다. 견과류를 먹은 개는 몸이 약해지고 우울증에 빠지며 토하고 몸을 부들부들 떠는 증상을 보인다.

사과, 체리, 복숭아 씨 : 개는 대부분 과일을 몹시 좋아한다. 하지만 과일씨나 사과 꼭지 등에는 독성이 있는 시안화물이 들어 있다. 시안화물은 개뿐 아니라 사람에게도 독성이 있다.

자일리톨 : 껌, 베이커리 제품, 치약 등에 흔히 들어가는 설탕 대체물질인 자일리톨은 간기능 저하의 원인이 될 수 있다.

지금부터 소개할 레시피는 만들기 쉽고 영양가 높은 건강 식단이다. 일주일 분량의 음식을 한꺼번에 만드는 데 채 2시간도 걸리지 않으며, 매일 새로운 요리를 해 준다면 더 바랄 것이 없다. 믹서를 이용하면 요리도 쉬워지고 소화에도 도움이 된다. 레시피는 다음과 같이 나뉜다.

- 건강 식단
- 특별 건강식
- 채식 식단
- 과자와 간식
- 강아지용 식단

 **건강 식단**

맛있는 삶은 닭 요리

재료 : 닭다리 2개 또는 흰 살코기, 잘게 다진 샐러리 줄기 1개, 잘게 다진 당근 3개, 껍질을 벗기고 깍둑썰기 한 작은 감자 2개, 생쌀 2컵

① 큰 냄비에 닭고기를 넣고, 찬물을 자작하게 붓는다.
② 당근, 샐러리, 감자를 넣는다.
③ 뚜껑을 닫고 약한 불에서 닭고기를 약 2시간 동안 끓인다.
④ 쌀을 넣고 뚜껑을 닫은 후 약한 불에서 쌀이 완전히 익어서 걸쭉해질 때까지 약 30분 동안 끓인다.
⑤ 익으면 닭고기를 꺼내 뼈를 발라낸 후 뼈와 닭 껍질은 버린다.
⑥ 잘게 썬 닭고기를 다시 냄비에 넣고 잘 젓는다.
⑦ 식힌 후에 냉장실이나 냉동실에 보관한다.

(출처 : 데보라 스미스)

고구마 튀김

재료 : 달걀 2개, 무지방 우유 1/2컵, 통밀가루 2테이블스푼, 맥아 2테이블스푼, 갈아 놓은 고구마 2컵, 올리브 오일 1테이블스푼

① 달걀과 우유를 섞은 후 밀가루와 맥아를 넣어 반죽을 만든다.
② 고구마와 반죽을 버무린다.

③ 중간 불에서 완전히 익을 때까지 기름에 튀긴다.

(출처 : 캐티 머웍 《개를 위한 사람 음식》)

대형견을 위한 만찬

재료 : 살짝 익혀서 다진 닭고기 1kg, 끓는 물에 데친 쿠스쿠스(혹은 다른 곡물류) 2컵, 익혀서 으깬 중간 크기 감자 4개, 당근 3개, 사과 2개, 애호박 1개, 파슬리 1컵

① 당근, 사과, 애호박, 파슬리를 믹서에 넣고 돌린다.
② 다른 재료와 섞는다.
③ 분리된 밀폐용기에 넣어서 얼린다.

(출처 : 앤 N. 마틴)

점심 샐러드

재료 : 익혀서 식힌 후 잘게 다진 자연산 새우나 뼈를 발라낸 유기농 닭 또는 자연산 게 1/2컵, 녹색 채소를 섞은 샐러드 1/2컵, 잘게 다진 알팔파나 붉은 토끼풀 새싹 1테이블스푼, 올리브 오일 1티스푼, 코티지 치즈나 플레인 요구르트 1테이블스푼

① 그릇에 새우, 샐러드, 새싹, 올리브 오일을 넣고 가볍게 무친다.
② 밥그릇에 담고 주기 직전에 코티지 치즈를 뿌린다.
③ 얼려 놓으면 2~3일 동안 보관이 가능하다.

(출처 : 앤디 브라운 《홀 펫 다이어트》)

마카로니, 간, 야채 디너

재료 : 익힌 마카로니 2컵, 버터나 오일에 익힌 소 간 2조각, 물기를 뺀 냉동 채소 약 350g, 코티지 치즈 1컵

① 간은 잘게 다진다.
② ①에 마카로니와 채소를 넣는다.
③ 코티지 치즈에 버무려서 준다.

명태(대구) 요리

재료 : 명태나 대구포 1.4kg, 닭 간 다진 것 56g, 생선 육수 2컵, 현미밥(혹은 다른 익힌 곡물류) 3컵, 쌀밥 1/4컵, 냉동 케일 1/4컵, 냉동 그린빈 1/2컵, 냉동 콜라드(야채) 1/2컵, 냉동 옥수수 1/2컵, 냉동 감자 1/4컵, 대구간유 1테이블스푼

① 오븐은 미리 180도로 예열해 놓는다.
② 오븐팬에 생선포와 닭 간을 올리고 생선 육수와 대구간유를 붓는다.
③ ②에 냉동 야채를 넣고 뚜껑을 덮은 후에 충분히 익을 때까지 20~30분 동안 굽는다.
④ 큰 볼에 밥과 ③번이 익는 동안 나온 국물을 넣고 잘 섞는다.
⑤ 명태는 개가 쉽게 먹을 수 있는 사이즈로 썬다.
⑥ 모두 잘 섞은 후 식혀서 먹인다.
⑦ 남은 음식은 얼려 두거나 냉장 보관한다.[2]

비프 스튜

재료 : 500g짜리 저나트륨 쇠고기 육수 캔 하나, 다진 파슬리 2티스푼, 다진 당근 2개, 다진 샐러리 줄기 2개, 콩 1컵, 익혀서 네모 나게 자른 쇠고기 1컵, 찬물 2테이블스푼, 옥수수 녹말 1/2~1티스푼

① 육수 캔을 따서 냄비에 넣고 끓인다.
② ①에 각종 야채와 쇠고기를 넣고 약 20분 동안 끓인다.
③ ②에 찬물과 옥수수 녹말가루를 넣고 걸쭉해질 때까지 약한 불에 저어가면서 다시 끓인다.

(출처 : 캐티 머웍《개를 위한 사람 음식》)

중국식 디너

재료 : 현미밥(혹은 다른 곡물류) 2컵, 잘게 갈아서 익힌 닭고기 1컵, 잘게 다진 당근이나 애호박이나 샐러리 1컵, 알파파 조금

① 재료를 전부 섞는다.
② ①에 1티스푼 정도의 식물성 오일을 첨가한다.
③ ②의 위에 알팔파 싹을 뿌리면 완성된다.

미트로프

재료 : 아마란스 1/2컵, 닭육수 1½컵, 갈아 놓은 닭고기 700g, 달걀 2개, 코티지 치즈 1/2컵, 귀리 1/2컵, 잘게 다진 시금치 1/4컵, 잘게 다진 애호박 1/4컵, 올리브 오일 1테이블스푼

① 냄비에 아마란스와 닭육수를 넣고 끓인다.

② 불을 줄인 후 약한 불에서 약 20분 동안 끓인다.

③ 불에서 내린 후 식힌다.

④ 오븐을 180도로 예열해 놓는다.

⑤ 커다란 믹싱볼에 고기, 코티지 치즈, 각종 야채와 달걀을 넣고 잘 섞는다.

⑥ ⑤에 ③과 맥아, 올리브 오일을 넣고 잘 섞는다.

⑦ ⑥을 로프팬에 넣고 익을 때까지 180도에서 1시간 동안 굽는다.

아마란스를 구하지 못한다면 보리를 사용해도 좋다. 보리를 쓸 때에는 육수를 4컵으로 하고 50분 동안 끓인다.

고기와 곡물을 이용한 식단

재료 : 현미밥 12컵(혹은 다른 선호하는 곡물), 지방이 붙은 고기(갈아 놓은 보통 햄버거, 지방이 붙은 소 심장, 잘라 놓은 쇠고기 덩어리) 2컵, 살코기(닭 심장, 쇠고기, 닭 간, 통닭이나 칠면조, 소 심장 살코기 등) 2컵, 갈았거나 잘게 썬 야채 1½컵

① 고기와 야채를 삶는다.

② 밥을 뺀 모든 재료를 한데 섞는다.

③ ②에 밥을 섞는다.

④ 매일 조금 데워서 준다.

고기를 익히지 않는 경우 그냥 모든 재료를 다 섞어서 준다.

(출처: 수의학 박사 리처드 피케른《개·고양이를 위한 자연 건강》)

미트소스 스파게티

재료 : 통곡물로 만든 스파게티를 살짝 익혀서 물기를 뺀 것 250g, 프라이팬에 구운 햄버거 500g, 썰어 놓은 중간 크기의 버섯 4개, 썰어 놓은 샐러리 조금, 썰어 놓은 중간 크기의 토마토 1개, 토마토 주스 1/2컵

① 햄버거, 버섯, 샐러리, 토마토를 섞는다.
② ①에 토마토 주스를 넣고 잘 저어 준다.
③ 스파게티에 ②를 넣고 따뜻하게 해서 준다.

야채 파이

파이 껍질 재료 : 밀가루 2¼컵, 찬물 1/3컵, 식물성 오일·소금 각각 1/4티스푼
속 재료 : 감자 크림 수프 캔 2개, 우유 1컵, 으깬 타임(thyme) 이파리 1/4티스푼, 후추 1/4티스푼, 잘라 놓은 익힌 야채 4컵

① 오븐은 200도로 예열해 놓는다.
② 파이 껍질 재료를 모두 섞는다.
③ ②를 두 개의 볼에 나누어서 담고, 23×33 cm 크기로 반죽을 2개 만든다.
④ 기름을 두른 23×33cm 크기의 오븐팬 바닥에 반죽 하나를 얇게

편다.
⑤ 속 재료를 혼합한다.
⑥ ④ 위에 ⑤를 평평하게 편다.
⑦ 나눠 두었던 다른 한 덩어리도 얇게 펴서 ⑥ 위에 덮는다.
⑧ 파이 껍질이 노릇해질 때까지 약 30분간 굽는다.
⑨ 10분 동안 식힌 후에 먹인다.[3]

남은 재료로 만든 만찬

재료 : 로스트 비프, 치킨, 생선 등 남은 음식 4컵, 삶아 으깬 감자 남은 것, 고구마 2컵, 잘게 다진 당근, 애호박, 샐러리나 냉장고 안에 들어 있던 다른 야채 1컵, 플레인 요구르트 2테이블스푼, 식물성 오일 1테이블스푼

① 모두 다 섞은 후 맨 위에 플레인 요구르트 2테이블스푼과 해바라기 오일이나 올리브 오일 1테이블스푼을 뿌린다.

우리 가족은 여행할 일이 생기면 이렇듯 남은 음식을 이용해서 미리 음식을 만들어 지퍼백에 넣어서 얼려 둔다. 우리가 없는 동안 반려동물을 돌봐 주는 사람에게 꺼내서 먹여 달라고 부탁한다. 가족들이 평소 먹는 음식을 먹으면 비록 멀리 떨어져 있어도 가족이 여전히 자신을 그리워하고 있다는 것을 반려동물도 알지 않을까?

 특별 건강식

캐서롤(나이 든 개를 위한 음식)

재료 : 익힌 닭고기 1컵, 베이컨 지방이나 식물성 오일 2테이블스푼, 라자냐 8장, 달걀 1개, 맥아 오일 1테이블스푼, 골분 1티스푼

① 라자냐는 포장지에 적힌 방법대로 삶은 다음 물기를 제거한다.
② 20×20cm 라자냐펜 바닥에 라자냐를 한 장 깐다.
③ 중간 크기의 볼에 잘게 자른 닭고기, 베이컨 지방, 달걀, 맥아 오일, 골분을 모두 넣고 잘 섞는다.
④ 라자냐 위에 ③을 스푼으로 떠서 바른다.
⑤ ④ 위에 라자냐를 한 장 얹고 ③을 스푼으로 떠서 바르는 것을 반복한다.
⑥ 180도의 오븐에 30분 동안 굽는다.
⑦ 자르기 전에 15분 동안 식힌다.

(출처 : 수의학 박사 에드먼드 R. 도로즈 《우리 개를 위한 요리》)

저칼로리 체중 조절식

재료 : 익힌 닭고기 250g, 베트남 쌀밥 2컵, 소금 대용물 1/4티스푼(염화 칼륨), 소금 약간, 골분 4알, 복합 비타민·미네랄 1알

① 모든 재료를 섞는다.

② 개의 체중과 식성에 따라 적당한 양을 먹인다.

(출처 : 수의사 도널드 스툼벡 《개와 고양이를 위한 홈메이드 푸드》)

사슴고기와 감자가 든 건강 식단

재료 : 사슴고기 130g, 익혀서 껍질을 벗긴 감자 3컵, 식물성 오일(카놀라 오일) 2티스푼, 소금 1/10티스푼, 골분 4알(약 0.65g), 복합 비타민-미네랄 1/5알(사람 성인용)

① 모든 재료를 섞는다.
② 개 체중과 식성에 따라 적당한 양을 먹인다.

(출처 : 수의사 도널드 스툼벡 《개와 고양이를 위한 홈메이드 푸드》)

저자극성 식단

오리나 사슴고기, 토끼고기처럼 한 번도 먹어 본 적이 없는 단백질 공급원으로 시작한다. 닭고기에 알레르기가 있는 개라면 다른 가금류에도 똑같이 알레르기 반응을 보일 수 있다.

① 고기와 감자를 1:1 비율로 섞는다

섬유소를 보충하기 위해 알레르기 반응이 거의 없는 잘게 썬 애호박을 조금 첨가하기도 한다. 고기와 감자는 정확히 1:1이어야 한다.

(출처 : 수의사 앨프레드 플레너 《위기의 반려동물 : 알레르기에서 암까지, 병에 대처하는 치료법》)

음식물 알레르기를 위한 애드백 플랜

(먹이던 것에 새로운 음식을 하나씩 차례로 첨가하는 방법)

당신의 개가 어떤 음식에 알레르기 반응을 보이는지 모르겠다면 플레너 박사의 '애드백 플랜'을 추천한다. 처음에는 단백질과 탄수화물로 이루어진 두 가지 재료만 이용해 제한급식을 시작하는데 코티지 치즈와 감자는 대체적으로 대부분의 동물에게 안정적이다. 먹인 후에는 피부에 이상이 생기지 않고 잘 노는지 지켜본다.

7일 내에 간지러워서 긁거나 설사를 하는 등의 알레르기 반응을 일으키지 않는다면 아주 소량으로 시작해서 천천히 재료를 한 번에 한 가지씩 첨가(애드백)한다. 재료를 한 가지씩 새로 첨가할 때마다 일주일 정도 기간을 두고 개의 반응을 살핀다. 새로운 재료로는 가급적 집에서 키운 재료나 유기농 재료가 좋은데 처음에는 닭고기와 애호박 같은 간단한 야채로 시작하는 것이 안전하다.

일단 2~3가지 단백질과 곡물을 먹고 아무런 이상이 생기지 않으면 두세 달에 한 번씩 단백질 재료를 바꾸면서 계속 지켜본다. 이 방식은 새로 나타날지도 모르는 알레르기 반응을 미리 차단하는 데 도움이 된다. 애드백 플랜을 시행하는 동안은 어떤 종류의 간식도 주어서는 안 된다. 간식을 주게 되면 개가 어떤 종류의 음식에 알레르기 반응을 일으키는지 전혀 알 수 없기 때문이다.[4]

(출처: 앨프레드 플레너 수의사 《위기의 반려동물》)

회복식

수술을 받은 후나 병에 걸렸다가 회복 중이라면 위가 받아들이기 편한 음식을 먹여야 한다.

재료 : 익혀서 크림 상태로 만든 밀 2컵, 반숙 달걀 1개, 코티지 치즈 1½컵, 잘게 자른 미나리, 녹인 버터 1테이블스푼

① 모든 재료를 잘 섞어서 따뜻하게 해서 먹인다.

(출처: 수의학 박사 에드먼드 R. 도로즈 《우리 개를 위한 요리》)

 **채식 식단**

손쉬운 채식 요리

재료 : 3종류의 곡물이 들어간 시리얼 4컵, 쌀가루 2컵, 통밀가루 1/2컵, 골분 1테이블스푼, 효모 1테이블스푼(가능하면 영양강화 효모), 다시마가루 1테이블스푼, 대구간유 1티스푼, 식물성 오일 1/2컵, 비타민 E 400IU, 달걀 4개

① 가루 형태의 마른 재료를 먼저 섞은 후 나머지 재료도 모두 넣고 잘 섞는다.
② 기름종이 위에 1/2티스푼으로 한 덩어리씩 떨어트린다.
③ 180도의 오븐에서 30분 동안 굽는다.
④ 살짝 갈색이 돌기 시작하면 오븐에서 꺼낸다.[5]

 과자와 간식

고양이와 개를 위한 특제 크런치

재료 : 통밀가루 1½컵, 호밀가루 1½컵, 현미가루 1½컵, 맥아 1컵, 말린 다시마나 알팔파 1티스푼, 식물성 오일 4테이블스푼, 쇠고기나 닭고기 육수 1¼컵

① 가루를 모두 섞은 후에 육수와 식물성 오일을 천천히 부으면서 섞는다.
② 얇게 반죽한다.
③ 쿠키 종이(유선지)에 올려 금갈색이 될 때까지 180도의 오븐에서 굽는다.
④ 식힌 후에 한 입 크기로 쪼갠다.
⑤ 밀폐용기에 넣어서 냉장 보관한다.

(출처 : 앤 N. 마틴)

닭고기 크런치

재료 : 닭 날개, 닭 목, 등심, 간 700g을 갈아서 익힌 것(고기 가는 기계에 갈거나 믹서에 갈아도 된다.) 오일이 들어 있는 참치 캔이나 고등어 캔, 연어 캔 425g짜리 하나, 호밀가루 1½컵, 통밀가루 2컵, 현미가루 1½컵, 맥아 1½컵, 식물성 기름 5테이블스푼, 다시마가루 4테이블스푼, 분유 1½컵, 맥주효모 3/4컵, 쇠고기나 닭고기 육수 4컵

① 가루 재료를 모두 섞은 후 갈아 놓은 닭고기, 생선 캔과 혼합한다.
② ①에 식물성 오일과 육수를 부어서 섞는다.
③ 0.6cm 정도의 두께로 반죽을 만들어서 쿠키 시트에 올려 놓는다.
④ 금갈색이 될 때까지 180도의 오븐에서 굽는다.
⑤ 한 입 크기로 조각 내서 밀폐용기에 담아 냉장 보관한다.

땅콩 간식

재료 : 통밀가루 2¼컵, 다목적 밀가루 3/4컵, 베이킹 파우더 1¼테이블스푼, 땅콩버터 1¼컵, 우유 1컵

① 통밀가루와 밀가루·베이킹 파우더를 섞는다.
② 우유와 땅콩버터를 섞어 땅콩버터가 완전히 풀릴 때까지 저어 준다.
③ ②를 ①에 넣고 반죽한다.
④ 밀가루를 뿌린 판에 ③을 올려 손으로 치대서 반죽하고 한 입 크기로 떼어낸다.
⑤ 쿠키 시트에 알루미늄 포일을 얹고 200도의 오븐에서 15분 동안 굽는다.
⑥ 식혀서 보관한다.

주의점 ❗ 반죽을 얼마나 두껍게 만드느냐에 따라 굽는 시간이 길어질 수도 짧아질 수도 있다.[6]

고기를 안 넣은 개 비스킷

재료 : 밀가루 2½컵, 분유 3/4컵, 식물성 오일 1/2컵, 흑설탕 2테이블스푼, 야채 육수 3/4컵, 당근 1/2컵(선택사항), 달걀 1개

① 오븐을 150도로 예열한다.
② 모든 재료를 볼에 넣어서 섞은 후에 1/4인치 두께로 반죽한다.
③ 쿠키 커터를 사용해서 예쁘게 자르거나 그냥 한 줄로 죽 잘라도 된다.
④ 쿠키 시트에 올려 오븐에서 30분 동안 굽는다.

어린아이들이 있는 집의 경우 아이들과 함께 비스킷을 굽는 것은 좋은 경험이다. 아이들이 직접 만든 과자를 맛있게 먹는 강아지를 보고 기뻐하는 모습을 상상해 보라.[7]

치즈와 베이컨 비스킷

재료 : 밀가루 3/4컵, 베이킹 소다 1/2티스푼, 버터 스틱이나 마가린 1개, 흑설탕 2/3컵, 달걀 1개, 바닐라 1½티스푼, 조리 안 된 오트밀 1½컵, 잘게 조각 낸 체다 치즈 1컵, 잘게 부순 맥아 2/3컵(오트밀을 사용할 때는 양을 조금 더 추가한다), 바삭하게 구운 베이컨 250g

① 밀가루, 버터, 흑설탕을 볼에 넣고 잘 섞은 뒤 나머지 재료를 하나씩 넣으면서 반죽한다.
② 베이킹 시트 위에 숟가락을 이용해서 한 덩어리씩 떼서 올린다.

③ 180도 오븐에서 15분 동안 굽는다.
④ 오븐에서 꺼낸 후 비스킷이 완전히 건조되어서 딱딱해질 때까지 식힌다.
⑤ 실온에서도 보관이 가능하지만, 며칠이 지나면 냉장 보관해야 한다.[8]

 강아지용 식단

모유 대용식

재료 : 저지방 우유나 염소 젖 1컵, 달걀 노른자 1개, 유아용(사람) 비타민 2알, 옥수수 기름 1티스푼, 대구간유 2방울

① 재료를 다 섞어서 냉장 보관한다.
② 먹이기 전에는 반드시 체온과 비슷하게 데워서 먹여야 한다.
③ 강아지가 배고파 할 때마다 양에 상관하지 말고 만족할 때까지 먹인다.

(출처 : 수의사 에드먼드 R. 도로즈 《우리 개를 위한 요리》)

강아지용 미트로프

재료 : 간 쇠고기 450g, 코티지 치즈 680g, 달걀 4개, 분유 1/2컵, 맥아 1/4컵, 잘게 부순 오트밀빵 8조각, 익힌 오트밀 8컵, 현미밥 4컵

① 간 쇠고기와 코티지 치즈를 잘 섞는다.
② ①에 달걀, 분유, 맥아를 넣고 섞는다.
③ 잘게 부순 빵 조각, 오트밀, 현미를 넣고 잘 섞는다.
④ 작은 덩어리 10개로 나누어서 14×9cm 정도의 크기로 만들어 오븐용 팬에 올린다.
⑤ 180도의 오븐에서 1시간 동안 굽는다.
⑥ 실온에서 1시간 정도 식힌 후에 냉장 보관한다. 상하기 쉬운 음식이므로 냉장고에서 3일 이상 보관하면 안 된다.

냉동시키면 오래 보관할 수 있고, 해동 시에는 냉장실에 하루 저녁 놓아둔 후 먹인다. 덩어리를 그릇에 으깬 후에 물을 조금 뿌려 전자레인지에 20~30초 돌린다. 뜨거운 부분은 없는지 확인한 후 먹인다. 강아지들이 굉장히 좋아하는 요리이다.
주의 ❗ 어떤 음식도 실온에 30분 이상 방치하면 안 된다.

(출처: 팻 피터슨 《저먼셰퍼드 브리더》)

강아지용 프레즐

재료: 흑설탕 1티스푼, 활성 드라이 효모(activity dry yeast) 2티스푼, 물 2/3컵, 통밀가루 3/4컵, 저지방 콩가루 3테이블스푼, 탈지분유 1/4컵, 말린 간 파우더 1테이블스푼, 골분 1테이블스푼, 소금 약간, 풀어 놓은 달걀 1개, 쿠킹 오일 2테이블스푼, 맥아 3테이블스푼

① 이스트와 흑설탕을 따뜻한 물에 녹인다.

② 가루 종류의 재료를 모두 섞어서 풀어 놓은 달걀 절반을 넣고 잘 섞는다.

③ 밀가루를 뿌린 판 위에 올려 놓고 반죽이 단단해질 때까지 치댄다.

④ 기름을 바른 그릇에 넣고 뚜껑을 덮은 후 두 배로 부풀어오를 때까지 숙성시킨다.

⑤ 반죽을 프레즐 모양으로 만들어서 기름을 바른 쿠키 시트에 올린다.

⑥ 190도로 미리 예열해 놓은 오븐에 넣고 15분 동안 굽는다.

⑦ 오븐에서 꺼낸 후 요리붓을 사용해서 풀어놓은 달걀 남은 것을 위에 바르고 그 위에 맥아를 뿌린다.

⑧ 다시 오븐에 넣고 150도의 온도에서 먹음직스러운 갈색으로 단단해질 때까지 약 15분 동안 굽는다.

골분 파우더와 간 파우더는 없으면 굳이 넣지 않아도 된다.⁹

15장

개를 죽이는 병 위확장 (고창증)

위확장(고창증)이란?

1990년대 중반 친구가 키우던 그레이트데인이 위확장(GDV, gastric dilatation-volvulus)에 걸려 하루 만에 세상을 떠났다. 대형견이 위확장(고창증)에 걸리기 쉽다고는 하지만 너무도 갑작스러운 죽음이었다. 그 일로 이 병에 관심을 갖게 되었는데 함께 사는 개가 세인트버나드, 뉴펀들랜드, 저먼셰퍼드와 같은 대형견이기 때문이기도 했지만 누구도 이런 비극을 겪지 않았으면 하는 바람 역시 컸다. 다행히 아직까지 우리 집에서 위확장으로 죽은 개는 없지만 꽤 많은 반려인이 이와 같은 비극을 겪는다.

위확장은 주로 대형견과 초대형견에게 자주 발생하는 병인데 특히 그레이트데인에게서 가장 많이 발병한다. 위확장은 대형견의 주된 사망원인이기도 하다. 위확장은 빠른 속도로 위에 공기가 차는 질환으로 위확장에 걸리면 위가 팽창하면서 대정맥을 누르고 그로 인해 심장에 충분한 혈액이 공급되지 않아 쇼크 상태에 빠진다.[1] 적정한 피를 공급받지 못하면 심장에서 나오는 혈액의 양도 줄어들고 혈액과 산소가 부족해진 조직은 괴사한다.

위확장 사례 중 25%는 위를 가득 채운 가스가 양쪽 끝을 압박해 가스가 빠져나가지 못하게 되면서, 75%의 경우는 위가 꼬여서 문제가 발생한다. 위가 꼬이면서 비틀림이 일어나다가 위의 양끝인 식도와 소장이 끊어지는 원인은 아직 명확하지 않다.

최근 위확장 사례가 급격히 늘어나면서 관련 연구도 활발해졌는데 건사료가 발병요인 중 하나로 지목되었다. 터프츠대학 수의학 박사 제럴드 벨은 과거 30년 동안 위확장의 발생률이 1,500% 증가했다는 사실을 발견했고 그 원인으로 섭식방법을 지목했다. "건사료만 먹이거나 하루에 한 끼만 많이 먹이는 식습관은 위확장 발병률 증가의 중요한 요인이다. 지방이 많은 건사료를 먹인 개의 경우 위확장에 걸릴 위험이 170% 정도 증가했다."라고 벨 박사는 밝히고 있다.[2]

퍼듀대학 수의학 박사 래그헤븐의 연구에 따르면 '캔 사료를 섞어 먹인 대형견과 초대형견에서 28%의 위확장 발병률 감소가 보고되었고, 사람이 먹는 음식을 먹였을 경우에 위확장 발병률은 무려 59%나 감소했다."고 한다.[3]

위확장 위험이 있는 개

위확장에 걸릴 위험은 초대형견과 디프체스트(deep chest)를 가진 개가 가장 높다. 디프체스트란 등에서 가슴까지의 길이는 길고 가슴폭은 좁은 체형을 말한다. 신체적인 특징과 위확장 사이의 상관관계는 믹스견뿐 아니라 디프체스트를 가진 순종에게도 적용된다.

벨 박사에 따르면 위확장은 여러 대형견과 초대형견의 가장 큰 사망원인이다.[4] 평균적으로 위확장 증상이 나타날 경향이 가장 높은 종은 그레이트데인으로 발병률이 42.4%이다. 위확장의 영향을 받는 다른 대형종은 아키타, 저먼셰퍼드, 세인트버나드, 아이리시울프하운드, 불마스티프, 그레이트피레니즈, 버니즈마운틴도그와 아이리시세터 등으로 45kg이 넘는 개의 평균 위확장 발병률은 20% 정도이다.[5]

아이리시세터, 스탠더드푸들, 저먼셰퍼드와 복서는 위확장에 걸릴 위험이 평균 수치보다 더 높다. 대형견종 중 발병률이 낮은 개로는 래브라도리트리버, 골든리트리버, 올드잉글리시십도그, 바이마라너, 콜리, 부비에데플랑드르, 사모예드, 알래스카말라뮤트 등이 있다. 드물기는 하지만 소형견도 위확장에 걸린다. 연구결과 위확장에 걸릴 위험성이 높은 소형견은 미니어처푸들, 닥스훈트, 페키니즈이다.

위확장의 원인

저명한 위확장 전문가인 수의사 로렌스 글릭맨은 위확장의 위험요소를 연구해 왔다. 그가 이끄는 퍼듀대학의 연구팀은 11종의 초대형견종과 대형견종에 대한 5년간의 연구에서 각각 21마리(2.4%)와 20마리(2.7%)의 대형 및 초대형 견종에서 연간 약 1회의 위확장 증상이 발생하는 것을 발견했는데, 이들 중 29.6%가 사망했다. 이 연구결과는 다음과 같은 사실을 보여 준다.

- 위확장이 발생할 위험은 개의 연령과 비례해서 매년 20%씩 증가한다.
- 위확장에 걸린 개와 직계관계인 경우 위험률은 63% 증가한다.
- 사료를 급하게 먹거나 허겁지겁 삼키는 버릇이 있는 경우에도 위확장 발생률이 증가한다.[6]

위확장과 관련된 위험요소

글릭맨 박사는 주로 건사료를 먹는 초대형 및 대형견종이라는 점 외에 위확장 증가원인이 되는 몇 가지 다른 위험요소를 확인했다. 다행스럽게도 이 위험요소는 약간의 노력만으로 없앨 수 있다.

밥상 위의 사료그릇 : 여러 해 동안 개에게는 높은 그릇이 더 낫다는 의견이 지배적이었다. 그래서 많은 반려동물 주인은 초대형견종을 위해 밥그릇을 높일 수 있는 밥상을 구입했다. 그릇이 높이 있으면 개가 밥을 먹을 때 공기를 같이 삼키는 일이 줄어든다고 생각했기 때문이다. 밥상 생산업체와 브리더들은 높은 그릇이 개의 소화를 돕고 위확장을 방지한다고 주장했다. 그러나 연구를 통해 이 높은 그릇이 바로 위확장 문제를 일으키는 원인 중 하나라는 점이 밝혀졌다.

글릭맨 박사는 높은 사료그릇이 위확장 발병률을 110%나 증가시킨다는 사실을 밝혀냈다. 자료에 따르면 대형견종 20%와 초대형견종 50%가 사료그릇의 높이에 영향을 받았다. 글릭맨 박사는 다음과 같이 결론지었다. "높은 그릇이 개에게 더 이롭다는 이론을 뒷받침할 만한 어떤 과학적인 근거도 찾지 못했다."[7]

마른 개 VS. 과체중 개 : 위확장의 또 다른 위험요소는 몸무게이다. 즉, 마른 개가 과체중 개보다 병에 더 쉽게 걸린다. 벨 박사는 과체중 개의 '지방이 복부의 빈 공간을 채우기 때문'이라는 가설을 세웠다. "마른 개는 복부가 지방 결핍 때문에 가슴이 깊고 좁은 개와 기본적으로 조건이 비슷하다. 마른 개의 복부는 살찐 개에 비해 위가 돌아다닐 수 있는 공간이 더 넓다."[8]

물론 벨 박사는 이 결과를 보고 과체중견이 더 건강하다고 착각해서는 안 된다고 경고한다. 이 연구결과는 개의 체중이 위확장에 걸릴 수 있는 요소가 될 수 있다는 것일 뿐이다. 알다시피 비만견은 당뇨병, 관절, 뼈, 인대손상, 심장병, 생식문제, 소화불량, 암 발병 위험에 노출되어 있다. 뚱뚱해지면 수명이 짧아지고 삶의 질도 떨어진다. 우리 집 개는 견종별 적정 몸무게 기준에서 위 아래로 2kg을 벗어나지 않도록 노력한다.

개의 감정상태 : 글릭맨 박사는 겁이 많거나 신경과민이거나 공격적

인 개의 경우 행복하고 낙천적인 성격의 개보다 위확장 발생률이 높음을 발견했다. 즉, 스트레스가 위확장을 발병시키는 한 요인임을 확인한 것이다. 스트레스의 원인에는 새로운 반려동물이 들어오거나 가족구성원의 변화, 철장에 가둬 두는 것 등과 도그쇼에 참가하는 일 등이 포함된다. 또한 연구결과 수컷의 위확장 발병률이 암컷보다 조금 높다.

위확장의 대표적인 증상

반려인보다 자기 개에 대해 더 잘 아는 사람은 없다. 만약 자기 개의 일상에서 다음과 같은 변화가 감지되면 일단 위확장을 의심해 볼 필요가 있다. 다음은 위확장의 대표적인 증상이다.

- 5분에서 30분 간격으로 토하려고 하지만 실제로 구토를 하지는 않는다.
- 침착하지 못하고 불안해한다.
- 비정상적으로 심장박동이 느려지는 페이싱(pacing) 증상을 보인다.
- 헛구역질을 한다.
- 침을 줄줄 흘린다.
- 배가 부풀어오른다.
- 등이 구부러진다.
- 계속 기침을 한다.

만약 이런 증상이 나타나면 주저하지 말고 동물병원으로 데리고 가야 한다. 위확장인 경우 한 시간 안에 생명을 잃을 수 있다.

유전적 관계

　병이 유전될 가능성 때문에 글릭맨 박사는 위확장에 걸린 개는 번식시키지 말 것을 권고한다. "우리가 수행한 연구와 다른 수 많은 연구를 함께 분석한 결과 견종이나 개에게 유전되는 특성 자체가 이런 병증을 유발하는 원인이 될 수 있다. 그러므로 어미나 아비 개에게 위확장 증상이 있다면 번식을 하지 않는 것이 좋다."[9]

　자주 이용하는 애견호텔 주인은 마스티프를 키우고 있다. 2006년 겨울 연휴 기간 동안 호텔에서 키우던 마스티프 중 한 마리가 한밤중에 위확장 증상을 일으켰고 곧바로 응급실로 데려간 덕분에 다행히 살았다. 우리는 이 일을 기이하게 여겼다. 왜냐하면 그 주인은 큰 개가 위확장에 걸릴 위험성에 대해 늘 공부하고, 이 질병을 피할 수 있는 일이라면 어떤 충고든 충실히 따랐기 때문이다. 그는 개에게 식사를 조금씩 자주 주었고, 식사 전후에는 간단한 운동을 시켰으며, 개가 식사를 천천히 하도록 유도하는 등 모든 노력을 기울였지만 발병을 막을 수는 없었다. 나중에야 그 개의 어미가 위확장으로 사망했다는 사실을 알았다.

위확장을 예방하는 몇 가지 방법

　위확장을 예방하거나 미리 알고 대비할 수 있는 획기적인 방법은 없지만 예방에 도움이 될 수 있는 몇 가지 방법은 있다.

- 식사는 한 번에 많은 양을 주지 말고 하루 두 번이나 세 번에 걸쳐 적은 양을 자주 준다.
- 밥 먹기 한 시간 전이나 식후 두 시간 내에 격렬한 운동을 시키지 않는다.
- 식후에 과다한 양의 물을 먹이지 않는다.
- 급하게 먹지 않도록 신경 쓴다. 밥을 허겁지겁 먹는 개는 밥그릇 안에 작은 접시를 넣고 그 주변의 밥을 조금씩 꺼내 먹게 하면 먹는 속도를 조금 느리게 할 수 있다.
- 좋은 음식을 먹인다. 나쁜 사료는 위장문제와 과도한 가스 발생을 일으킬 수 있다.
- 사료그릇을 높이지 않는다.
- 새로운 사료로 바꿀 때는 한두 주에 걸쳐 서서히 바꿔 준다. 갑작스러운 식단변화는 위에 문제를 일으킬 수 있다.
- 양조용 효모(brewer's yeast), 알팔파, 콩 제품, 완두콩, 사탕수수 펄프처럼 가스를 만드는 재료를 피한다. 사탕수수 펄프는 대부분의 사료에 섬유질 원료로 들어가 있다.
- 건사료를 먹이고 있다면 시트르산이 들어 있는 사료는 피한다. 시트르산은 위에서 가스를 만든다.
- 가스 발생 증상을 치료하기 위해 늘 시메시콘(simethicone)이 들어간 제품을 가까이 둔다. 브리더들은 Gas-X(복부 팽만감에 쓰는 약물, 일종의 소화제/옮긴이), 파자임(Phazyme), 미란타 개스(Mylanta Gas, 가스가 찼을 때 먹는 약/옮긴이)와 같은 제산제를 추천한다. 가스나 트림, 위장에 가스가 차는 증상을 보이면 일단

제산제를 주고 반응을 지켜보되 위확장의 다른 증상이 나타나면 주저하지 말고 즉시 동물병원에 가야 한다.

비상사태가 발생하면?

전화기 옆에는 수의사나 응급실 전화번호를 메모해 두고 휴대전화 번호도 저장해 둬야 한다. 위확장 증상은 한밤중에 자주 발생하기 때문에 미리 대비책을 세워야 한다.

위확장 고위험군인 대형견종을 키우면서 혼자 사는 사람이라면 응급상황 시 개를 차에 싣고 병원에 데려가는 것을 도와줄 이웃을 확보해 두어야 한다. 병원에서 멀리 떨어진 곳에서 살고 있다면 위에 관을 삽입하는 방법을 수의사에게 미리 배워 두는 것도 좋다. 이런 응급처치는 개의 생명을 구할 수 있다. 하지만 위에 관을 삽입하려면 최소 두 명이 있어야 하고 위가 아직 꼬이지 않았을 경우에만 효과가 있음을 기억해 두기 바란다.

《대형견의 위확장》의 저자인 수의학 박사 사이프리드 잔은 위확장에 걸릴 위험이 높은 개를 키우면서 시간 안에 동물병원에 도착할 수 없는 거리에 살고 있다면 응급상황에 대비해서 늘 손닿는 곳에 구급상자를 비치할 것을 조언한다. 구급상자의 내용물과 응급처치의 정확한 절차에 관해서는 반드시 수의사와 상담해야 한다. 더 자세한 내용은 잔 박사의 '위확장에 필요한 응급처치' 웹사이트(www.canadasguidetodogs.com/health/healtharticle6.htm)에 있는 설명을 참고한다.

수의사의 위확장 치료방법

위확장을 일으킨 개를 안고 미친 듯이 병원으로 달려가면 수의사는 일단 정맥주사를 놓아 쇼크를 진정시킨 후 가스가 발생시킨 압력을 낮추기 위해 위에 튜브를 넣거나 커다란 바늘을 꽂는다. 그래도 위가 제위치로 돌아가지 않으면 개복수술을 해야 하는데 이 수술을 위고정술이라고 한다. 이 수술은 위를 갈비뼈나 체벽처럼 복강 내의 고정된 부분에 고정시켜 영구적으로 안전하게 만드는 방법이다. 수술을 하지 않으면 위확장이 다시 발생할 가능성이 있다.

16장

반려동물의 삶을 위협하는 또 다른 문제

반려동물의 삶은 계속 위협받고 있다

사료회사와 반려동물에 관한 일반적인 조사를 진행하면서 이외에도 반려동물의 삶을 위협하는 많은 문제에 계속 직면해야만 했다. 이 장을 통해 이런 문제 중 일부를 논의하고자 한다. 여기에는 경제적인 이득이나 자신의 편리함을 위해 눈썹 하나 까딱하지 않고 동물에게 해를 가하는 사람에 대한 불쾌함, 분노, 불신 등 여러 가지 감정이 복잡하게 뒤엉켜 있다.

이 장을 통해 지금부터 알게 된 진실을 주변의 이웃과 나누기를 바란다.

품종개량가들이 만들어 낸 디자이너 도그

최근 새롭게 각광받고 있는 아이템인 디자이너 도그에 대한 염려를 담은 이메일을 받은 적이 있다. 디자이너 도그란 현재 시장에 나와 있는 수백 종의 개를 다른 종끼리 교배시켜 얻은 새로운 종의 믹스견이다.

개의 품종을 개량하는 사람들은 유전자를 가지고 노는 것이 재미있나 보다. 그래서 서로 맞지도 않는 종끼리 서슴없이 교배시켜 본인 생각에만 '재미있는 개'를 만들어 내고 있다. 신문광고나 인터넷 광고로 올라오는 '코카푸(cock-a-poos)', '페키푸(peke-a-poos)', '래브라두들(labradoodles)', '골든두들(goldendoodles)'과 같은 디자이너 도그 관련 광고는 셀 수 없이 많다. 어떤 믹스견은 100만 원 이상의 터무니없는 가격으로 판매되기도 한다.

이 개는 예전에는 똥개나 잡종개라고 불렸지만 얼마 전부터는 믹스견이라 불리다가 이제는 디자이너 도그라는 새 이름을 가지게 되었다. 똥개와 디자이너 도그의 차이점은 의외로 간단하다. 똥개에게는 족보란 것이 아예 없고 잡종은 어떤 품종의 피가 섞였는지 불확실한 반면에 이른바 말하는 하이브리드 도그나 디자이너 도그는 유명한 품종의 부모견이 있다는 것이다.

코카스파니엘과 푸들을 교배해서 나온 견종을 코카푸라고 부른다. 래브라도와 푸들을 교배하면 래브라두들이 나온다. 언젠가는 뉴펀들랜드와 스탠더드푸들을 교배했다는 뉴파이푸 광고도 본 적이 있다. 그러나 서로 다른 두 종의 교배는 재앙의 전조이다. 이렇게 탄생한 개는 대부분 고관절이형성증, 위확장, 피부 트러블 등의 질병에 취약하다.

수의학 박사 앨프레드 플레너는 자신의 책 《위기의 반려동물》에서 근친교배와 디자이너 도그의 문제에 대해 이렇게 썼다. "겉보기에는 멋지지만 속이 고장 난 장난감처럼 그들은 허약하고 일상생활에 적응하지 못하는 생리적인 결함이 있다."[1]

푸들은 다양한 종과 교배된다. 콜리, 치와와, 아메리칸에스키모, 비글, 비숑프리제, 브뤼셀그리폰, 닥스훈트, 저먼셰퍼드, 잭러셀, 말티즈, 슈나우저, 포메라니안, 퍼그, 잉글리시불독, 케언테리어에 심지어 세인트버나드까지. 푸들이 이렇게 교배종으로 인기 있는 이유는 다른 개에 비해 털빠짐이 적고 알레르기를 덜 유발하기 때문이다. 그러나 불행히도 유전학은 절대로 인간의 계획대로 진행되지 않는다. 어떤 개는 푸들의 장점을 갖고 태어나지만 푸들의 특성을 하나도 갖지 못한 채 태어나는 경우도 많다.

아무리 뛰어난 품종개량가라 해도 이종간의 교배 결과를 확신할 수는 없다. 현재 우리가 알고 있는 각 품종의 특징과 성격은 여러 세대에 걸쳐 좋지 않은 형질을 도태시키면서 교배한 결과이다. 품종개량가들은 잘못된 신체적 특징을 없애기 위해 노력하지만 지나친 교배는 플레너 박사가 경고한 대로 속이 망가져 버린 장난감을 만들어 낼 수 있다.

예를 들어 스탠더드푸들은 애디슨병, 백내장, 진행성 망막위축, 피부 트러블 등을 유전으로 물려받는다. 스탠더드푸들과 래브라도리트리버를 교배하면 그 자손에게는 두 종의 문제가 한꺼번에 나타날 수 있는데, 고관절이형성증, 위확장, 백내장, 심각한 내분비계 면역 문제까지 발생할 수 있다.

디자이너 도그를 만드는 수많은 품종개량가들은 자신들이 '디자인'하는 개들이 순수 혈통이라고 말하지만 이는 사실이 아니다. 순종 푸들과 순종 래브라도 사이에서 태어난 강아지 래브라두들도 순종으로 분류되어야 한다고 주장하지만 래브라두들 뿐만 아니라 물론 다른 디자이너 도그도 정식 등록된 품종으로 간주되지 않는다. 그저 단순히 높은 가격표와 함께 이국적인 이름이 붙은 믹스견일 뿐이다. 사람들에게 디자이너 도그와 믹스견 사진을 보여 주는 온라인 조사가 있었다. 둘을 비교하라는 질문에 아주 극소수의 사람만이 둘을 구분할 수 있었다.

사람들이 보호소에 있는 푸들과 스패니얼 믹스견은 입양하지 않으면서 '디자이너 도그 코카푸'라는 이름이 붙은 강아지는 비싼 값을 지불하고 입양하는 것이 현실이다. 이는 제어장치를 잃은 소비자문화와 반려동물이 살아 있는 생명체임을 망각한 생명경시 풍조가 결합된 슬픈 자화상이다.

해결방법은 단순하다. 세상에 단 하나밖에 없는 특별하고 독특한 개를 원한다면 유기동물보호소를 방문하면 된다. 그곳에서 가족의 일원이 될 특별한 개를 찾을 수 있다. 이게 바로 한 생명을 구하고, 돈도 절약하고, 인생을 송두리째 바꾸어 놓을 수 있는 최고의 반려동물을 얻는 가장 좋은 방법이다.

인터넷과 신문의 입양 사기

종종 인터넷에서 반려동물과 관련하여 수백 달러 혹은 수천 달러 사기를 당한 사람들이 포스팅한 글을 읽는다. 사람들은 "우리 집 개가 나보다 더 좋은 주인을 만나서 더 좋은 환경에서 살 수 있으면 좋겠다."는 거짓말을 늘어놓는 사기꾼에게 당하고 있었다.

인터넷과 신문광고에서 잉글리시불도그, 티컵푸들, 말티즈, 요크셔테리어, 치와와와 같은 개를 찾는 것은 너무나 쉽다. 순종 강아지 분양가의 절반도 안 되는 가격에 올라온 귀여운 강아지의 사진을 거부하기는 힘든 일이다. 광고에는 그 개가 켄넬에 등록된 강아지이고 첫 번째 예방접종을 마쳤다고 광고한다. 이런 광고는 인터넷과 북아메리카에서 발행되는 신문에서 흔히 볼 수 있다. 광고가 사기라는 것이 밝혀지면 그 웹이나 신문에서 광고는 사라진다. 하지만 곧 다른 신문, 다른 웹사이트에 같은 광고가 올라온다.

강아지뿐 아니라 고양이, 원숭이, 희귀 새도 돈벌이의 미끼가 된다. 다음은 사기를 당한 한 젊은 여성의 경험담이다.

인터넷에서 치와와를 판매한다는 광고를 보고 이메일을 보냈습니다. 그 사람은 내가 보증금 200달러만 내면 강아지를 보내 준다고 했어요. 잔금은 강아지를 받은 후에 내면 된다고 하더군요. 나는 새로운 가족을 만날 생각에 흥분해서 3살, 5살인 우리 아이들에게 강아지 이야기를 했고, 우리 가족은 아침 일찍 일어나서 강아지가 오기로 약속한 공항을 향해 먼 길을 출발했습니다. 치와와가 탄 비행기는 오전 10시 49분에 도착하기로 되어 있었거든요. 우리 아이들은 강아지 그림을 그리면서 강아지를 만날 기대에 부풀어 있었죠.

그러나 공항에서 4시간이나 기다린 끝에 강아지가 비행기에 타고 있지 않다는 이야기를 듣게 되었고, 나는 사기에 말려들었다는 것을 깨달았습니다. 그 판매자는 내 이메일에 더 이상 답장을 보내지 않겠죠. 기대만 잔뜩 했다가 실망해 버린 우리 아이들에게 뭐라고 이야기해야 할지 모르겠습니다.

값비싼 크리스마스 선물비용을 치러야 했던 또 다른 여성의 이야기도 있다.

남자친구에게 크리스마스 선물로 불도그를 사주려고 인터넷 검색을 하다가 90달러에 불도그를 판다는 글을 보고 답글을 남겼습니다. 그 사람은 90달러만 내면 강아지를 보내 준다고 했어요. 나는 그렇게 싼 가격에 개를 살 수 있다는 것에 너무 흥분해서 바로 송금을 했지요. 그 돈은 내가 크리스마스 선물을 사기 위해 저축한 돈의 전부였습니다.

90달러를 송금하자 그는 다시 이메일을 보내서 이번에는 배송비를 보내야 한다고 하더군요. 내가 돈이 없다고 하자 자기가 배송비를 부담하겠다고 하더라구요. 그런데 오늘 받은 이메일에서는 강아지를 보내려고 공항에 갔더니 크레이트를 사야 한다는 말을 들었는데 크레이트 가격이 250달러라고 하더군요. 나는 그만한 돈을 보낼 수 없다고 했고, 그 사람이 자기 말이 믿기지 않으면 항공사에 이메일을 보내보라고 했어요. 나는 그 사람이 시키는 대로 했죠.

항공사에서는 강아지를 배송하려면 크레이트가 필요하다고 하더 군요. 이젠 어떻게 해야 할지 모르겠어요. 그저 기다리는 것 외에 아무것도 할 수가 없네요. 사기에 휘말린 것은 아니라고 믿고 싶지만 저도 사기꾼에게 당한 것 같습니다.

나이지리아에서 잉글리시불도그를 판매한다는 사람은 자기가 성직자라고 주장하며 나이지리아는 너무 더워서 강아지들이 아플까 봐 걱정이 되어서 입양을 보내려고 한다고 했다. 나는 한동안 그와 이메일을 주고받았는데 은행으로 돈을 송금할 수 있는 방법과 우리 집에서 가장 가까운 공항에서 강아지를 픽업할 수 있을 것이라는 이야기를 들었다.

그렇게 며칠 동안 이메일을 주고받은 후 나는 당신이 사기를 치고 있음을 알고 있다고 밝히고, 만약 두 시간 안에 그동안 사기를 쳐서 부당하게 빼앗은 돈을 모두 돌려 주지 않으면 그에 관한 정보를 당국에 보내서 적절한 조치를 취하게 할 것이라고 충고했다.

그는 당황해서 "사실 저는 이전에 이런 일을 한 번도 해본 적이 없어요. 정말 이번이 처음입니다. 아직 누구에게서도 어떤 돈도 받은 적이 없어요. 저는 사실 부모에게 얹혀사는 가난한 소년이에요. 만약 제가 체포되면 우리 늙은 어머니가 얼마나 마음 아파할지 상상해 보세요."라고 하면서 자신의 결백을 주장하는 장문의 이메일을 보내 왔다. 물론 그 사람은 순진한 소년은커녕, 무고한 사람의 돈을 사기로 빼앗고도 양심의 가책도 전혀 받지 않을 사기꾼이다. 그는 당국에 연락하면 자살하겠다는 협박까지 서슴지 않았다. 슬픈 일은 그 사람은 앞으로도 여전히 똑같은 사기극을 계속할 것이고 더 많은 사람들이 그의 마수에 걸려들 것이라는 점이다. 그러므로 이런 식의 사기에 속지 말고 먼저 돈을 보내지 않는 것이 좋다. 거래가 깨진 후에는 돈을 추적하거나 돌려받을 길이 없기 때문이다.

일명 '공항 강아지' 사기

반려동물 사이트나 신문, 이메일을 통해 공항에서 통관하지 못하고 잡혀 있는 강아지가 있다는 글이 올라온다. 이 공항은 주로 카메룬이나 나이지리아에 있지만 나이지리아의 다른 도시인 경우도 있다.

글에는 만약 3일 이내에 아무도 강아지를 인수하지 않는다면 강아지가 안락사당할 것이라고 말하며 배송비, 크레이트 비용, 백신접종과 서류작업 비용으로 300~400달러를 보낼 것을 요구한다. 돈을 보내면 가까운 공항으로 강아지를 보내겠다고 약속하면서 한 생명을 구하는 좋은 일이라고 확신시킨다. 그리고 일단 돈을 보내면 더 이상 연락이 되지 않는다.

길 잃은 개를 찾았다는 수법

반려동물을 잃어버렸을 때 주인이 맨 처음 하는 일은 동네를 샅샅이 뒤지는 것이다. 다음으로 지역신문이나 지역 인터넷 사이트에 광고를 싣는다. 그리고 누군가 그 개를 주웠는데 개가 다쳤다는 내용의 전화를 걸어오면서 사기가 시작된다.

이런 사기를 치는 사람들은 자기가 트럭 운전사나 세일즈맨,

이삿짐센터 직원이라고 주장하며, 동물병원에 개를 데려다 주었다는 것이다. 그 동물병원이 있다는 마을은 보통 수백 킬로미터 떨어져 있거나 심지어 다른 주이기도 하다. 병원비를 송금하면 개를 데려다 주겠다고 이야기한다. 이런 전화를 받으면 당장 경찰에 신고해야 한다.

또 다른 사기는 잃어버린 개를 찾았다고 주장하며 연락하는 사람이다. 연락을 한 사람은 잃어버린 개의 인상착의를 묻고 자신이 발견한 개가 아니라고 말한다. 이것이 바로 계략의 시작이다. 얼마 뒤 자기가 찾은 개의 인상착의를 말해 주는 또 다른 전화가 걸려오고, 그 사람이 말하는 개의 인상착의는 바로 당신의 잃어버린 개와 똑같다! 이런 사기에 속으면 안 된다.

2005년 3월 사우스 캐롤라이나의 한 남성이 개 럭키를 잃어버렸다. 그는 인터넷에 잃어버린 개를 찾는 광고를 올렸고 곧 한 남자로부터 그의 개를 찾았다는 연락을 받았다. 그 사람은 자기가 멀리 떨어져 있는 다른 도시에 있어서 개를 보내려면 400달러가 든다고 했다. 주인은 바로 돈을 보냈지만 그 사람에게서는 두 번 다시 연락이 오지 않았다.

다행히 주인이 사기로 돈을 잃은 후 곧바로 좋은 사람에게 개가 발견되었고 무사히 개를 찾을 수 있었다. 그 후 사기꾼은 체포되었고, 그는 몇 주 동안 반려동물 주인 17명에게 이런 식의 사기를 친 것으로 밝혀졌다. 그중에는 개를 발견했는데, 개가 다쳐서 병원비가 필요하다며 병원비를 보내라고 했던 경우도 있었다.

길을 잃고 헤매는 반려동물을 발견해 주인을 찾아줄 때도 신중해야 한다. 돌려주기 전에 진짜 주인임을 증명할 수 있는 사진을 요구하는 것이 좋다. 자기 개라고 거짓말을 하고 개를 데려가 연구기관에 실험동물로 팔아 버리는 사기꾼도 있기 때문이다.

반려동물과 관련된 사기는 아주 많다. 만약 이런 사기에 휩쓸렸다면 즉시 경찰에 연락해서 제2의 피해자가 발생하는 것을 막아야 한다.

믿고 맡길 수 있는 반려동물 호텔

매년 개와 고양이 수천 마리가 반려동물 호텔에 맡겨진다. 하지만 대체 얼마나 많은 반려인이 반려동물 호텔의 운영방식과 시설이 제공하는 서비스를 알아보는 데 시간을 들일까? 최고의 보살핌을 제공한다고 장담하던 반려동물 호텔이 동물을 방치하거나 학대하는 경우가 종종 있다.

반려동물을 잘 돌봐주는 믿고 맡길 수 있는 호텔을 찾으려면 일단 그 동네를 잘 아는 수의사와 동네친구에게 먼저 추천할 만한 곳이 있는지 물어본다. 직접 찾아야 한다면 호텔의 평판이 어떤지 문제가 있었던 적은 없는지를 꼼꼼히 검색해 봐야 한다.

또한 치료, 약 먹이기, 어린 강아지를 위한 운동, 노견을 위한 보살핌 등 필요한 관리를 해줄 수 있는지도 물어본다. 호텔을 방문했을 때에는 청결한지, 매일 청소를 깨끗이 하는지 점검해 본다. 견고하고 높은 펜스가 있고, 통로에 칸막이가 쳐 있고, 입구가 자물쇠로 잠겨 있는지도 확인한다.

전용 운동장이 있는 호텔이라면 운동장이 바람, 비, 눈, 직사

광선에서 보호되는지를 확인하고, 펜스가 잘 쳐져 있는지, 문이 안전하게 잠기는지를 확인한다. 당신의 개가 심장 상태나 다른 질병 때문에 운동을 제한해야 하거나 펜스의 위나 아래로 탈출하는 경향이 있다면 반드시 운영자에게 알려 주어야 한다.

개집 안쪽을 확인해서 개가 삼킬 수 있는 뾰족한 물건이나 해로운 화학물질이 있는지 살펴본다. 개집 안에는 흙, 분변, 해충(벼룩, 파리, 진드기 등)이 없어야 하고, 자는 곳에 튼튼한 칸막이가 있어서 다른 동물에게 방해받지 않고 잘 수 있어야 한다.

잠자리가 깨끗하고 건조한지, 공간이 충분히 넓은지도 중요하다. 반려동물을 위한 침구는 어떤지도 확인해야 한다. 침대와 침구를 제공하는 곳도 있지만, 대부분 개에게 친근한 냄새가 배어 있는 침구를 집에서 가져가는 것이 좋다. 여름이나 겨울에도 편안하게 있을 수 있도록 호텔 내부의 온도조절이 잘 되는지도 실펴봐야 한다.

개마다 개별 물그릇이 있고, 마시는 물이 깨끗하게 채워져 있는지도 살핀다. 애견호텔에서는 대부분 사료를 제공하지만, 집에서 먹던 사료를 가져가도 된다. 밥과 간식을 먹이는 스케줄을 집에서 먹는 것과 똑같이 맞춰 줄 수 있는지도 물어봐야 한다.

만약 복용 중인 약이 있다면 약 먹이기에 추가비용을 지불해야 하는지를 확인하고, 당뇨병이 있는 개라면 당뇨병 주사를 놓아 줄 수 있는지도 확인해야 한다. 개가 호텔에 맡겨져 있는 동안은 개의 질병을 보살필 책임이 호텔에 있다.

호텔은 대부분 개가 예방접종을 마쳤는지 확인한다. 머무르는 동안 다른 동물에게서 병이 전염될 가능성도 있기 때문에 충분한 면역력이 있는지 확실히 하기 위해 항체검사를 해야 받아 주는 호텔도 있다.

가장 안 좋은 호텔은 운영자가 오후 7시에 퇴근해서 다음날 아침 출근할 때까지 자리를 비우는 곳이다. 만약 개가 한밤중에 위확장 증상을 보이거나 발작을 일으키거나 불이 나면 어떻게 될 것인가? 누가 동물을 도울 수 있단 말인가? 어떤 경우에도 사람이 24시간 지키지 않는 곳에는 개나 고양이를 맡겨서는 안 된다.

다음과 같은 수준의 호텔이라면 합격점에 속한다. 우선 맡겨진 개 한 마리 한 마리에게 충분한 관심과 시간과 애정을 들이는 곳이 좋다. 흙길 산책을 할 수 있으면 좋고, 통로는 반려동물이 스트레스를 받지 않도록 구분되어 나누어져 있고, 각각의 구역에는 텔레비전과 음악이 나오면 좋다. 비오는 날을 위해 라운지에는 TV, VCR, 장난감과 방석 등이 갖춰져 있어서 방문한 개나 나이 든 개가 긴장을 풀고 편안하게 쉴 수 있으면 좋다. 직접 만든 간식을 주는 곳이라면 더 없이 좋다.

고양이를 맡기는 것은 개를 맡기는 것과는 조금 다르다. 개만큼 넓은 운동장은 필요 없지만 넓은 공간을 즐기는 고양이를 위해 고양이가 놀 수 있는 공간을 따로 제공하는 곳이면 더욱 좋다. 각각의 우리에는 깨끗한 화장실과 물그릇이 있어야 한다.

고양이 발톱제거수술

아직도 고양이 발톱을 없애고 있는가? 사실 고양이 발톱을 제거하는 나라는 거의 없다. 영국, 웨일스, 스코틀랜드, 이탈리아, 프랑스, 독일, 오스트리아, 스위스, 스웨덴, 네덜란드, 북아일랜드, 덴마크, 핀란드, 슬로베니아, 포르투갈, 벨기에, 스페인, 브라질, 오스트레일리아, 뉴질랜드를 포함한 많은 나라에서는 고양이 발톱제거수술이 불법이거나 금지되어 있다. 미국과 캐나다의 수의사도 발톱을 제거하는 것이 고양이에게 얼마나 끔찍한 일인지 잘 알고 있기 때문에 대개는 고양이 발톱제거수술을 거절한다.

수의학 박사 매튜 에렌버그는 "발톱제거는 마지막 관절에서 발가락을 절단하는 수술이다. 발톱과 발톱이 나오는 뼈를 제거하는 수술은 사람의 손으로 치면 손톱 바로 아래에 있는 관절부터 손가락 끝을 잘라내는 것과 같은 수술."이라고 설명한다.[2]

수술 후 회복기는 매우 고통스러우며 수술 합병증도 심심찮게 일어난다. 즉, 의도하지 않은 발바닥 일부가 제거되기도 하고 불완전한 수술로 인해 발톱이 재생되기도 한다. 또한 감염, 마취 합병증 등의 위험도 높다. 수술로 인해 평생 절뚝거리며 살아야 할지도 모른다. 무엇보다 발톱을 제거한 고양이는 더 이상 스스로를 보호할 수 없다.

발톱을 제거한 후 발바닥에 심각한 감염을 일으킨 고양이는 많다. 캐나다 휴메인소사이어티의 맥도널드는 "많은 수의사가 발톱제거를 용납하지 않고 있다. 발톱이 제거된 고양이는 불편함에 계속 시달려야 하고 자연적인 방어능력을 뺏긴 고통 속에서 살아야 하기 때문이다. 안락사 이외에 다른 방법을 전혀 찾지 못한 절체절명의 순간에서야 마지막 수단으로 고려될 수 있을 뿐 발톱제거수술은 절대로 해서는 안 되는 수술이다."라고 이야기한다.[3]

개리 로웬달은 《홀 캣 저널》에서 "어떤 수의사들은 반려인의 죄책감을 덜어 준다고 레이저 발톱제거수술을 추천한다. 물론 레이저 수술은 출혈량이 적고 통증도 어느 정도는 줄일 수 있다. 하지만 발가락을 절단한다는 사실은 다를 바가 없다."고 지적했다.[4]

스크래치는 고양이의 본능이다. 고양이가 왜 긁는지에 대해 글렌다 무어는 다음과 같이 설명한다. "어떤 사람들은 고양이가 발톱을 날카롭게 갈기 위해 긁는다고 생각하지만 그것은 사람들이 고양이에 대해 잘 모르고 하는 소리이다. 고양이가 긁는 이유는 두 가지이다. 한 가지는 영역을 표시하는 것이고(고양이는 발바닥 사이에 땀샘이 있어서 고양이가 긁은 자리에 자신의 냄새를 남긴다), 나머지 하나는 발톱의 바깥쪽 층을 벗겨 내기 위한 것이다."[5]

여러 해 동안 나는 20마리의 고양이와 우리 집을 공유해 왔지만 단 한 번도 발톱제거수술을 한 적이 없다. 우리 고양이는 자기들이 좋아하는 기둥과 큰 통나무만 긁고 가구를 긁은 적은 거의 없다. 갈수록 더 많은 반려인, 수의사와 입법자가 고양이의 발톱제거수술(그리고 개의 성대수술)에 반대 목소리를 내고 있다. 그들은 발톱제거수술이 불필요한 수술일 뿐 아니라 비인간적인 행위라고 비난한다.

나는 종종 마하트마 간디를 인용한다. 위대한 지도자이자 비폭력주의의 스승인 간디는 "한 국가의 위대함과 도덕성은 그 나라가 동물을 대하는 방법을 통해 판단할 수 있다. 나는 약한 동물일수록 인간의 잔인함으로부터 인간에 의해 보호받을 권리가 있다고 믿는다."는 말을 남겼다.

아주 느린 속도이기는 하지만 인류는 동물이 우리가 원하는 대로 사용하고 학대할 수 있는 물건이 아니라 지구의 공동 거주자라는 것을 배워 나가고 있다. 동물을 존중하고 보살피는 과정을 통해 인류의 도덕성이 더욱 발전하기를 소망한다.

주석

1장

1. Lee, Don, "china's additives on menu in U.S.," *Los Angeles Times*, May 18, 2007.
2. Berry, Kate, "Export ban leads to pileup of dead beasts at rendering plant facilities," *Los Angeles Business Journal*, March 22, 2004.
3. Grillo, Leo, "Food Poisoning: You Are Eating California's Dead Pets," Information Sheet, October 2, 2007.
4. Farah, Joseph, "Seafood Imports from China Raised in Untreated Sewage," *World News Daily*, June 4, 2007.

2장

1. Cooke, David C., "Euthanasia of the Companion Animal," *Animal Disposal: Fact or Fiction*, American Veterinarians Medical Association, Panel on Euthanasia, 1988, p. 227.
2. Personal correspondence with AAFCO, the Department of Agriculture, State of Delaware, September 23, 1994.

3장

1. *CBC News*, Canada, "50M Lawsuit Filed Against Pet Food Company," March 20, 2007.
2. The Dog Food Project, "Menadione(Vitamin K3)," Website, www.dogfoodproject.com/index.php?page=menadione.
3. Griffith, H. Winter, *Complete Guide to Vitamins, Minerals and Other Supplements*, Tucson, Arizona: Fisher Books, 1988, p. 49.
4. Extoxnet Extension Toxicology Network, "Breakdown of Chemicals in Vegetation," Cornell University, Michigan State University, Oregon State University and University of California at Davis, Paper, May 1994.
5. Personal correspondence from Belfield, Wendell, DVM, to Sharon Benz, Center for Veterinary Medicine, letter, March 25, 2002.
6. The Animal Protection Institute, Investigative Report, May 2007.
7. Wirick, Steven J., "News and Announcements," Solid Gold Health Products for Pets, Inc., 2007.

4장

1. National Renderers Association, "Essential Rendering, All About the Animal By-Product Industry," Kirby Lithograph Company, Inc., Arlington, Virginia, 2006.
2. Personal correspondence with John Mays, National Animal Control Association, October 24, 2007.
3. Environmental Protection Act, Section 9.5.3, "Meat Rendering Plants," www.epa.gov/ttn/chief/ap42/ch09/final/c9s05-3.pdf.
4. Blakeslee, Sandra, "Disease Fear Prompts New Look at Rendering," *The New York Times*, March 11, 1997.
5. Personal correspondence with Alan Schulman, DVM, Los Angeles, California, July 24, 2000.
6. National Renderers Association, "Disposal (Rendering) of Deceased Animals from Los Angeles Country Animal Shelters," Fact Sheet, April 8, 2004.
7. Mortensen, Camilla, "The Road to No-Kill," *Eugene Weekly*, April 26, 2007.
8. Personal correspondence with John Mukhar, Senior Engineer for Environmental Enforcement, San Jose, October 31, 2007.
9. Food and Drug Administration, Center for Veterinary Medicine, "Food and Drug Administration/Center for Veterinary Medicine Report on the risk from pentobarbital in dog food," March 28, 2002. www.fda/gov/cvm/efoi/efoi/html
10. Myers, Michael J., PhD; Farrell, Dorothy, BS; Heller, David N., BS; Yancy, Haile, PhD, "Development of a polymerase chain reaction-based method to identify species-specific components in dog food," *American Journal of Veterinary Research*, Vol. 65, No. 1, January 2004.
11. Dorothy Farrell, Laboratory notes, June 28, 2001.
12. Personal correspondence with Joe Donnenhoffer, Roch Diagnostics, May 7, 2007.
13. Personal correspondence with Gene Weddington, PhD, May 24, 2001.
14. Faletra, Peter, PhD, "DNA and Heat," Office of Science, Department of Energy, University of Chicago, Molecular Biology, 2000. http://newton.dep.anl.gov/askasci/-mole00/mole00136.htm
15. Carlson, John, MD/PhD (parasitology), Tulane University, July 23, 1999. www.madsci.org/posts/archives/jul99/932995255.Mb.r.html
16. Personal correspondence with Albert Harper, PhD, Director of The Henry C. Lee Institute of Forensic Science, University of New Haven, July 17, 2002.
17. Peronal correspondence with Government of Quebec, Department of Food, Fisheries, and Agriculture, August 14, 1992.

18. Freeze, Colin, "Animal Feed to Exclude Cat, Dogs," *Globe and Mail*, June 4, 2001.
19. Lee-Shanok, Philip, "Is Your Animal a Cannibal?," *Toronto Sun*, June 7, 2001.
20. Personal correspondence with Mario Couture, Rendering Procurement Office, November 9, 2007.
21. Personal correspondence with Isabelle Trudeau, Ministry of Agriculture, Quebec, June 6, 2001.
22. Rothsay, "Backgrounder on Ministry of Environment Issues and Rothsay Dundas," *Community News*, Website, November 1, 2005. www.rothsay.ca/dundas.html#about_rothsay
23. 위의 책.

5장

1. Personal correspondence with Lori L. Miser, DVM, Illinois Department of Agriculture, Bureau of Animal Health, March 11, 2002.
2. "2000 Report of the American Veterinary Medical Association Panel on Euthanasia," *Journal of the American Veterinary Medical Association*, Vol. 218, No. 5, March 1, 2001, p. 685.
3. 위의 글.
4. O'Connor, John J., DVM, MPH; Stowe, Clarence M., VMD, PhD; Robinson, Robert R., BVSc, MPH, PhD, "Fate of Sodium Pentobarbital in Rendered Meterial", *American Journal of Veterinary Research*, Vol. 46, No. 8, August 1995, pp. 1721-1723.
5. United State Animal Health Association, "Report of the USAHA Committee on Feed Safety," 1998 Committee Report, October 7, 1998.
6. Personal correspondence with Wanda Russ, Policy Analyst, FDA, Executive Secretariat, February 8, 2001.
7. Food and Drug Administration, Center for Veterinary Medicine, "Food and Drug Administration/Center for Veterinary Medicine, Report on the risk from pentobarbital in dog food," March 28, 2002. www.fda/gov/cvm/efoi/efoi/html
8. 위의 글.
9. 위의 글.
10. Kawakejm, Joseph; Howard, Karyn; Farrell, Dorothy; Derr, Janice; Cope, Carol; Jackon, Jean; Myers, Michael, "Effect of oral administration of low doses of pentobarbital on the induction of cytochrome P450 isoforms and cytochrome P450-mediated reactions in immature beagles," *American Journal of Veterinary Research*, Vol. 64, pp. 1167-1175, 2003.

11. 위의 글.
12. Animal Ark, "Study Finds Euthanasia Agent in Pet Foods," *Report*, March 30, 2002.
13. Personal correspondence with Stephen Sundlof, DVM, Center for Veterinary Medicine, May 18, 2005.
14. Miser, Lori L., opt, cit.
15. California Department of Food and Agriculture, Animal Heath and Food Safety Services, Animal Care Program, "The Emergency Euthanasia of Horses," Information Sheet, November 1999.
16. National Euthanasia Registary, www.user.org/press.htm.
17. 위의 글.

6장

1. Benz, Sharon, PhD, "FDA's Regulation of Pet Food," Information for Consumers, Fact Sheet, 2001.
2. Personal correspondence with Rodney Noel, DVM, Indiana Associate State Chemist, April 16, 2007.
3. Personal correspondence with Robert Hougaard, Program Manager, Utah Department of Agriculture and Food, April 18, 2007.
4. Personal correspondence with David Shang, Department of Agriculture, New Jersey, April 19, 2005.
5. Personal correspondence with Arty Schronce, Georgia Department of Agriculture, April 18, 2007.
6. Department of Agriculture, "Association of American Feed Control Officials Feed Check Sample Program," State of Colorado, Information Sheet, 2001.
7. Personal correspondence with Nancy Cook, VP of Technical and Regulatory Affairs, Pet Food Institute, April 28, 2000.
8. Pet Food Institute, "A Consumers Guide to Pet Foods," Report, September 2002.
9. Personal correspondence with Denise Spencer, DVM, Senior Staff Veterinarian, United States Department of Agriculture, National Center for Import and Export, January 8, 2002.
10. Personal correspondence with Vic Powell, USDA, April 17, 2007.
11. Government of Canada, Canandian Food Inspection Agency, "Animal Health and Production Division: Import Procedures," Regulations, April 6, 2001.
12. European Economic Council, "Guidelines for pet food exports to Europe," Council Directive 90/667/Eurasian Economic Community(EEC), April 1997.

13. The Pet Food Manufacturer's Association, U.K., 2001. www.pfma.com/about.htm
14. Personal correspondence with Alison Walker, spokesperson for the Pet Food Manufacturers Association, U.K., March 19, 2002.
15. *The Japanese Market News*, "Pet Food," 2001. www.wtcjapan.ne.jp/jmm/petfood.html

7장

1. Euromonitor International, "Pet Foods and Accessories in the USA," Report, October 2005.
2. Institute of Food Science and Engineering, "Kal Kan Pet Care," Texas A&M University, Paper, 2001.
3. Cowdy, Hannah, "Royal Canin pet food buy makes Mars Europe top dog," Reuters, July 10, 2001.
4. KMOV-TV, St. Louis Missouri, "FTC approves Nestlés $10.3billion purchase of Ralston Purina," Report, December 11, 2001.
5. Federal Trade Commission, "Analysis of Proposed Consent Order to Aid Public Comment," Paper, December 11, 2001.
6. Gibbs, Gordon, "More Court Dates on the Menu in the Wake of Menu Foods Recall," *Lawyers and Settlements*, July 8, 2007.
7. Weise, Elizabeth, "Court; Menu Foods harassed pet owners," *USA Today*, May 26, 2007.
8. College of Veterinary Medicine and Biomedical Sciences, Executive Council Minutes, June 8, 2000.
9. Student Chapter of the American Veterinary Medical Association, "Hill's Food Orders," University of Colorado, Information Sheet, February 2007.
10. Nestlé Purina Veterinary College Program, Information Sheet, 2007.
11. Word Press, "Claudia Kirk, Shank for the pet food industry," website, www.lethaldose.wordpress.com/2007/04/06/claudia-kirk-dvm-skank-for-the-pet-food-industry.
12. *Journal of the American Veterinary Medical Association*, "Hill's Provides Impressive Funding for Future Conversation," Newsletter, December 1, 2003.
13. The Human Society of the United States, "Hill's Science Diet Signed as Major Sponsor of HSUS Programs," *Companion Animal Update*, Newsletter, February 2002.
14. 위의 글.
15. American Kennel Club, Canine Health Foundation, "AKC Canine Health Foundation Founders Club," Information Sheet, 2003.

8장

1. Johnson, Mark, "Lab Gets New Attention in Pet Food Case," Associated Press, April 1, 2007.
2. Staats, Jim, "Marin case confirms new tainted pet food," *Marin Independent Journal*, April 9, 2007.
3. Testimony by Stephen F. Sundlof, DVM, PhD, Pet Food Hearing Transcripts, April 12, 2007.
4. Testimony by Duane Ekedahl, Pet Food Hearing Trascript, April 12, 2007.
5. 위와 같음.
6. 위와 같음.
7. Patterson, Ashleigh, *CTV News*, "Scientists track chemical reactions in pet food," Report, April 7, 2007.
8. Barboza, David, "China finds two companies guilty in tainted pet food export," *International Herald Tribune*, May 8, 2007.
9. Phillips, Tim, "Menu CEO talks recalls," *Pet Food Industry Magazine*, September 18, 2007.
10. Lee, Don and Goldman, Abigail, "Factory linked to tainted food found closed," *Los Angeles Times*, May 11, 2007.
11. Schmit, Julie, "Pet food probe: Who was watching suppliers?" *USA Today*, May 11, 2007.
12. Food and Drug Administration, "Pet Food Recall/Contaminated Food, Update Report", August 1, 2007.
13. "U.S. Food Imports Rarely Inspected," Associated Press, April 16, 2007.
14. Food and Drug Administration, Department of Health and Human Services, "Inspectional Observations," Diamond Pet Food Processors of South Carolina, Gaston, South Carolina, December 21, 2005 to January 19, 2006.
15. Lang, Susan, "Dogs keep dying," Cornell University, *Chronicle Online*, Updated, January 17, 2006.
16. *FDA News*, "FDA Warns Consumers Not to Use Wild Kitty Cat Food Due to Salmonella Contamination," Febuary 13, 2007.
17. Barboza, David, and Barrionuevo, Alexei, "Filler in Animal Feed Is Open Secret In China," *New York Times*, April 30, 2007.

9장

1. The Massachusetts Society for the Prevention of Cruelty to Animals, "Product Safety Testing," 2006. www.mspca.org/site/PageServer?pagename=advo_Lab_Animals_Product_

SafeTest

2. Stoick, Kristie, "Ohio State University: A Year of Cruelty," *Physicians Committee for Responsible Medicine Magazine*, Winter, 2007, Volume XVI, Number 1.

3. Stop Animal Tests, "Whistleblower Exposes Cruel Cat Experiments at UC Denver and Health Science Center," Report, February 2007.

4. O'Donnell, Noreen, "New York Medical College May Discontinue Dog Labs," *New York's Lower Hudson Valley*, November 14, 2007. www.lohud.com/apps/pbcs.dll/article?AID=/20071114/NEWS01/711140357/1265/columnist25

5. Johnston, Lucy, Health Editor, "Iams-Pet Food Cruelty Exposed," *Sunday Express*, May 27, 2001.

6. Uncaged Campaigns, "Iams—The Suffering Behind the Science," June 1, 2001. www.uncaged.co.uk/iams.htm

7. Animal People Online, "Pet Food and Procter and Gamble", June 2001. Http://207.36.38.241/01/6/petfoodAP0601.html.

8. PETA, "The Rotten Truth Behind Iams 'Dental Defenses's Diet'." www.iamscruelty.com/iams-feat-dental.sap

9. Keep On Fighting, "Iams Kills 32 Great Dane Puppies," May 14, 2004. www.keeponfighting.net/article.php?story-20040514061955564

10. Care2, "Iams Cruelty," April 9, 2005. www.care2.com/c2c/groups/disc.html?gpp=3600&pst=71216&archival=1

11. The Group for the Education of Animal-Related Issues(GEARI), "Sinclair Research Center Recent Animal Testing Facility to be Found Guilty of Committing Nearly 40 Violations of the Federal Animal Welfare Act," March 27, 2007. http://geari.blogspot.com/2007/03/sinclair-research-center-recent-animal.html

12. 위의 글.

13. Stop Cruelty, "Procter & Gamble Animal Testing," www.iamsagaingstcruelty.com/iac/jsp/factsHistory/P&GAnimalTesting.jsp.

14. Personal correspondence with Shalin Gala, Senior Researcher, PETA, February 26, 2008.

15. Carter-Long, Lawrence, "Stop Torturing Animals for Pet Food Research," Animal Protection Institute, Press release, August 6, 2001.

16. Alternative Veterinary Medicine Center, "Alternative Medicine for Animals," www.alternativevet.org.

17. *Journal of Animal Physiology & Animal Nutrition*, Vol. 87, 2003, pp. 315-323.

18. British Union for the Abolition of Vivisection, "In The Can-Pet Food Tests Expose," Press release, June 2000.

19. 위의 글.

20. PETA, "Menu Foods Animal Tests: A PETA Investigation," 2002-2003. www.peta.org/feat/iams/menu-video.html.
21. Benjamin, David, Letter to Len Sauers, Procter & Gamble Company, March 21, 2007.
22. Born Free, "What's Really In Pet Food," May 2007. www.api4animals.org/facts.php?p=359&more=1

10장

1. Strombeck, Donald R., DVM, PhD, *Home Prepared Dog and Cat Diets*, Iowa State University Press, Ames, Iowa, 1999, p. 8.
2. Plechner, Alfred J., DVM, with Zucker, Martin, *Pets At Risk: From Allergies to Cancer, Remedies for an Unsuspected Epidemic*, NewSage Press, Troutdale, Oregon, 2003, p. 6.
3. Editorial, "The Biggest Recall Ever," *The New York Times*, February 21, 2008.
4. Personal correspondence with Alex Beinart, Halo, Purely for Pets, March 18, 2008.
5. Mulligan Stew™ Pet Food, "Unleashing the Next Revolution in Pet Nutrition," www.mulliganstewpetfood.com.
6. Personal correspondence with Peter Atkins, Natura, August 8, 2007.
7. Personal correspondence with L. Phillips Brown, DVM, Corporate Veterinarian, Newman's Own® Organics, July 1, 2007.
8. Personal correspondence with Peter Muhlenfeld, Orijen Pet Foods, July 16, 2007.
9. Personal correspondence with Michele Dixon, Petcurean, July 9, 2007. Petcurean website, www.petcurean.com
10. Personal correspondence with Leasa Greer, Solid Gold Health Products for Pets, July 27, 2007.
11. Personal correspondence with Joseph Carey, Timberwolf Organics, June 29, 2007.
12. Johnson, Tim, "China corners vitamin market," *The Seattle Times*, June 3, 2007.
13. Schmit, Julie; Weise, Elizabeth, "Chinese imports nixed by key firm," *USA Today*, June 5, 2007.
14. Goldstein, David, "Tainted Wheat Gluten Sold as Human Grade," *Huffington Post*, April 1, 2007.

11장

1. Pion, P. D.; Kittleson, M. D.;Rogers, Q. R.; Morris, J. G., "Myocardial failure in cats associated with low plasma taurine; a reversible cardiomyopathy," *Science*, Vol. 237, Issue 4816, pp. 764-768.
2. Foster, Rory, DVM; Smith, Marty, DVM, "Protein Requirements for Good Nutrition," www.peteducation.com/article.dfm?cls=1&articleid=701, 2007.
3. Vegetarian Society of the United Kingdom, "Cats—a vegetarian diet?," Information paper, www.vegsoc.org/info/catfood.html.
4. Foster, Rory, DVM; Smith, Marty, DVM, "Carbohydrates as Energy Sources in Cat Foods," Paper, 2007.
5. 위의 글.
6. 위의 글.
7. Plechner, Alfred, DVM, with Zucker, Martin, *Pets At Risk: From Allergies to Cancer, Remedies for an Unsuspected Epidemic*, NewSage Press, Troutdale, Oregon, 2003, p. 43.
8. Mangels, Reed, PhD, RD, "Guide to Grains," *Vegetarian Journal*, Sept/Oct 1999. www.vrg.org/journal/vj99sep/999grains.htm
9. Roehl, Evelyn, "Quinoa from the Andes," *Whole Food Facts*, Healing Arts Press, Rochester, Vermont, 1996.
10. Putnam, D. H.; Oplinger, E. S.; Doll, J. D.; and Schulte, E.M., *Alternative Field Crops Manual*, "Amaranth." www.hort.purdue.edu/newcrop/afcm/amaranth.html
11. Dunn, T. J., DVM, "Fatty Acids, You and Your Pet," The Pet Center.com. www.thepetcenter.com/gen/fa.html
12. The Vegetarian Society of the United Kingdom, "Cats—A Vegetarian Diet?" Information Sheet, 2007.
13. Provet Healthcare Information, "Vitamin A." www.provet.co.uk/petfacts/healthtips/vitamina.htm
14. Plechner, Alfred, DVM, opt.cit.
15. Strieker, M. J.; Morris, J. G.; Feldman, B. F.; Rogers, Q. R., "Vitamin K deficiency in cats fed commercial fish-based diets," Paper, July 1996, Department of Molecular Biology, School of Veterinary Medicine, University of California.
16. Houpt, K. A.; Essick, L. A.; Shaw, E. B.; Alo, D. K.; Gilmartin, J. E.; Gutenmann, W. H.; Littman, C. B.; Lisk, D. J., "A tuna fish diet influences cat behavior," Paper, 1988, Department of Physiology, Cornell University, New York State College of Vererinary Medicine.
17. Nowell, Kristine; Jackson, Peter, "Wild Cats, Status Survey and Conservation Action Plan IUCN/SSC Cat Specialist Group," p. 32, 1996.

18. Kass, P. H.; Peterson, M. E.; Levy, J.; James, K.; Becker, D. V.; Cowgill, L. D., "Evaluation of environmental, nutritional, and host factors in cats with hyperthyroidism," July-August 1999, Department of Population and Reproduction, School of Veterinary Medicine, University of California.
19. 위의 글.
20. Edinboro, C. H.; Scott-Moncrieff, J. C.; Janovitz, E.; Thacker, H. L.; Glickman, L. T., "Epidemiologic study of relationships between consumption of commercial canned food and risk of hyperthyroidism in cat," *Journal of the American Veterinary Medical Association*, May 2004, Vol. 224, pp. 879-886.

12장

1. Healthy Recipes for Pets, "Cat Food Recipes," www.healthyrecipesforpets.com/cat_food_recipes.html.
2. 위의 글.
3. Plechner, Alfred, DVM, with Martin Zucker, *Pets at Risk: From Allergies to Cancer, Remedies for an Unsuspected Epidemic*, NewSage Press, Troutdale, Oregon, 2004, p. 43.
4. 위의 책, pp. 108-109.
5. Healthy Recipes for Pets, op.cit.
6. Cat Treat Recipes Using Meat, Chicken and Turkey. www.nocans.com/cat-meat-treats.html

13장

1. Goldstein, Martin, DVM, *The Nature of Animal Healing*, New York, Ballantine Books, 1999, p. 127.
2. "Quinoa, Soul Food of the Andes," www.vegparadise.com/highestperch36.html.
3. Brown, Andi, *The Whole Pet Diet*, Celestial Arts, Berkeley, California, 2006, p. 67.
4. Messonnier, Shawn, "Using Whole Food Supplements to Treat a Common Skin Disorder," *Pet Care*. www.petcarenaturally.com/articles/using-whole-food-supplements.php
5. Plechner, Alfred J., DVM., with Marin Zucker, *Pets at Risk: From Allergies to Cancer, Remedies for an Unsuspected Epidemic*, NewSage Press, Troutdale, Oregon, 2003.
6. Zucker, Martin, *Natural Remedies for Dogs*, New York, Three Rivers Press, 1999, p. 44.
7. Belfield, Wendell, DVM; Zucker, Martin, *How to Have a Healthier Dog*, New York, Doubleday and Company, 1981, p. 89.

8. Contreras, Sabine, "Canine Care and Nutrition," The Dog Food Project. www.dogfoodproject.com/index.php?page-myths
9. Koelkebeck, Ken W., DVM, "What is Egg Shell Quality and How to Preserve It," Department of Animal Sciences, University of Illinois, 2007. http://ag.ansc.purdue.edu/poultry/multistate.koelkebeck1.htm
10. Fascetti, A. J.; Rogers, Q. R.; Backus, R. C.; Cohen, G.; Pion, P. D.; Good, K. L., "Taurine deficiency in Newfoundlands fed commercially available complete and balanced diets," *Journal of the American Veterinary Medical Association*, Vol. 223, No. 8, pp. 1130-1136, 2003.
11. The Vegetarian Society, "Dogs, a Vegetarian Diet," Information Sheet. www.vegsoc.org/info/dogfood1.html
12. Pitcairn, Richard, DVM, "Using Calcium In Home Prepared Diets." www.drpitcairn.com/books/pitcairn_book.html
13. 위의 글.

14장

1. American Society for the Prevention of Cruelty to Animal, Animal Poison Control Center, Paper, 2007.
2. Doggie Connection, www.doggieconnection.com/recipe.
3. Sweetie's Yorkie Web World. www.geocities.com/Heartland/Pointe/9350/recipes.html
4. Plechner, Alfred J., DVM with Zucker, Martin, *Pets at Risk: From Allergies to Cancer, Remedies for an Unsuspected Epidemic*, NewSage Press, Troutdale, Oregon, 2003, p. 43.
5. Healthy Recipes for Dogs. www.healthyrecipesforpets.com/dog_food_recipes.html.
6. Good Dog Express. www.gooddogexpress.com/recipes.htm
7. Pet Meds On Line, Homemade Vegetarian Dog Treats. www.petmedsonline.org/homemade-vegetarian-dog-treats.html
8. BarkBarkImHungry.com, www.barkbarkimhungry.com.
9. Pet Meds On Line, op.cit.

15장

1. Feinman, Jeff, VMD, CVH, "Bloat," from Dr. Feinman's Library. www.homevet.com/brochure.html1#vet, 1996.
2. Bell, Jerold S., DVM, "Healthy Dog," Article, Tufts University School of Veterinary Medicine, Canine and Feline Breeding and Genetics Conference, April

2003.

3. Raghaven, M, et al, "Diet-related risk factors for gastric dilation-volvulus in dogs of high-risk breeds," *Journal of the American Animal Health Association*, 40:192-2003, 2004

4. 위의 글, Bell, Jerold, DVM.

5. "Bloat: The Mother of All Emergencies." www.marvistavet.com/html/body_bloat.html

6. Glickman, Lawrence, VMD, Dr.PH; Glickman, Nita W., MS, MPH; Schellenberg, Diana B., MS; Raghaven, Malathi, DVM, MS; Lee, Tana, BA, "Canine Gastric Dilatation-Volvulus (Bloat)," *Journal of the American Veterinary Medical Association*, 2000; 216 (1) pp. 40-45.

7. 위의 글.

8. Bell, Jerold, DVM., opt.cit.

9. Glickman, Lawrence, T., VMD, opt. cit.

16장

1. Plechner, Alfred J., DVM., with Martin Zucker, *Pets At risk: From Allergies to Cancer, Remedies for an Unsuspected Epidemic*, NewSage Press, Troutdale, Oregon, 2003, p. 9.

2. Ehrenbery, Matthew, "The Ethics of Declawing," Information Sheet, 1999.

3. Canadian Federation of Humane Societies, "Happy Indoor Cats," Fact Sheet, July 1998.

4. Loewenthal, Gray, "Why Cats Need Claws," *Whole Cat Journal*, September 2002.

5. Moore, Glenda, "Why Does A Cat Do That?," www.xmission.com/~emailbox/whycat.htm.

추천도서

Anderson, N., Peiper H., DVM, *Are You Poisoning Your Pet?*, East Canaan, Connecticut: Safe Goods Publishing, 1995.

Anderson, N., Peiper H., DVM, *Super-Nutrition for Dogs n'Cats*, East Canaan, Connecticut: Safe Goods Publishing, 2000.

Brown, Andi, *The Whole Pet Diet: Eight Weeks to Great Health for Dogs and Cats*, Berkley, California: Celestial Arts, 2006.

Congalton, D., Alexander, C., *When Your Pet Outlives You: Protecting Animal Companions After You Die*, Troutdale, Oregon: NewSage Press, 2002.

Downing, R., DVM, *Pets Living with Cancer*, Lakewood, Colorado: American Animal Hospital Association Press, 2000.

Eisnitz, G. A., *Slaughterhouse*, Amherst, New York: Prometheus Books, 1997.

Fox, M. W., DVM, *Eating with Conscience: The Bioethics of Food*, Troutdale, Oregon: NewSage Press, 1997.

Fox, M. W., DVM, *The Healing Touch For Dogs*, New York: Newmarket Press, 2004.

Fox, M. W., DVM, *The Healing Touch For Cats*, New York: Newmarket Press, 2004.

Goldstein, M., DVM, *The Nature of Animal Healing*, New York: Alfred A. Knopf, 1999.

Houston, L., *Nobody's Best Friend*, Chester, New Jersey: MCE Press, 1998.

Martin, A. N., *Protect Your Pet: More Shocking Facts*, Troutdale, Oregon: NewSage Press, 2001.

Merwick, K., *People Food for Dogs*, Seattle, Washington: Elfin Cove Press, 1997.

Messonnier, S., DVM, *The Natural Vet's Guide to Prevent and Treating Cancer in Dogs*, Novato, California, New World Library, 2006.

Messonnier, S., DVM, T*he Allergy Solution for Dogs: Natural and Conventional Therapies to Ease Discomfort and Enhance Your Dog's Quality of Life*, Roseville, California: Prima Publishing, 2000.

Messonnier, S., DVM, *Natural Health Bible for Dogs & Cats: Your A-Z Guide to Over 200 Conditions, Herbs, Vitamins, and Supplements*, Roseville, California: Prima Publishing, 2001.

Plechner, A., DVM, with Zucker, M., *Pets At Risk: From Allergies to Cancer, Remedies for an Unsuspected Epidemic*, Troutdale, Oregon: NewSage Press, 2003.

Schlosser, E., *Fast Food Nation: The Dark Side of the American Meal*, New York: Houghton Mifflin, 2001.

Straw, D., *Why Is Cancer Killing Our Pets?*, Rochester, Vermont: Healing Arts Press, 2000.

Straw, D., *The Healthy Pet Manual*, Rochester, Vermont: Healing Arts Press, 2005.

Strombeck, D. R., DVM, *Home Prepared Dog and Cat Diets*, Ames, Iowa: Iowa State University Press, 1999.

Zucker, M., *Natural Remedies for Cats*, New York: Three River Press, 1999.

Zucker, M., *Natural Remedies for Dogs*, New York: Three River Press, 1999.

찾아보기

ㄱ

간세포 파괴 73
간효소 73
개, 고양이 사체 28, 47
건사료 242
건조 생식 사료 156
검역 124, 129
견과류 222
고내추럴 164
고양이 갑상성항진증 180
고양이 건사료 182
고양이 생식 192
고창증 241
고칼슘혈증 127
골분 215
곰팡이 110
광우병 92
교차오염 122, 153
9라이브스 98
구리 42
국립동물관리협회(NACA) 51
국립사료위원회 118
그레이비트레인 98, 168

그레이트데인 242
근친교배 253
급성 신부전 111

ㄴ

나우 164
나트륨 196
납 110, 215
내분비 면역체계 불균형 211
내추라펫프로덕트 159
내추럴밸런스 97, 151
내추럴블렌드 98
네슬레퓨리나 114
네이처스레시피 98, 125
누즐 157
뉴먼스오운오가닉 160
뉴웰니스코어도그오션포뮬러 162
뉴트로 112, 115
니아신 171

ㄷ

다국적 사료회사 100

다이아몬드 126, 152
단백질 196, 205
달걀껍데기 213
당뇨병 195
대즈 69
대형견 224, 241
델몬트 98, 114
DELTA 22
도그푸드프로젝트 41
도앤펫케어 126
독성물질 34
동물단체 105
동물독극물규제센터 221
동물보호소 51, 65
동물실험 131
동물실험금지단체 132
동물실험을 하지 않는 사료회사 145
동물영양학 204
동물학대방지협회 131
돼지고기 206
D&D 54
DNA 59
디엔틸렌 글리콜 110
디자이너 도그 252
디프체스트 243

ㄹ

락토오스 212
랄스톤퓨리나 99
렌더링 18, 36, 47
로드세이 63
로드킬 37
로얄캐닌 101, 127
리놀레 174
리놀레산 209

리놀렌산 209
리브어리틀 155
리워드 70, 98
리처드 피케른 215
리치푸드 70

ㅁ

마늘 183, 221
마르스 97
마이티도그 112
마취제 65
마카다미아너츠 222
마틴 골드스타인 205
마틴피드밀스 98, 125
매장 53
머더네이처 160
멀리건스튜펫푸드 158
메나디온 41
메뉴푸드 97, 101, 111, 117, 143, 152
메디-칼 98
메릭펫푸드 165
메이플리프 63
멜라민 113, 115, 121
멜라민 찌꺼기 122
모넨신 125
몬샌토 45
뮤믹스 99
미국 농림부 동식물보건관리처 80
미국 농림부 식품안전검사부 80
미국 농림부(USDA) 22, 87
미국 식품의약국 수의학센터 81
미국 식품의약국(FDA) 20, 81
미국사료협회(AAFCO) 27, 83
미국산업안전보건청(OSHA) 37
미네랄 41, 100, 167, 196

미코톡신 34, 110
믹스견 252
밀 글루텐 112, 168
밀레니아 쇠고기와 보리 166

ㅂ

반려동물 사체 92
반려동물 영양학자 205
반려동물 호텔 260
발톱제거수술 262
방부제 43, 149
버브 157
벳츠초이스 120
변비 175, 182
보미톡신 125
보존제 149
보충제 112, 210
본프리USA 144
부산물 31, 38
블루버펄로 97
비만 172, 182
비타민 40, 167
비타민 과다 섭취 176
비타민 A 171, 176
비타민 D 101, 176
비타민 D$_3$ 127
비타민 K 41
비타민 K 결핍 178
빈혈 183
뼈 215

ㅅ

4-D 동물 49
사료 리콜 사태 19, 82, 109

사료 알레르기 148
사료검역 117
사료과민반응 148
사료규제 85
사료급여 실험 84
사료분석 84
사료성분표 25
사료협회(PFI) 52, 86
사이언스다이어트 112
사이클 98
산호세탤로 55
살모넬라 110, 128
살쾡이 178
새니맥스그룹 62
새니멀렌더링 62
생선 29, 177
생선 기름 209
생식 207
생식사료 129, 156
생체실험저지모임 142
서밋 164
선샤인밀스 114
섬유소 175
성분 분할 33
성분표 34
센서블초이스 98
셀레늄 178
셰바 97
소형견 243
소화효소 177, 210
소화흡수불량 210
솔리드골드 46, 165
쇠고기 리콜 사태 49, 153
수은 178
쉬저우 안잉 생명공학 개발회사 114, 122
슈게인펫푸드 63

슈퍼 G 69
스무츠 157
스크래치 264
스키피 98
스틱 마크 27
스페셜키티포뮬러 98
스폿스스튜 155
시먼스 128
시메시콘 248
시아누르산 121
시트르산 248
식물성 기름 209
식분증 177
식품 알레르기 211
신장 결석 211
심근증 170, 185
심장병 195
싱클레어리서치 139

ㅇ

아기 고양이 200
아라키돈 지방산 174
아마란스 174
아메리카초이스 69
아메리칸뉴트리션 97, 158
아메리칸페어 128
아미노산 170
아보카도 220
아연 100, 142
아이암스 97, 99, 103, 112, 128, 135, 157
아이암스크루얼티닷컴 139
IgA(면역글로블린 A) 177
아카나 163
아타보이 97
아타캣 97

아플라톡신 126
안락사 22, 47, 51, 65
알레르기 148, 159, 172, 182, 194, 198, 232
알포 99, 114, 142
애드백 플랜 198, 232
앨리캣 99
앨프레드 플레너 148, 173, 196, 210, 232
야생동물 75
양식장 55
양파 183, 221
어니스트키친 156
어분 30
에보 159
에톡시퀸 45
엑셀 98
연방동물복지법 139
연어 177
영국사료협회 91
영국의 사료 규제 91
영양 보충제 176
영양제 176, 209
오리젠펫푸드 163
옥수수 글루텐 120
올드로이 70
올드머더허바드 162, 167
올로이 69, 97, 126, 168
와이즈밸류 69
와일드키티캣푸드 128
요구르트 212
용혈성 빈혈 42
울프컵 166
울프킹 166
월섬 97, 105
웨스트코스트렌더링 19
웨이즈 70
웰니스 162

위고정술 250
위스커스 97
위자료소송 102
위확장 241
유기동물 53
유럽의 사료 규제 90
유전적 관계 247
유제품 211
유카누바 97, 112, 128
육골분 22
육류부산물 26
육분 27, 29, 47, 50
육식성 214
음식 알레르기 199
음식물 쓰레기 37
응급처치 249
이노바 159
이유식 183
이치모 110
인 42, 216
인공향료 43
일본의 사료 규제 92
임바크 157
입양 사기 254

중국 농산물 129
중국 생산업체 122
중국산 원료 46
중금속 215
중독사 76
지방 36, 174
지방산 170
지용성 비타민 176
집단소송 101

ㅊ

참치 177
참치 알레르기 179
채식 171, 214
채식주의자 모임 215
책임있는 의료를 위한 의사회(PCRM) 132
챔프 청스 70
챔피언펫푸드 163
천연성분 사료 149
천연원료 사료회사 151, 154
첨가제 43, 128, 149
청문회 117
초콜릿 221
치약 110

ㅋ

카로틴 176
카르마 159
카페인 221
칼슘 211
칼칸 97
캐스코 98
캘리포니아내추럴드라이 159
캣츠엔플로켄 166

ㅈ

자연식 식단 148, 183, 203
자일리톨 222
잡식성 214, 219
장난감 110
저스트어위빗어덜트 166
저지방 197
전수검사 119
정보자유법 20, 57
제한급식 232

켄엘레이션 69
코티지 치즈 199, 212
콜게이트팜올리브 124
퀴노아 173
크롬 128
키블셀렉트 69
키블스앤비츠 98

ㅌ

타우린 46, 168, 170, 185, 214
탄수화물 172, 182, 208
테크니-칼 98
트레일블레이저 69
트리브 157
트립신 177
트윈펫 128
팀버울프오가닉사 166

ㅍ

파운스 168
페디그리 97
PETA 138, 140, 143
펜토바르비탈 나트륨 57, 65
펜토바르비탈 나트륨 내성 66
펫가드 165
펫골드 70
펫에센셜 69
펫커넥션 111, 116
펫큐리안펫뉴트리션 164
펫팬트리 163
포도 221
포스 157
포트럭 128
품종개량가 253

퓨리나 100, 103, 112
퓨어리 포 펫츠 154
프레드캐닌쿠진 128
프로벳헬스케어 176
프로올 157
프리스크립션 다이어트 M/D 114
프리스키 99
프리퍼런스 157
프로플랜 70
피부 문제 210
피앤지 99, 112, 138, 141
필수 지방산 209
핏앤액티브 128

ㅎ

하이브리드 도그 252
하인츠 69, 98
하인츠 보디 183
하청업체 151
할로 154, 189
해피테일스 168
헌드엔플로켄 165
헬스와이즈 160
혈액응고능력 178
호두 222
홀리스틱 수의사 147, 204
홀리스틱블렌드어덜트도그 166
화장 53
화학적 변성제 37
확장성 심근증 170, 214
회복식 197
효소 177
휴메인소사이어티 105, 153
힐스 103, 112, 114, 141

역자 후기

    이 책을 번역하면서 사료의 비밀을 파헤치기 위한 저자의 험난한 과정을 접할 때마다 비슷한 길을 걸었던 나의 지난 시간이 겹쳐졌다.
    2007년 미국의 사료 리콜 파동을 접하고 나는 이 사태가 금방 해결될 것이라고 생각했다. 그러나 해결되기는커녕 상황은 점점 나빠졌고 내 블로그에 올리는 사료 리콜 관련 포스트 수는 점점 더 늘어갔다.
    수입산 사료를 먹이는 수천, 수만 명의 반려인이 매일 내 블로그를 방문해 자신의 반려동물에게 먹이는 사료가 안전한지, 안전한 사료로는 어떤 것이 있는지 질문을 던졌다. 우리나라 반려동물이 대부분 수입산 사료를 먹는 상황에서 반려인들은 절박했다. 그 질문에 답하기 위해 나 역시 이 책의 저자처럼 우리나라의 식약청,

농림부, 서울시청, 검역 센터 등에 연락을 취했다. 하지만 리콜 목록에 오른 사료가 한국에 수입되고 있다는 사실조차 모르는 기관이 있었고, 저자가 접했던 미국, 캐나다의 관료사회처럼 우리나라 역시 다른 기관에 대답을 미루기 일쑤였다.

2007년 미국에서는 멜라민에 오염된 원료가 중국산 쌀 단백질에 이어 밀가루에도 첨가되었다는 것, 멜라민에 오염된 밀가루 및 해산물이 사람들이 먹는 식품 유통과정에 유입되었을 가능성 때문에 대대적인 조사에 들어갔다.

나는 다시 연락을 취했다. 밀가루에도 멜라민이 들어가 있다는데 중국에서 수입되는 쌀 단백질, 밀가루까지 멜라민 검사를 해야 하지 않느냐는 질문에 한 담당자는 멜라민은 먹는 음식이 아니기 때문에 식품에서 따로 멜라민 검사를 할 필요가 없다고 대답했다. 아무리 노력해도 개인의 힘으로는 멜라민을 수입식품 독성 물질 검사목록에 포함시킬 수 있는 방법을 찾지 못했던 나는 이 문제를 파고드는 것을 포기했다. 하지만 이 책의 저자인 앤 N. 마틴은 달랐다.

이 책 전반에 걸쳐서 보여 주는 그녀의 조사내용은 광범위할 뿐 아니라 충분한 근거자료에 바탕을 둔 정확한 사실이다. 그녀는 정부 당국의 대답을 얻기 위해 3년에 걸쳐 소송을 하기도 했다. 거대한 벽과 같은 기관, 대기업을 상대로 그녀가 얼마나 많은 시간과 노력을 기울였는지 너무나 잘 알 수 있다.

그러므로 이 책을 번역하는 일은 내게 있어, 내가 하지 못했던, 아니 힘들어서 포기했던 일에 대한 일종의 속죄였다. 무엇보다도 이 책은 모든 사람이 알아야만 하는 진실을 이야기하고 있기 때문에 소중하고 의미 있는 책이다. 하지만 동시에 누구나 고개를 돌리고 싶어하는 추악한 진실에 관한 책을 누가 읽고 싶어 할 것인가라는 의구심도 든다. 아직 한국은 반려동물의 먹을거리는커녕 반려동물 문화조차 채 성숙되지 못한 상태이기 때문이다.

어쩌면 "개나 고양이 먹을거리 걱정할 시간에 사람 먹는 거나 걱정해라."라는 소리나 듣게 될지도 모른다. 하지만 반려동물의 먹을거리는 사람의 먹을거리와도 밀접한 관련이 있음을 이 책을 통해 배울 수 있다.

사료 리콜 사태가 터지고 채 1년이 지나지 않은 2008년 과자가 멜라민에 오염되었다는 사실이 밝혀졌고, 문제를 일으킨 것은 과자에 들어간 중국산 분유였다. 1년 전의 사료 리콜 사태 당시 중국에서 수입하는 식품원료를 대상으로 하는 독성 물질 검사목록에 멜라민을 추가해 넣기만 했어도 아이들은 멜라민에 오염된 과자를 먹지 않을 수 있었다.

또한 6장에 나오는 영국의 사료규정에는 광우병 때문에 소, 양, 염소 머리, 비장, 뇌, 척추, 소장, 대장 등이 동물사료에 사용하지 못하도록 법적으로 금지되어 있는데, 한국에는 소장과 내장이 수입되고 있다. 따라서 이 책은 단순히 반려동물의 건강만을 위한 책이 아니다.

13장에서 홀리스틱 수의학 박사 리처드 피케른은 미국산 소뼈는 위험할 정도로 높은 수치의 납과 중금속이 검출되기 때문에 정원 비료로도 제한적으로 허용되므로 반려동물용 골분 제품에 미국산 소뼈를 사용해서는 안 된다고 말한다. 히지만 2008년 쇠고기 협상 이후 한국은 미국산 소의 광우병 특정 위험물질(SRM)을 제외한 모든 부위를 수입하고 있다. 미국에서는 비료로도 제한적으로 허용되는 소뼈가 수입되는 것이다.

반려동물도 사람과 마찬가지로 살아 있는 한 건강한 삶을 살 권리가 있고, 반려동물의 건강을 지킬 수 있는 것은 정보로 무장한 반려인뿐이다. 이 책이 반려인이 반려동물의 먹을거리와 사료, 영양 등에 관한 정보의 바다에서 길을 잃지 않게 해 주는 가이드북이 되어 주기를 바란다.

이지묘

편집후기

2007년 미국에서 사상 최악의 사료 리콜 사태가 발생했을 때 국내 반려인들은 철저히 소외되었다. 국내 반려동물이 대부분 수입산 사료를 먹는 현실에서 미국에서 수천 마리의 개, 고양이가 사료로 인해 죽어 가고 있다는데도 국내 언론은 외면했고, 사료 수입 회사들 역시 소비자들의 문의에 '우리 사료는 문제없다.'로 일관했다.

이런 상황 속에서 반려인들은 스스로 외국 신문 기사와 하루가 다르게 업데이트되는 리콜 사료 리스트를 번역해서 인터넷에 올렸다. 하지만 전문가가 아닌 개인의 힘으로 미국의 사료 리콜 사태가 국내 사료 상황에 어떤 영향을 끼치는지는 자세히 알 수 없어 한계가 있었다.

이 책은 2007년의 리콜 사태와 함께 사료업계 전반에 관한 르포이다. 사료성분표에 적혀 있는 원료의 실상이 어떠한지, 사료 포장지에 인쇄된 각 기관의 안정성 인증 마크가 얼마나 허황된 것인지, 다국적 기업, 거대기업의 사료 생산과정이 얼마나 허술한지를 여실히 보여 준다. 근 20년 간 저자가 거대 사료회사들과 투쟁하여 얻은 정보들은 소비자들이 대기업 제품이면 믿을 만하다는 환상에서 깨어날 것을 요구하고 있다.

이 책을 통해 한국의 반려인들은 그간 몰랐던 사료의 제조과정과 그 속 이야기를 낱낱이 들을 수 있다. 저자는 이런 정보를 통해 반려인이 똑똑해지기를 바란다. 사료회사를 바꿀 수 있는 힘은 정부기관이나 관련 단체가 아닌 깨어 있는 소비자의 힘이기 때문이다. 2007년 리콜 사태 후 미국에서는 자연식으로 바꾸는 반려인이 늘었고, 천연 원료 사료에 대한 요구가 커졌고 이런 반려인들의 변화는 사료회사를 긴장시켰다. 이제는 반려동물이 매일 먹는 끼니를 선택하는데 사료회사가 주장하는 사료성분을 그대로 믿는 순진함은 버려야 한다.

이 책이 모든 사람들에게 자연식을 권하는 것은 아니다. 개개인이 처한 경제적, 시간적 환경은 다 다르고, 반려인이 공부하지 않고 만든 자연식은 영양 불균형을 초래할 수도 있다. 그러므로 자신의 형편에 맞춰 자연식이든 사료든 최선의 식단을 선택하면 되는데, 다만 그 최선을 선택하는데 이 책의 정보가 보탬이 되기를 바란다.

사료에 관해 국내에 처음 소개되는 이 책이 국내 사료시장이 건강하고 투명하게 발전되는 밑거름이 되기를 바란다. 비판이 있어야 발전도 있다.

책공장더불어의 책

고양이 질병의 모든 것
40년간 3번의 개정판을 낸 고양이 질병 책의 바이블. 고양이가 건강할 때, 이상 증상을 보일 때, 아플 때 등 모든 순간에 곁에 두고 봐야 할 책이다. 질병의 예방과 관리, 증상과 징후, 치료법에 대한 모든 해답을 완벽하게 찾을 수 있다.

우리 아이가 아파요 개, 고양이 필수 건강 백과
새로운 예방접종 스케줄부터 나이대별 흔한 질병의 증상, 예방, 치료, 관리법, 나이 든 개, 고양이 돌보기까지 반려동물을 건강하게 키우는 데 꼭 필요한 건강백서.

동물과 이야기하는 여자
SBS 〈TV동물농장〉에 출연해 화제가 되었던 애니멀 커뮤니케이터 리디아 히비가 20년간 동물들과 나눈 감동의 이야기. 병으로 고통받는 개, 안락사를 원하는 고양이 등과 대화를 통해 문제를 해결한다.

개·고양이 자연주의 육아백과
세계적 홀리스틱 수의사 피케른의 개와 고양이를 위한 자연주의 육아백과. 40만 부 이상 팔린 베스트셀러로 반려인, 수의사의 필독서. 최상의 식단, 올바른 생활습관, 암, 신장염, 피부병 등 각종 병에 대한 세세한 대처법도 자세히 수록되어 있다.

개 피부병의 모든 것
홀리스틱 수의사이자 반려동물 통합의학 전문가인 숀 메소니에가 쓴 피부병으로 고통 받는 개들을 위한 책. 저자는 피부병의 주요 원인을 과도한 약물사용과 열악한 영양으로 보고 제대로 된 예방법과 치료법을 제시한다.

고양이 안전사고 예방 안내서
고양이는 여러 안전사고에 노출되며 이물질 섭취는 고양이가 수술, 입원하는 대표적인 원인이다. 고양이의 생명을 위협하는 식품, 식물, 물건을 총정리했다.

순종 개, 품종 고양이가 좋아요?
품종 동물은 700개에 달하는 유전질환으로 고통받는다. 품종 개와 고양이가 왜 질병과 고통에 시달리는지, 건강한 반려동물을 입양하려면 어찌해야 하는지 동물복지 수의사가 알려준다.

노견 만세
퓰리처상을 수상한 글 작가와 사진 작가의 사진 에세이. 저마다 생애 최고의 마지막 나날을 보내는 노견들에게 보내는 찬사.

동물을 만나고 좋은 사람이 되었다
(한국출판문화산업진흥원 출판 콘텐츠 창작자금지원 선정)
개, 고양이와 살게 되면서 반려인은 동물의 눈으로, 약자의 눈으로 세상을 보는 법을 배운다. 동물을 통해서 알게 된 세상 덕분에 조금 불편해졌지만 더 좋은 사람이 되어가는 개·고양이에 포섭된 인간의 성장기.

동물을 위해 책을 읽습니다
(한국출판문화산업진흥원 출판 콘텐츠 창작자금지원 선정, 국립중앙도서관 사서 추천 도서)
우리는 동물이 인간을 위해 사용되기 위해서만 존재하는 것처럼 살고 있다. 우리는 우리가 사랑하고, 입고, 먹고, 즐기는 동물과 어떤 관계를 맺어야 할까? 100여 편의 책속에서 길을 찾는다.

동물에 대한 예의가 필요해
일러스트레이터가 냅킨에 쓱쓱 그린 동물들의 삶. 반려동물, 유기동물, 길고양이, 전시동물, 농장동물 등을 대하는 인간의 태도에 대한 그림 에세이.

황금 털 늑대
(학교도서관저널 추천도서)
공장에 가두고 황금빛 털을 빼앗는 인간의 탐욕에 맞서 늑대들이 마침내 해방을 향해 달려간다. 생명을 숫자가 아니라 이름으로 부르라는 소중함을 알려주는 그림책.

개에게 인간은 친구일까?
과연 인간은 개에게 좋은 친구일까? 인간에 의해 버려지고 착취당하고 고통 받는 우리가 몰랐던 개의 이야기와 다양한 방법으로 개를 구조하고 보살피는 가슴 따뜻한 사람의 이야기가 펼쳐진다.

펫로스 반려동물의 죽음
(아마존닷컴 올해의 책)
동물 호스피스 활동가 리타 레이놀즈가 들려 주는 반려동물의 죽음과 무지개 다리 너머의 이야기. 펫로스(pet loss)란 반려동물을 잃은 반려인의 깊은 슬픔을 말한다.

고양이 그림일기
(한국출판문화산업진흥원 이달의 읽을만한 책)
장군이와 흰둥이, 두 고양이와 그림 그리는 한 인간의 일 년 치 그림일기. 종이 다른 개체가 서로의 삶의 방법을 존중하며 사는 잔잔하고 소소한 이야기.

고양이 임보일기
《고양이 그림일기》의 이새벽 작가가 새끼 고양이 다섯 마리를 구조해서 입양 보내기까지의 시끌벅적한 임보 이야기를 그림으로 그려냈다.

버려진 개들의 언덕
(학교도서관저널 추천 도서)
인간에 의해 버려져서 동네 언덕에서 살게 된 개늘의 이야기. 새끼를 낳아 키우고, 사람들에게 학대를 당하고, 유기견 추격대에 쫓기면서도 치열하게 살아가는 생명들의 2년간의 관찰기.

개.똥.승.
(세종도서 문학 부문)
어린이집의 교사이면서 백구 세 마리와 사는 스님이 지구에서 다른 생명체와 더불어 좋은 삶을 사는 방법, 모든 생명이 똑같이 소중하다는 진리를 유쾌하게 들려준다.

암 전문 수의사는 어떻게 암을 이겼나
암에 걸린 암 수술 전문 수의사가 동물 환자들을 통해 배운 질병과 삶의 기쁨에 관한 이야기가 유쾌하고 따뜻하게 펼쳐진다.

후쿠시마에 남겨진 동물들
(미래과학창조부 선정 우수 과학도서, 환경정의 청소년 환경책 권장도서, 환경부 선정 우수환경도서)
2011년 3월 11일, 대지진에 이은 원전 폭발로 사람들이 떠난 일본 후쿠시마. 다큐멘터리 사진작가가 담은 '죽음의 땅'에 남겨진 동물들의 슬픈 기록.

나비가 없는 세상
(어린이도서연구회에서 뽑은 어린이·청소년 책)
고양이만화가 김은희 작가가 그려내는 한국 최고의 고양이 만화. 신디, 페르캉, 추새. 개성 강한 세 마리 고양이와 만화가의 달콤쌉싸래한 동거 이야기.

강아지 천국
반려견과 이별한 이들을 위한 그림책. 들판을 뛰놀다가 맛있는 것을 먹고 잠들 수 있는 곳에서 행복하게 지내다가 천국의 문 앞에서 사람 가족이 오기를 기다리는 무지개 다리 너머 반려견의 이야기.

고양이 천국
(어린이도서연구회에서 뽑은 어린이·청소년 책)
고양이와 이별한 이들을 위한 그림책. 실컷 놀고 먹고 자고 싶은 곳에서 잘 수 있는 곳. 그러다가 함께 살던 가족이 그리울 때면 잠시 다녀가는 고양이 천국의 모습을 그려냈다.

깃털, 떠난 고양이에게 쓰는 편지
프랑스 작가 클로드 앙스가리가 먼저 떠난 고양이에게 보내는 편지. 한 마리 고양이의 삶과 죽음, 상실과 부재의 고통, 동물의 영혼에 대해서 써 내려간다.

우주식당에서 만나
(한국어린이교육문화연구원 으뜸책)
2010년 볼로냐 어린이도서전에서 올해의 일러스트레이터로 선정되었던 신현아 작가가 반려동물과 함께 사는 이야기를 네 편의 작품으로 묶었다.

고양이는 언제나 고양이였다
고양이를 사랑하는 나라 터키의, 고양이를 사랑하는 글 작가와 그림 작가가 고양이에게 보내는 러브레터. 고양이를 통해 세상을 보는 사람들을 위한 아름다운 고양이 그림책이다.

치료견 치로리
(어린이문화진흥회 좋은 어린이책)
비 오는 날 쓰레기장에 버려진 잡종개 치로리. 죽음 직전 구조된 치로리는 치료견이 되어 전신마비 환자를 일으키고, 은둔형 외톨이 소년을 치료하는 등 기적을 일으킨다.

수술 실습견 쿵쿵따
수술 경험이 필요한 수의대생, 수의사를 위해 수술대에 올랐던 수술 실습견 쿵쿵따. 8년을 병원에서 살다가 입양되어 10년을 행복하게 산 이야기.

실험 쥐 구름과 별
동물실험 후 안락사 직전의 실험 쥐 20마리가 구조되었다. 일반인에게 입양된 후 평범하고 행복한 시간을 보낸 그들의 삶을 기록했다.

개가 행복해지는 긍정교육
개의 심리와 행동학을 바탕으로 한 긍정 교육법으로 50만 부 이상 판매된 반려인의 필독서이다. 짖기, 물기, 대소변 가리기, 분리불안 등의 문제를 평화롭게 해결한다.

임신하면 왜 개, 고양이를 버릴까?
임신, 출산으로 반려동물을 버리는 나라는 한국이 유일하다. 세대 간 문화충돌, 무책임한 언론 등 임신, 육아로 반려동물을 버리는 사회현상에 대한 분석과 안전하게 임신, 육아 기간을 보내는 생활법을 소개한다.

인간과 동물, 유대와 배신의 탄생
(환경부 선정 우수환경도서)
미국 최대의 동물보호단체 휴메인소사이어티 대표가 쓴 21세기 동물해방의 새로운 지침서. 농장동물, 산업화된 반려동물 산업, 실험동물, 야생동물 복원에 대한 허위 등 현대의 모든 동물학대에 대해 다루고 있다.

유기동물에 관한 슬픈 보고서
(환경부 선정 우수환경도서, 어린이도서연구회에서 뽑은 어린이·청소년 책, 한국간행물윤리위원회 좋은 책, 어린이문학진흥회 좋은 어린이책)
동물보호소에서 안락사를 기다리는 유기견, 유기묘의 모습을 사진으로 담았다. 인간에게 버려져 죽임을 당하는 그들의 모습을 통해 인간이 애써 외면하는 불편한 진실을 고발한다.

유기견 입양 교과서
보호소에 입소한 유기견은 안락사와 입양이라는 생사의 갈림길 앞에 선다. 이들에게 입양이라는 선물을 주기 위해 활동가, 봉사자, 임보자가 어떻게 교육하고 어떤 노력을 해야 하는지를 차근차근 알려 준다.

사람을 돕는 개
(한국어린이교육문화연구원 으뜸책, 학교도서관저널 추천도서)
안내견, 청각장애인 도우미견 등 장애인을 돕는 도우미견과 인명구조견, 흰개미탐지견, 검역견 등 사람과 함께 맡은 역할을 해내는 특수견을 만나본다.

인간과 개, 고양이의 관계심리학
함께 살면 개, 고양이는 닮을까? 동물 학대는 인간 학대로 이어질까? 248가지 심리실험을 통해 알아보는 인간과 동물이 서로에게 미치는 영향에 관련 심리 해설서.

용산 개 방실이
(어린이도서연구회에서 뽑은 어린이·청소년 책, 평화박물관 평화책)
용산에도 반려견을 키우며 일상을 살아가던 이웃이 살고 있었다. 용산 참사로 갑자기 아빠가 떠난 뒤 24일간 음식을 거부하고 스스로 아빠를 따라간 반려견 방실이 이야기.

채식하는 사자 리틀타이크
(아침독서 추천도서, 교육방송 EBS 〈지식채널e〉 방영)
육식동물인 사자 리틀타이크는 평생 피 냄새와 고기를 거부하고 채식 사자로 살며 개, 고양이, 양 등과 평화롭게 살았다. 종의 본능을 거부한 채식 사자의 9년간의 아름다운 삶의 기록.

대단한 돼지 에스더
(환경부 선정 우수환경도서, 학교도서관저널 추천도서)
인간과 동물 사이의 사랑이 얼마나 많은 것을 변화시킬 수 있는지 알려 주는 놀라운 이야기. 300킬로그램의 돼지 덕분에 파티를 좋아하던 두 남자가 채식을 하고, 동물보호 활동가가 되는 놀랍고도 행복한 이야기.

묻다
(환경부 선정 우수환경도서, 환경정의 올해의 환경책)
구제역, 조류독감으로 거의 매년 동물의 살처분이 이뤄진다. 저자는 4,800곳의 매몰지 중 100여 곳을 수년에 걸쳐 찾아다니며 기록한 유일한 사람이다. 그가 우리에게 묻는다. 우리는 동물을 죽일 권한이 있는가.

동물원 동물은 행복할까?
(학교도서관저널 추천도서, 환경부 선정 우수환경도서)
동물원 북극곰은 야생에서 필요한 공간보다 100만 배, 코끼리는 1,000배 작은 공간에 갇혀 있다. 야생동물보호운동 활동가인 저자가 기록한 동물원에 갇힌 야생동물의 참혹한 삶.

야생동물병원 24시
(어린이도서연구회에서 뽑은 어린이·청소년책)
로드킬 당한 삵, 밀렵꾼의 총에 맞은 독수리, 건강을 되찾아 자연으로 돌아가는 너구리 등 대한민국 야생동물이 사람과 부대끼며 살아가는 슬프고도 아름다운 이야기.

숲에서 태어나 길 위에 서다
(환경정의 올해의 청소년 환경책, 환경부 환경도서 출판 지원 사업 선정)
한 해에 로드킬로 죽는 야생동물 200만 마리. 인간과 야생동물이 공존할 수 있는 방법을 찾는 현장 과학자의 야생동물 로드킬에 대한 기록.

동물복지 수의사의 동물 따라 세계 여행
(환경정의 올해의 청소년 환경책, 한국출판문화산업진흥원 중소출판사 우수콘텐츠 제작지원 선정, 학교도서관저널 추천도서)
동물원에서 일하던 수의사가 세계 19개국 178곳의 동물원, 동물보호구역을 다니며 동물원의 존재 이유에 대해 묻는다. 동물에게 윤리적인 여행이란 어떤 것일까?

동물 쇼의 웃음 쇼 동물의 눈물
(한국출판문화산업진흥원 선정 청소년 권장도서)
쇼에 이용되는 동물에 대해서 처음으로 질문을 던지는 책. 동물 서커스와 전시, TV와 영화 속 동물연기자, 투우, 투견, 경마 등 동물을 이용해서 돈을 버는 오락 산업 속 고통 받는 동물의 숨겨진 진실을 밝힌다.

고통 받은 동물들의 평생 안식처 동물보호구역
(환경정의 올해의 어린이 환경책, 한국어린이교육문화연구원 으뜸책)
고통 받다가 구조되었지만 오갈 데 없었던 야생동물들의 평생 보금자리. 저자와 함께 전 세계 동물보호구역을 다니면서 행복하게 살고 있는 동물들을 만난다.

동물은 전쟁에 어떻게 사용되나?
전쟁은 인간만의 고통일까? 자살폭탄 테러범이 된 개 등 고대부터 현대 최첨단 무기까지, 우리가 몰랐던 동물 착취의 역사.

동물학대의 사회학
(학교도서관저널 올해의 책)
동물학대와 인간 폭력 사이의 관계를 설명한다. 페미니즘 이론 등 여러 이론적 관점을 소개하면서 앞으로 동물학대 연구가 나아갈 방향을 제시한다.

동물주의 선언
(환경부 선정 우수환경도서)
현재 가장 영향력 있는 정치철학자가 쓴 인간과 동물이 공존하는 사회로 가기 위한 철학적·실천적 지침서.

동물노동
인간이 농장동물, 실험동물 등 거의 모든 동물을 착취하면서 사는 세상에서 동물노동에 대해 묻는 책. 동물을 노동자로 인정하면 그들의 시위가 향상될까?

똥으로 종이를 만드는 코끼리 아저씨
(환경부 선정 우수환경 도서, 한국출판문화산업진흥원 청소년 권장도서, 서울시교육청 어린이도서관 여름방학 권장도서, 한국출판문화산업진흥원 청소년 북튜크 도서)
코끼리 똥으로 만든 재생종이 책. 책에 코를 대고 킁킁 냄새를 맡아보자. 똥 냄새가 날까? 코끼리 똥으로 종이와 책을 만들면서 사람과 코끼리가 평화롭게 살게 된 이야기를 코끼리 똥 종이에 그려냈다.

햄스터
햄스터를 사랑한 수의사가 쓴 햄스터 행복·건강 교과서. 습성, 건강관리, 건강식단 등 햄스터 돌보기 완벽 가이드.

토끼
토끼를 건강하고 행복하게 오래 키울 수 있도록 돕는 육아지침서. 습성·식단·행동·감정·놀이·질병 등 모든 것을 담았다.

책공장더불어 http://blog.naver.com/animalbook 페이스북 @animalbook4 인스타그램 @animalbook.modoo

토끼 질병의 모든 것
토끼의 건강과 질병에 관한 모든 것, 질병의 예방과 관리, 증상, 치료법, 홈 케어까지 완벽한 해답을 담았다.

고등학생의 국내 동물원 평가 보고서
(환경부 선정 우수환경도서)
인간이 만든 '도시의 야생동물 서식지' 동물원에서는 무슨 일이 일어나고 있나? 국내 9개 주요 동물원이 종보전, 동물복지 등 현대 동물원의 역할을 제대로 하고 있는지 평가했다.

후쿠시마의 고양이
(한국어린이교육문화연구원 으뜸책)
2011년 동일본 대지진 이후 5년. 사람이 사라진 후쿠시마에서 살처분 명령이 내려진 동물들을 죽이지 않고 돌보고 있는 사람과 함께 사는 두 고양이의 모습을 담은 평화롭지만 슬픈 사진집.

사향고양이의 눈물을 마시다
(한국출판문화산업진흥원 우수출판 콘텐츠 제작지원 선정, 환경부 선정 우수환경도서, 학교도서관저널 추천도서, 국립중앙도서관 사서가 추천하는 휴가철에 읽기 좋은 책, 환경청의 올해의 환경책)
내가 마신 커피 때문에 인도네시아 사향고양이가 고통받는다고? 나의 선택이 세계 동물에게 미치는 영향, 동물을 죽이는 것이 아니라 살리는 선택에 대해 알아본다.

동물들의 인간 심판
(대한출판문화협회 올해의 청소년 교양도서, 세종도서 교양 부문, 환경정의 청소년 환경책, 아침독서 청소년 추천도서, 학교도서관저널 추천도서)
동물을 학대하고, 학살하는 범죄를 저지른 인간이 동물법정에 선다. 고양이, 돼지, 소 등은 인간의 범죄를 증언하고 개는 인간을 변호한다. 이 기묘한 재판의 결과는?

물범사냥
(노르웨이국제문학협회 번역 지원 선정)
북극해로 떠나는 물범 사냥 어선에 감독관으로 승선한 마리. 낯선 남자들과의 6주. 인간과 동물, 남성과 여성이 평등하다고 믿는 사람들에게 펼쳐 보이는 세상

초판 1쇄 펴냄 2011년 3월 22일
초판12쇄 펴냄 2023년 7월 1일

지은이 앤 N. 마틴
옮긴이 이지묘
편집 정소영, 김보경
책임교정 김수미
디자인 VISUAL STUDIO R.E.M(02-357-9423)
인쇄 정원문화인쇄

펴낸이 김보경
펴낸곳 책공장더불어
주소 서울시 종로구 혜화동 5-23
대표전화 (02)766-8406
이메일 animalbook@naver.com
홈페이지 http://blog.naver.com/animalbook **페이스북** @animalbook4 **인스타그램** @animalbook.modoo

출판등록 2004년 8월 26일 제300-2004-143호

ISBN 978-89-957504-9-0 13590

*잘못된 책은 바꾸어 드립니다.
*값은 뒤표지에 있습니다.